Mosaik

Cornelia Nitsch

Das andere Erziehungsbuch

vom Alltag mit Kindern

Mosaik Verlag

Der Mosaik Verlag ist ein Unternehmen
der Verlagsgruppe Bertelsmann

Redaktion: Monika König, Jutta Hamberger
Umschlaggestaltung: Mascha Blömer
Umschlagfoto: Eltern / Marina Raith
Satz: Filmsatz Schröter GmbH, München
Druck und Bindung:
Mohndruck Graphische Betriebe GmbH, Gütersloh
Printed in Germany · ISBN 3-576-08691-9

Inhalt

Vorwort

Dieses Buch wendet sich an ganz verschiedene Zielgruppen:

Zuerst einmal ist es gedacht für alle, die ein Baby erwarten oder ein Baby haben und nicht nur ganz und gar begeistert, sondern auch ein wenig oder reichlich bänglich in die Zukunft schauen, weil sie sich noch unsicher fühlen auf dem neuen Terrain *Kind:* »Wenn bloß alles gut geht, wir bloß alles richtig machen.«

Weil sie noch ungeübt sind in der neuen Rolle *Mutter* und (oder) *Vater,* weil in heutigen Zeiten auch von Eltern Perfektionismus erwartet wird, sehen sie einiges an Schwierigkeiten auf sich zukommen.

Als Mutter von vier Kindern im Alter von vier, sieben, neun und elf Jahren und als Journalistin hat es mich gereizt, ein Buch zu schreiben, das Mut macht zu Kindern, in dem von der Lust am Leben mit Kindern, der Freude an ihnen, viel die Rede ist, aber auch von der Last, dem Generve, den (typischen) Problemen, die sich im Umgang mit ihnen ergeben.

Ich habe versucht, diesen Alltag nicht nur detailliert, sondern so unterhaltsam zu beschreiben, daß es Spaß macht, diese »Kinder-Geschichten« wie ein dickes Lesebuch durchzulesen, daß deutlich wird, wie spannend der ganz normale Alltag mit Kindern in der Regel verläuft und daß sich beim Leser die Gewißheit einstellt: »Alles zu schaffen. Auch Eltern dürfen ab und an Fehler machen. Ganz so perfekt muß ich als Mutter, als Vater vielleicht doch nicht funktionieren.«

Das Buch ist aber auch gedacht für Mütter und Väter, die bereits mitten im Alltag mit Kindern stecken, die schon ihre Erfahrungen damit gemacht haben. Erfahrungen mit einem manchmal alles andere als bilderbuchhaften Verhalten ihrer Kinder und ebenso wenig bilderbuchhaften Verhalten der eigenen Person. Für Eltern, die mehr wissen möchten über die Entwicklung, über das Verhalten von Kindern und wie man als Erwachsener mit ihnen umgeht. Für Eltern, die auch Hilfe suchen, um Schwierigkeiten besser in den Griff zu bekommen.

Expertenmeinungen, Expertenratschläge bieten in der Regel zwar Informationen, aber selten die erwünschte Hilfe. Was sich in Elternratgebern oft so einleuchtend liest, will sich in der Praxis auf die eigene Familie nicht übertragen lassen. Woran liegt's?

Die Beispiel-Eltern, die Beispiel-Kinder in vielen Sachbüchern sind künstliche Wesen, anonyme, blutleere Gestalten. Familienleben wird auf sterile Art abgehandelt. Damit kann man sich nur schwerlich identifizieren: »Zu Hause ist alles ganz anders. Ungeordneter. Spontaner.« Weil in diesem Buch eine ganz normale Familie beschrieben ist, dieses ewige Wechselbad aus Freude und Ärger, hoffe ich, daß viele Leser einsteigen in die Geschichte und sich darin – bei allen Unterschieden – wiedererkennen:

»Vieles ist wie bei uns. Oder ganz ähnlich!«

Das »Sich-Wiedererkennen« ist es, was viele Eltern brauchen. Es nimmt ein paar Zweifel – und Selbstzweifel sind eine verbreitete Elternkrankheit – zu erfahren, daß sich andere Mütter und Väter auf ähnliche Weise »durchwurschteln« im Alltag, auch nicht in der Lage sind, alle Schwierigkeiten vernünftig aus der Welt zu schaffen.

Beim Lesen kann man sich mitfreuen, mitärgern, mitaufregen und oft den Kopf schütteln: »Hier und da bin ich ganz anderer Meinung.«

Dieses Buch will also kein Ratgeber sein, sondern ein Buch, in das viele eigene Erfahrungen eingeflossen sind. Dennoch enthält es trotz aller Subjektivität viele Sachinformationen, zu finden mit Hilfe eines Registers und der Stichwortverweise in den Marginalien.

Reichersbeuern, im Januar 1990 — Cornelia Nitsch

1
Morgens zu Hause

In Ruhe wecken und langsam in Gang kommen

Aus dem Bett komme ich morgens einigermaßen schnell, seitdem wir Kinder haben. Jeden Morgen wieder freue ich mich auf meine morgendliche Wecktour durch die Kinderzimmer, bin fasziniert davon, auf wie unterschiedliche Art und Weise unsere vier Kinder die Augen öffnen.

Werden Kinder morgens zärtlich, frühzeitig, ohne Hektik geweckt, stehen sie meist mit dem rechten Fuß zuerst auf: Der Tag läßt sich gut an.

▪ Der Älteste ist zuerst an der Reihe. Ich streichele ihm über die Nasenspitze, puste ihm vorsichtig ein paar Haare aus der Stirn. Das reicht an Nähe. Zu sehr darf ich ihm nicht mehr auf die Pelle rücken, morgens in aller Frühe schon gar nicht. Wer demnächst zwölf Jahre alt wird, besteht auf Distanz zu seinen Eltern.

Jasper erzählt gerne, auch morgens um Viertel nach sechs schon. Auf seiner Bettkante sitzend höre ich, was er heute nacht geträumt hat. Oder er erzählt mir ausführlich, was die Helden in Kapitel 5 des Abenteuerromans erlebt haben, in dem er gestern vor dem Einschlafen gelesen hat.

Kaum aus dem Bett – das Aufstehen ist kein Problem für Jasper – geht er zur Geschäftsordnung über. Von Schulsachen ist die Rede, während er sich beeilt, in seine Kleider zu kommen. Während ich seine Brüder wecke, hilft Jasper seinem Vater oft schon bei der Zubereitung des Frühstücks. Er ist froh, wenn er dann seinen Vater eine Weile für sich hat.

Mütter und Väter müssen sich einstellen auf den unterschiedlichen Rhythmus von Kindern.

▪ Kind Nummer 2 sitzt bereits senkrecht im Bett, wenn ich komme. Julian ist ein Kurzschläfer. Abends schläft er spät ein, morgens wacht er früh auf. Kein bißchen verschlafen, sondern mit blitzeblanken Augen und hellwachem Köpfchen stellt er mir eine der Fragen, die ihn in aller Frühe bewegen – zum Beispiel: »Worin unterscheiden sich Irland und Holland?« Während ich nach einer

Antwort suche, mir jedoch so früh am Tag nichts einfallen will, schlägt Julian die Bettdecke zurück. Ich soll in sein Bett krabbeln, was ich jeden Morgen mit Freuden tue. Noch läßt er sich mit seinen neun Jahren gerne gefallen, daß ich ihn in den Arm nehme. Dabei redet und redet er gleichzeitig auf mich ein, daß mir die Ohren klingeln. »Um die Zeit bin ich noch nicht ansprechbar! Ich bin nicht in der Lage, jetzt eine Frage nach der anderen zu beantworten!« Macht nichts.

Angenehmerweise hat auch Julian keine Schwierigkeiten mit dem Aufstehen. Er beeilt sich, in seine Klamotten zu kommen, damit er schnell zu den anderen in die Küche gehen kann.

Manche Kinder müssen trödeln beim Aufstehen. Sie brauchen einfach viel Zeit. Drängeln können sie nicht vertragen.

■ Dann ist Jakob an der Reihe. Jakob ist aus ganz anderem Holz geschnitzt. Nichts da mit Frühaufsteher, fest und tief schlafend liegt er in der Falle und ist nur mit Mühe wach zu kriegen. Vorsichtiges Rütteln hilft nicht. In den Nacken pusten hilft nicht. Auf die Nasenspitze küssen ruft nur ein Grunzen hervor. Nach längerem Streicheln und leisem Zureden, lüpft er immerhin ein Auge, um es sofort wieder zu schließen, weil ihn das Licht blendet. Jakob muß ich lange massieren, bevor er sich mit dem Gedanken befreunden kann, daß es an der Zeit ist, aus dem Bett zu steigen. Verschlafen kriecht er erst mal auf meinen Schoß und wehrt sich gegen das Wachwerden.

Stöhnend kämpft der siebenjährige anschließend mit seinen Socken, mit Hemd und Hose, schläft wieder ein, wenn ich ihn nicht daran hindere und etwas nachhelfe bei dem Gürtel: »Weil es noch so schrecklich früh ist!«

■ Konstantin ist durch die Unruhe im Haus wach geworden und schon zu Albernheiten in der Lage. Der vierjährige versteckt sich unter der Decke, piepst und ich soll ihn finden. Er legt sich ein Kissen aufs Gesicht und ich soll darüber lachen. Er singt sich eins und ich soll mitsingen, woraus nichts wird um diese Zeit. Konstantin turnt auf meinem Arm herum, gibt mir einen warmen Guten-Morgen-Kuß und dann ist die Leichtigkeit erst mal dahin. Vom zügigen Anziehen hält er nichts. Jetzt wird getrödelt.

Mir ist diese morgendliche Wecktour aus verschiedenen Gründen wichtig.

- Dabei habe ich jedes Kind ein Momentchen für mich alleine und erfahre in diesen Minuten manches, was sie später nicht mehr erzählen, wenn's turbulenter zugeht.
- Wenn das Wecken harmonisch über die Bühne geht, ist die Wahrscheinlichkeit groß, daß der Start in den Tag einigermaßen gut klappt, die Kinder entspannt beim Frühstück sitzen und zur Schule wandern. Um diesen positiven Auftakt zu verstärken, wird in Ruhe gefrühstückt. Nichts da mit Brot auf die Hand und einem Becher Milch auf die Schnelle im Stehen.
- Nicht nur den Kindern bekommt diese Schmuserunde morgens gut, sondern auch mir. Vom zärtlichen Guten-Morgen-Sagen zehre ich eine Weile und freue mich über die Zuwendung der Kinder.

Am Vormittag: Für ein paar Stunden Einzelkind

Nur dreimal in der Woche haben wir für Konstantin einen Vormittagsplatz im Kindergarten bekommen. Deshalb verbringt er zwei Vormittage zu Hause. Das paßt ihm gar nicht besonders, denn im Kindergarten »ist es viel lustiger«!

Nicht Anweisungen und Verordnungen wollen Kinder hören, sondern Erklärungen.

Was tun zu Hause? Konstantin will mit mir spielen. Sich allein beschäftigen ist nicht im Interesse des Vierjährigen. Das ist fade. Ich will aber jetzt nicht mit Konstantin spielen, sondern jede Menge Arbeit so schnell wie möglich hinter mich bringen.

Konstantins Programm und mein Programm passen also nicht besonders gut zusammen. Was tun?

Erste Phase:
Ich erkläre unserem Sohn, warum ich jetzt keine Zeit zum Puzzle spielen und zum Bauernhoftiere-Aufstellen habe. Also gut, das sieht er ein. Konstantin inspiziert daraufhin die Kinderzimmer. Eine einmalige Chance. Keine Brüder in Sicht. Jetzt kann man sich sämtliche Schubladen in Ruhe anschauen und ganz in Ruhe in Kistchen wühlen. Wir erleben beide ein harmonisches Stündchen und gehen unseren Geschäften nach.
Zweite Phase:

In Sichtweite der Mutter spielt sich's besser. Vierjährige brauchen noch oft die Nähe der Eltern. Mehr dazu auf Seite 22 ff.

Konstantin verliert die Lust am Spionieren, fühlt sich einsam im Kinderzimmer. Also kommt er gucken, was ich inzwischen mache. Ich schreibe Briefe. Und wenn ich noch ein wenig Ruhe hätte, könnte ich die Briefe heute Vormittag zur Post bringen. Deshalb bitte ich Konstantin, mich jetzt nicht zu stören. Ich sage: »Dauert nicht mehr lange. Bin gleich soweit!« Er baut sich daraufhin neben dem Schreibtisch auf und will mit allem spielen, was da herumliegt. »Gib mir mal den Ratschefummel!« Das tue ich. Dann: »Gib mir mal den Spitzer!« Das tue ich schon weniger gerne. Wenn das so weitergeht... Es geht so weiter. Nach Ratschefummel und Spitzer Klebestreifen und... Jetzt ist Schluß! Ich mag nicht mehr. »Laß mich bitte den Brief zuende schreiben!«

Konsequent bleiben – eine Kunst, die Eltern oft erst mühsam lernen müssen.

Als Konstantin merkt, daß ich konsequent bleibe, nicht bereit bin, den Schreibtisch samt Schubladen auszukramen und mich auch nicht von flehentlichen Blicken aus großen Kinderaugen erweichen lasse, trollt er sich. Das Spielchen am Schreibtisch hat seinen Reiz verloren.
Dritte Phase:
Ins Kinderzimmer mag Konstantin nicht wieder gehen. Er will in meiner Nähe bleiben. Wir einigen uns darauf, daß er auch »arbeitet« – bäuchlings unter meinem Schreibtisch liegend malt er. Aber auch das wird ihm schnell langweilig.
Vierte Phase:
Notgedrungen gebe ich das Briefeschreiben erst einmal

auf. Wir machen Pause vom Arbeiten. Albern herum, schmusen, erzählen uns etwas. Ich bin nicht ganz bei der Sache, weil ich an die Briefe denke, die noch zur Post sollen.

Mehr zum Thema Grenzen setzen *auf Seite 66 ff.*

Konstantin findet es urgemütlich, wenn er mich für sich alleine hat. Keine Brüder, keine Rivalen weit und breit. Wenn's nach ihm ginge, könnten wir bis heute Mittag hier herumturteln. Aber es geht nicht nach ihm. Mit Blick auf die Uhr scheuche ich ihn von meinem Schoß. Was kann ich tun, damit meine Briefe fertigwerden?

Fünfte Phase:

Ich versuche das Ablenkungsmanöver mit den großen Bausteinen. »Mit den Klötzen spielst du hier zu meinen Füßen. Dann sind wir zusammen und ich kann trotzdem die Briefe beenden.« Na gut. Dann also die Bausteine. Guten Willens macht sich Konstantin ans Bauen, aber die rechte Lust dazu will sich nicht ergeben. Nach ein paar Minuten stellt er die Bauarbeiten ein. Seine Laune ist nicht mehr die beste. Und meine auch nicht. »Nur noch eine Viertelstunde Zeit für die Schreiberei und ich wäre fertig!« Jetzt schaue ich flehentlich: »Sei lieb. Laß mich noch ein Weilchen in Ruhe!«

Auf Ablenkungsmanöver lassen sich Vierjährige meist noch ein. Für ein Momentchen.

Sechste Phase:

Der Vierjährige mag nicht länger warten. Er nörgelt. Er will auf meinen Schoß. Er will nicht länger nur bei mir sein, er will, daß ich mich ihm zuwende, richtig zuwende. Nicht nur halbherzig mit ein paar vertröstenden Worten. Er sieht kein bißchen ein, warum er sich noch einen Moment gedulden soll. »JETZT sollst du etwas mit mir machen!«

Inzwischen bin ich ungeduldig, nervös. Einerseits das Kind mit seinen Wünschen. Andererseits ich mit meinen Wünschen. Beides unter einen Hut zu bekommen, scheint nicht möglich.

Ich mache noch einen Versuch, allerdings keinen besonders gelungenen, sage: »Hol doch mal dein rotes Auto aus

Seismographisch spüren Kinder, wenn Sagen *und* Meinen *nicht übereinstimmen. Sie wehren sich: Sie spielen nicht mit.*

dem Kinderzimmer!« Und meine: »Dann bist du eine Weile aus dem Weg!« Auch ein Vierjähriger hat ein feines Gespür für falsche Töne. So läßt er sich schon gar nicht abwimmeln. Er bleibt, wo er ist und pfeift vor sich hin.

Siebte Phase:

Die Geschichte wiederholt sich an vielen Vormittagen mit unterschiedlichen Vorzeichen. Mal will ich Briefe schreiben, mal lesen oder im Garten Unkraut jäten und immer taucht im unpassenden Augenblick ein Konstantin auf, der mich von der Arbeit oder von einem Vergnügen abhalten will. Und die Geschichte endet auch auf immer andere Art.

Oft gibt es Knatsch, denn keiner will nachgeben. Konstantin knört und quengelt, ich schimpfe. Statt mit Briefe schreiben und Briefe zur Post bringen oder mit gemeinsamen Spielen verbringen wir die Zeit mit Zanken.

Abwimmeln läßt sich keiner gerne. Daß Eltern sich Zeit für sie nehmen, wünschen sich Kinder.

Manchmal lenke ich ein, lasse endlich die Briefe sein und wende mich Konstantin zu mit der Erkenntnis: Ein Vierjähriger ist überfordert, wenn er sich stundenlang allein beschäftigen soll. Er braucht Nähe und das Gefühl, jetzt interessiert sich meine Mutter mehr für mich als für ihre blöde Arbeit. Anstehende Arbeiten muß ich auf abends oder den Nachmittag verschieben, wenn Brüder und/oder Freunde im Haus sind.

Manchmal setze ich mich allerdings auch durch. Eisern wimmle ich Konstantin ab, lasse mich nicht aus der Ruhe bringen, und wenn er noch so laut neben dem Schreibtisch pfeift. Die Briefe werden zu Ende geschrieben und noch zur Post gebracht.

Wie die Geschichte jeweils endet, das hängt von Konstantins Stimmung ab und von meiner. Und das Vertrackte an der Situation: Ich weiß oft selbst nicht, warum es mir heute gelingt, gelassen zu bleiben und warum ich morgen in der gleichen Situation kein bißchen gelassen reagiere.

2
Kindergarten und Schule

Im Kindergarten: Sich in der Gruppe behaupten

Was kinderleicht aussieht, ist anstrengend für viele: Sich Freunde suchen in der Gruppe. Ein wichtiger Schritt zur Sozialisation.

Drei unserer Kinder haben den Kindergarten bereits hinter sich. Jetzt ist der Jüngste an der Reihe. Jeder Kindergartentag beginnt auf die immer gleiche Art und Weise: Flott die Straßenschuhe aus- und die Hausschuhe anziehen, Jacke und Brottasche über den Haken schmeißen, mir noch schnell einen Abschiedskuß verpassen und dann lossausen. Vor der Tür zum Gruppenraum tief Luft holen, dann mit Schwung die Schwelle nehmen und sich hineinstürzen in das Getümmel.

Patentrezepte gibt es nicht, wie man als Eltern seinem Kind diesen ersten selbständigen Schritt heraus aus dem Schonraum Familie und hinein in eine Gruppe von Kindern erleichtern kann. Jedes Kind hat seine ganz eigene Art, sich der Gruppe zu nähern.

Welche Erfahrungen es in der Gruppe sammelt, erfahre ich am ehesten, wenn ich regelmäßig mit der Erzieherin oder dem Erzieher spreche, und zwar nicht nur an Elternabenden.

Wer sein Kind unbemerkt in der Gruppe beobachtet, lernt oft ein neues Kind kennen.

Außerdem bleibe ich morgens häufig eine Weile im Türrahmen zum Gruppenraum stehen, beobachte das Getriebe in der Puppenecke, in der Bauecke und am Basteltisch. Ich sehe Kinder, die vorsichtig umeinander herum- oder auch ganz forsch aufeinander zugehen; Kinder, die durch Blicke und Worte Kontakt aufnehmen oder sich allein in eine Ecke zurückziehen; Kinder, die kleine Grüppchen bilden in der großen Gruppe.

Ausgeprägte Charaktere, lauter Originale bekomme ich hier zu sehen. So klein und unerfahren Kindergartenkinder sind, so vielfältig sind dennoch die Beziehungen zwischen ihnen. Sich in diesem Geflecht zurechtzufinden, ist ein Kunststück, ein Abenteuer für drei-, vier- und auch noch fünfjährige Kinder.

Während ich im Türrahmen stehe und beobachte, was sich in der Gruppe tut, erfahre ich oft mehr über unser Kind als bei allen Beobachtungen, allen Gesprächen innerhalb der Familie.

Ein Kind begegnet mir hier, das mir fast ein wenig fremd ist, das sich in der Kindergruppe anders gibt als zu Hause im vertrauten Umfeld und das ich staunend betrachte:

■ Jasper, daheim ein lebhaftes Kind, wurde durch die Kindergruppe erst einmal in Angst und Schrecken versetzt. Zu Beginn seiner Kindergartenzeit mußte ich Stunde um Stunde auf einem Stühlchen im Hintergrund sitzen – zur Sicherheit. Und wenn sich ihm ein paar der kräftigen, wilden Kinder aus der Führungsmannschaft der Gruppe näherten, war er sofort bei mir.

Sich plötzlich lösen von der Mutter und eingewöhnen müssen in der Gruppe – das ist viel verlangt von Drei-, Vierjährigen. Mehr über Nähe *auf Seite 43 ff.*

Nach lange sich hinziehender Eingewöhnungszeit fand Jasper schließlich seine Rolle in der Kindergruppe. Er wurde Ideenlieferant und verschaffte sich so die Anerkennung der anderen Kinder. Jetzt durfte ich gehen, denn er hatte seinen Platz in der Gruppe gefunden, war sicherer und damit ein Stück unabhängiger von mir geworden.

■ Julian, der als Kleinkind seinem großen Bruder wie ein Schatten folgte, nicht zuletzt weil Jasper einen Adjutanten gut gebrauchen konnte, sah im Kindergarten bald die Chance, nicht mehr bloß Anhängsel zu sein. Deshalb ging er gerne in die Gruppe und genoß seine Selbständigkeit. Auf die Idee, vor dieser Ansammlung von Kindern bange zu sein, kam er erst gar nicht. Vorbereitet durch den älteren Bruder, war er an den Umgang mit Kindern bereits gewöhnt. Im Windschatten der Erzieherin lebte er sich schnell in der Gruppe ein. Meine Unterstützung dabei war nicht gefragt. Ich durfte schon am ersten Kindergartentag gleich wieder gehen.

Julian entwickelte sich zum Spaßmacher in der Gruppe, zuständig für trockene Kommentare und die leiseren Töne und Witzchen.

■ Jakob verhielt sich im Kindergarten kein bißchen anders

als in der Familie. Vom ersten Tag an marschierte er sofort geradeaus mitten in die Gruppe hinein, ohne sich noch einmal nach mir umzuschauen, und hatte keine Probleme, sich in die Gruppe einzufügen. Jakob übernahm schleunigst die Rolle des Unkomplizierten und Anpassungsfähigen in der Gruppe, der sowohl mit den Stilleren als auch mit den Wilden im Kindergarten zurecht kam.

Im Kindergarten probieren Kinder oft ganz verschiedene soziale Rollen aus. Mehr zum Thema Rollen *auf Seite 48.*

- Konstantin ist als Jüngster in der Geschwisterreihe ebenfalls an Kindergewimmel gewöhnt. Für ihn ist der Kindergarten eine eher lästige Durchgangsstation. Mit seinen Gedanken ist er längst in der Schule.

Er ist ohne Zögern und mit sehr klaren Vorstellungen im Kindergarten aufgetreten. Mich brauchte er bei der Verwirklichung seiner Pläne nicht. Konstantin hatte von Anfang an den Plan, eine eigene Bande zu gründen, eine Gegenpartei zu den Freunden der Brüder. Und in dieser Bande will er die Rolle übernehmen, die ihm innerhalb der Familie nicht vergönnt ist. Konstantin will der Bestimmer sein. Er ist fest davon überzeugt, daß es nur noch ein Weilchen dauern kann, bis er in einer Bande das Sagen hat.

Die Rollen, die Kinder in der Gruppe übernehmen, sind nicht für alle Zeiten zementiert, sie wechseln häufig – nicht selten von Spiel zu Spiel. Nur wenige Kinder sind im Kindergarten auf nur eine Rolle festgelegt. Die meisten probieren laufend neue Verhaltensmuster aus.

Innerhalb der Gruppen und Grüppchen ergeben sich Rangordnungen. Auch ohne miteinander darüber zu reden, sind sich die Kinder im klaren, wer der Beliebteste, wer der Unbeliebteste unter ihnen ist.

Beim gemeinsamen Spielen ergeben sich ganz von selbst die Situationen, die soziales Handeln erfordern:

Soziale Fähigkeiten entwickeln sich.

- Teilen, abgeben, tauschen, verzichten,
- kooperieren oder rivalisieren und kämpfen,
- sich durchsetzen und sich zurückhalten,
- Rücksicht nehmen und sich hineinversetzen in die Bedürfnisse anderer,

- sich auseinandersetzen mit anderen, sich streiten und sich vertragen.

Noch unerfahren im Umgang mit Gleichaltrigen, Jüngeren und Älteren kommen die meisten Kinder heute in den Kindergarten und sammeln hier erste Erfahrungen in sozialem Verhalten. Kinder mit Geschwistern haben im Kindergartenalltag erst einmal einen Vorsprung. Kleinstfamilien bieten Drei- , Vier- und Fünfjährigen dagegen kaum Möglichkeiten, sich in sozialem Verhalten zu üben.

Sozialerziehung leisten – die Chance des Kindergartens. Mehr über Sozialerfahrungen *auf Seite 51 ff.*

Und später in der Schule steht Sozialerziehung leider auch nicht an vorderer Stelle im Lehrplan, sondern ist über der Wissensvermittlung fast in Vergessenheit geraten.

Weil soziale Erziehung heute vor allem im Kindergarten stattfindet, haben Erzieher und Erzieherinnen eine einmalige, pädagogische Chance. Sie können das Gruppenleben im Kindergarten gestalten, gemeinsam mit wachen, aufnahmebereiten Kindern lernen, wie Kleine und Große menschlich miteinander umgehen.

Nach neun Jahren Erfahrung mit Kindergärten, meine ich, daß noch immer zu wenig Erzieherinnen und Erzieher diese pädagogische Chance nutzen.

Schule: Bitte ohne Bauchweh, ohne Angst

Viele Eltern haben heute Angst vor der Schule.

Die Schultüte unterm Arm stapfte Jasper neugierig in sein Klassenzimmer. Nicht Jasper hatte Bammel vor der Schule, sondern ich. Ich war aufgeregt: Was wird die Schule aus Jasper und später aus seinen Brüdern machen? Von der Schule hatte ich mir längst ein Bild gemacht. Ein Horrorbild, das geprägt wurde durch die miesen ersten Jahre, die ich zu Beginn meiner eigenen Schullaufbahn erlebte, geprägt aber auch durch die Erzählungen anderer Eltern, deren Erfahrungen mit Schule ebenfalls alles andere als erfreulich waren.

Fürchterliche Zeiten sah ich auf unsere Familie zukommen, gekennzeichnet durch Leistungsdruck und Konkurrenzverhalten, Motivationsverlust und Resignation, Schulversagen und Schulverweigerung. Lauter Schlagwörter, die mir im Kopf herumschwirrten, aufgeschnappt in den vielen Zeitungsartikeln und Diskussionen über »Schule in der Krise«. Und damit sollten wir uns in Zukunft nun auch in unserer Familie auseinandersetzen?

Müssen wir bisher nicht. Bisher haben wir Glück gehabt mit der Schule. Zum Beispiel mit der Grundschule:

Dorfschulen sind überschaubar, hier kennt noch jeder jeden.

- Unsere Kinder besuchten, besuchen noch eine Dorfschule. Hier kennt jeder jeden. Die Schule ist überschaubar. Keine langen Flure, nur wenige Klassenzimmer – kein Labyrinth, in dem sich ein Schulanfänger verirren könnte. Hier bewegen sich kleine Trüppchen durch die Gänge und keine Kindermassen. Die Schulräume sind hell und einladend.

Ganz anders die Schulzimmer, in denen ich als Schulanfänger saß: hohe düstere Räume in einem düsteren Backsteinbau, der mich allein schon durch seine mächtige Architektur in Angst und Schrecken versetzte.

- Die Mitschüler treffen unsere Söhne auch außerhalb der Schule, im Sportverein, auf der Straße zum Spielen. Und die Klassenkameraden sind die alten Bekannten aus dem Kindergarten. Die Klassen sind in der Regel klein und das genießen Lehrer und Schüler.

Ich dagegen kannte gerade mal meine Klassenkameraden in der Grundschule. Die Kinder auf dem Schulhof der riesigen Großstadtschule waren mir fast alle fremd.

Spielerisches Lernmaterial weckt Neugierde.

- Die Lehrer wechseln in der Schule unserer Kinder nur selten. Und diese Lehrer verderben den Kindern glücklicherweise nicht das Vergnügen am Lernen, sondern verstärken es. Jedenfalls schrecklich langweilig scheint der Unterricht nur selten zu sein, nach den Schilderungen unserer Kinder zu urteilen.

Schaue ich mir das Schulmaterial in dieser Grundschule an – Bücher, Arbeitsblätter, Arbeitshefte – entdecke ich erfreulich viele Spiele: Buchstaben- und Wortspiele, Zahlen- und Denkspiele, jede Menge Rätsel mit Köpfchen.

Im Gegensatz zu meinen Kindern fand ich Schule am Anfang fürchterlich fade und meine Schulbuchgeschichten samt sämtlicher Hausaufgaben blöd.

Hauptsache, die Kinder gehen ohne Bauchschmerzen zur Schule.

Natürlich ist diese Dorfschule nicht nur pure Idylle. Natürlich hat sie ihre Ecken und Kanten. Es gibt z. B. Lehrer, die Strafen aussprechen, von denen wir Eltern nicht viel halten (etwa nachsitzen), oder Schüler, die aggressiv auf dem Schulhof herummotzen und -rempeln.

Aber diese Ecken und Kanten scheinen unsere Kinder nicht zu stören. Jedenfalls können sie morgens nicht schnell genug starten in Richtung Schule. Kaum haben sie das Frühstück intus, hasten sie los: Man könnte ja etwas verpassen! Denn auf dem Schulhof ist schon einiges los, bevor der Unterricht beginnt.

Die Schule hat nichts Bedrohliches für unsere Kinder. Sie genießen ihre (Grund-)Schulzeit. Und das ist für mich der allergrößte Glücksfall, denn mir sitzt das Bauchweh, die Angst aus meiner eigenen Schulzeit heute noch in den Knochen.

In dieser entspannten Atmosphäre hat nach meiner Erfahrung das Gros der Kinder keine großen Schwierigkeiten, die Leistungen zu erbringen, die laut Lehrplan von ihnen verlangt werden. Unsere Söhne arbeiten verhältnismäßig zuverlässig vor sich hin und kommen bisher nicht auf die Idee, den Bleistift aus der Hand zu legen. Warum auch?

Bei mir war das damals auch anders. Weil mich die Schule, allein schon das Gebäude, die anonyme Atmosphäre in der Schule, die sture, langweilige Lernerei in Angst versetzte, hatte ich in den ersten Schuljahren überhaupt keinen Spaß am Lernen. Der war mir gleich zu Beginn schon gründlich vergangen. Ich habe damals jahrelang das Bauchweh gehabt, unter dem auch heute noch so viele Schüler leiden, und außerdem eine Stinkwut auf die Schule.

Erzähle ich heute meinen Kindern von meinen wenig erfreulichen Schulerfahrungen, atmen sie auf: »Glück gehabt! Bei uns läuft das anders!«

Von Konkurrenzdenken und lästigem Druck

Das ewige Hickhack unter unseren vier Kindern geht mir auf die Nerven. Überall und immer: eins, zwei, drei – wer von uns ist der Stärkste, der Schnellste, der Klügste?

Schon Babys sind stolz auf ihr Können.

Nichts gegen Leistung. Das Bedürfnis nach Leistung und der Bestätigung derselben ist etwas ganz Normales. Fasziniert habe ich bei unseren vier Kindern beobachtet, wie früh jedes von ihnen darauf aus war, sein Können zur Schau zu stellen. Kaum den Babyschuhen entwachsen hieß es: »Guck, mal, wie toll ich laufen kann. Wie toll ich Türme bauen kann.«

Und das Vergleichen der eigenen Leistung mit dem Können anderer folgte gleich als nächster Entwicklungsschritt. Nichts ist interessanter unter Geschwistern, nichts spannender, als sich miteinander zu messen: Wer ist die Nummer 1? Die Jüngeren setzen alle Kräfte daran, die Älteren einzuholen oder gar zu überflügeln. In diesen Konkurrenzkampf wird viel Energie investiert: »Was du kannst, kann ich schon lange.«

Als Mutter schaue ich diesen Kämpfen unter unseren vier Söhnen eher hilflos und beklommen zu – nicht wie Vater und Mutter Kennedy, die ihre Brut noch ordentlich anstachelten: »Nun mal los – wer ist der Sieger?« Ich denke: wozu dieses dauernde Sich-Messen? Warum immer gegeneinander? Geht's nicht miteinander und dann viel besser? Warum kann einer den anderen nicht in Ruhe lassen? Als Schule des Lebens empfinde ich diese Kämpfe nicht. Immer Stärke zeigen, Ellenbogen zeigen, immer

Kein Kraut ist gewachsen gegen Rivalitäten unter Kindern? Mehr zum Thema Geschwister *auf Seite 48 und über* Konkurrenzdenken *auf Seite 78 ff.*

dieses Gehabe: »Ich bin der Beste« – mich ärgern diese andauernden Rivalitäten unter unseren Kindern.

Die Machtkämpfe bringen überdies viel Streit und viele Enttäuschungen und Tränen mit sich. Sie vermiesen häufig die Atmosphäre in der Familie. Immer wieder rede ich mit unseren Kindern darüber, daß sie nicht gegeneinander antreten müssen, wenn sie schon unbedingt stark sein wollen, sondern daß sie zusammen bei weitem stärker sind. Gemeinsam, in der Gruppe etwas auf die Beine zu stellen, das sei eine befriedigende Sache.

Aber sehr überzeugend scheinen weder unser elterliches Vorbild noch all unsere Reden zu wirken, denn unsere Kinder verbringen nach wie vor enorm viel Zeit damit, den tollsten Hecht unter sich zu küren. Da wird per Wort und per Körperkraft darum gerungen, wer der beste Federballspieler sei und wer der zweitbeste, wer der mutigste Radler und wer der geschickteste Fußballer. An Wettkämpfen mangelt es ihnen nie.

Nicht dauernd bewerten, Zensuren verteilen.

Ich lasse mich in diese Spiele nicht hineinziehen, gebe kein Urteil ab, sondern beschränke mich darauf, über das Federballspielen und die Freude daran zu sprechen und genauso übers Radeln und Fußballspielen.

Die Kinder finden einen Verbündeten in der Schule. In der Schule werden ihnen die ausgefeiltesten Regeln dieses Konkurrenzspiels beigebracht. Und das beobachte ich mit Ärger: In der Schule wird das Gegenteil von dem praktiziert, was wir zu Hause tun. Die Schule spornt den Ehrgeiz der Kinder erst richtig an, die anderen, die Mitschüler überholen zu wollen.

Zum Dreh- und Angelpunkt sind die Zensuren in unserem Schulsystem geworden. Auf Numerus-clausus-Denken gedrillt, nehmen die meisten Schüler, Eltern und Lehrer die Zeugnisse so wichtig, daß sie dabei die Pädagogik oft aus den Augen verlieren – Freude am Lernen und Interesse am Lehrstoff wecken kommt zu kurz.

Und wie verhalten wir uns im Hinblick auf Noten? Wir

bemühen uns, die Zeugnisse gelassen hinzunehmen. Was bislang kein Kunststück ist, da unsere Kinder noch keine Probleme mit der Schule haben. Ihre Mißerfolgserlebnisse halten sich in Grenzen.

Freude zeigen über gute Noten statt Belohnungen verteilen.

■ Sind die Noten gut, freuen wir uns mit den Kindern und zeigen die Freude auch deutlich. Uns allen tun Erfolgserlebnisse gut. Das ist ein Grund zum Feiern. Gefeiert wird mit Kuchen essen oder beim Zusammensitzen nach dem Abendbrot. Dabei erwähnen wir Eltern häufiger, wie begeistert wir sind über unsere Kinder, die soviel geschickter mit Schule umgehen als wir früher: »Wir hatten mehr Pech mit unseren Schulen und hatten deshalb überhaupt keine Lust zum Lernen. So konzentriert und gleichmäßig wie ihr haben wir nie unseren Schulkram erledigt. Wir hatten laufend Schwierigkeiten mit der Schule, blieben sitzen, mußten uns von unseren Schulfreunden trennen. Und deshalb war für uns – im Gegensatz zu euch – die Schulzeit keine glückliche Zeit.«

Mehr zum Thema Freude zeigen *auf Seite 33 ff.*

Daß wir uns mit ihnen über ihre Erfolge freuen, gefällt unseren Kindern. Aber eine richtige Belohnung hätten sie auch gerne; so wie die anderen Kinder. Uns wird von Fahrrädern berichtet, von Kassettenrecordern und dergleichen mehr, die in den Familien der Klassenkameraden am Zeugnistag verteilt werden.

Das Lernziel heißt: Neugier wecken auf den Lehrstoff und nicht Geschenke einkassieren für gute Noten.

Immer wieder müssen wir erklären, warum wir von solchen Belohnungen nichts halten: Belohnen heißt, ich ködere die Kinder mit Hilfe eines Geschenks, vermittle ihnen auf diese Weise: Leistung zahlt sich aus! Es ist mir ein unsympathischer Gedanke, mit Noten Handel zu treiben: Du gibst mir eine gute Zensur, ich gebe dir dafür ... Damit verstärke ich die Bedeutung von Noten und erreiche das Gegenteil von dem, was mein Ziel ist: nicht für gute Zensuren sollen Kinder lernen, sondern aus Spaß, aus Interesse an der Sache. So werden unsere Kinder nicht belohnt, sondern beschenkt, und das nicht in Zusammenhang mit Schule. Irgendwann zwischendurch gibt's dann mal eine Überraschung (wenn auch nicht gleich in Form von einem Fahrrad).

Zusammenrükken, wenn's schlechte Noten hagelt, und das Problem gemeinsam angehen.

▪ Sind die Noten schlecht, überlegen wir gemeinsam, wo die Probleme liegen, welche Folgen sich daraus ergeben könnten und was dagegen zu tun sei.

Auf Strafen, auf Tadel verzichten wir (was nicht immer gelingt), denn das bedeutet für die Kinder, daß zum Ärger in der Schule, der schon schlimm genug ist, nun auch noch eine Extraschelte hinzukommt. Und mit Schimpfen sind Schwierigkeiten nicht zu lösen.

Manchmal – gar nicht so selten – gerät unser (Erziehungs-)System durcheinander. Dann lasse ich mich anstecken vom Konkurrenzvirus, der unter Schülern und Eltern grassiert, dann bekomme ich Angst. Angst, daß wir mit unserem sanfteren Vorgehen in puncto Schule keinen Erfolg haben werden in unserer Leistungsgesellschaft. Aus dieser Sorge heraus, sporne ich unsere Söhne an zu mehr Ehrgeiz, greife zu Mitteln, die ich doch eigentlich ablehne. Dann ziehe ich eben doch die Belohnung aus der Tasche als Anreiz, dann schaue ich mir den Leistungsspiegel an, der hinten im Heft meines Sohnes prangt, und vergleiche seine Noten mit denen seiner Klassenkameraden: »Wie sieht das aus mit der Konkurrenz? Wieviel ist deine Zensur wert im Vergleich mit den anderen?«

Nicht aus Angst Druck ausüben in puncto Zensuren. Mehr über Druck ausüben *auf Seite 39 ff.*

Glücklicherweise gibt sich diese Angst meist schnell wieder und ich verzichte bald darauf, den Antreiber zu spielen. Plötzlich ist es wieder da, das Vertrauen in die Kinder: Sie entwickeln sich prima. Ich brauche keine Zensuren, um das zu sehen.

Da sie gerne zur Schule gehen, da sie ihre Lehrer mögen, neugierig aufs Lernen und bereit sind, sich ab und zu auf den Hosenboden zu setzen und die Schularbeiten einigermaßen zügig zu erledigen, kann eigentlich nicht furchtbar viel schiefgehen. Sie werden schon durchkommen durch die Schule – recht oder auch schlecht. Und wenn die Rechnung nicht aufgeht, die ich hier aufmache? Wenn es auch bei uns in den kommenden Jahren Fünfen und Sechsen hagelt?

Noch nehme ich mir fest vor, Schule nicht zum alles beherrschenden Familienthema werden zu lassen und darauf zu vertrauen, daß auch schlechte Schüler ihre Chance haben, denn nach der Schulzeit läßt sich viel von dem nachholen, was vorher versäumt wurde. Aber ob es wirklich gelingt, diesen Optimismus zu erhalten? Ob mir Angst nicht doch irgendwann einen Strich durch die Rechnung macht?

Ein Kunststück für Eltern: Gelassenheit, Ruhe bewahren, wenn das Zeugnis in Sicht ist.

Viele Eltern haben sich schon vorgenommen, Ruhe in Sachen Schule zu bewahren. Das zu schaffen ist wahrlich nicht einfach.

Mittags sind Erzählungen aus der Schule noch frisch

Wenn die Kinder aus der Schule kommen, steht oft eine leicht nervöse Mutter in der Küche und hat zum Beispiel nur für ihre Pfannkuchen Augen, die heute partout nicht gelingen wollen. Keine Zeit jetzt für etwas anderes als für Pfanne und Teig.

Mit einem raschen Seitenblick sehe ich zwar, daß Julian nicht gerade heiter wirkt, schiebe diese Wahrnehmung jedoch schnell zur Seite. Jetzt danach zu fragen, paßt mir nicht in den Kram.

Julian ist keiner, der mit einem Kummer herausplatzt, der ihm auf der Seele liegt. Da muß man schon fragen, denn von sich aus sagt er keinen Pieps. Nicht mit Worten, sondern mit oft kaum wahrnehmbaren Signalen drückt er sich aus: »Nun nimm dir Zeit für mich. Frage endlich!«

Zuwendung und Zärtlichkeit lassen sich nicht auf später verschieben.

Julian knibbelt am Ohr. Das tat er schon als Einjähriger wenn es mit seinem Wohlbefinden nicht zum besten stand. Er trommelt mit den Fingern auf den Küchentisch. Er freut sich nicht auf die Pfannkuchen.

In der Betriebsamkeit fällt das Eingehen auf die Belange der Kinder oft flach.

Pfannkuchen machen oder mich um Julian kümmern – was ist jetzt wichtiger? Im Getriebe des Alltags fällt es mir oft schwer, die richtigen Prioritäten zu setzen. Als Gewohnheitsmensch neige ich dazu, erst den Alltagskrempel zu erledigen (Pfannkuchen machen) und mich dann Julian und seinem Kummer zuzuwenden. Heute habe ich einen lichteren Moment, reagiere flexibler, lasse die Pfannkuchen Pfannkuchen sein und frage vorsichtig: »Was ist schiefgelaufen in der Schule?«

Erleichtert nimmt Julian zur Kenntnis, daß ich jetzt ganz bei der Sache bin, ihn richtig und interessiert anschaue und nicht nur flüchtig von der Seite. In der Schule sei wirklich allerhand schiefgelaufen, erzählt er. Er habe einen Teil der Schularbeiten vergessen, er habe seinen kleinen Ball verloren und der Rücktritt beim Fahrrad habe eine Macke.

Diese Schilderungen sind nur Vorgeplänkel, Versuchballons, ob ich auch wirklich zuhöre. Der wirkliche Kummer sitzt tiefer. Da gibt es noch ein paar Anzeichen, die darauf hinweisen: Julians Unterlippe zittert leise und seine Augen schimmern feucht.

Ganz spontan ergeben sich die Berichte aus der Schule nur selten. Und Fragen sind nicht immer lästig.

Ein wenig verdrossen steht Julian am Küchentisch. Es fällt ihm schwer, sich zu öffnen. Instinktiv mache ich das, was die meisten Mütter (und Väter?) in dieser Situation machen. Ich nehme Julian in die Arme, drücke ihn fest an mich. Körperkontakt wirkt nicht nur bei kleinen Kindern Wunder, sondern auch bei großen. Jetzt löst sich der Klumpen, jetzt kann Julian über seinen Kummer reden. Er erzählt von großen Jungen, die ihn auf dem Schulweg blöd angequatscht haben. Unangenehme Burschen seien das. Dieses Erlebnis besprechen wir jetzt erst einmal ausgiebig.

In meiner Nähe erholt sich Julian schnell wieder von dem Schrecken. Ein Stoßseufzer noch und die Sache ist vergessen – vorerst einmal.

Während ich Julian streichle und tröste, bin ich froh, daß ich mittags zu Hause sein kann, wenn die Kinder aus der Schule kommen. Dann sind die Erlebnisse aus der Schule noch frisch und ich kann unmittelbar darauf eingehen (wenn ich mich nicht durch Pfannkuchen und ähnliches ablenken lasse). Frage ich erst Stunden später, erfahre ich nur noch die Hälfte. Die Kinder haben sich derweil alleine getröstet.

Bloß kein Streß mit den Hausaufgaben

Ein Pott mit Stiften und jede Menge Krimskrams und Papier – an meinem Schreibtisch fühle ich mich zu Hause und deshalb sitze ich gerne daran.

Weil der eigene Schreibtisch nicht nur für mich, sondern auch für meinen Mann ein besonderes Möbel ist, waren unsere Kinder schon immer daran interessiert, warum uns der Schreibtisch so wichtig ist. Sie haben die Utensilien auf unseren Tischen, die ganz persönlichen Erinnerungsstücke darauf erforscht, und früh entstand in jedem Kind der Wunsch, selbst einen solchen Tisch zu besitzen. Jedem Kind wurde er zum ersten Schultag erfüllt. Der eigene Schreibtisch war ihnen noch wichtiger als Ranzen und Schultüte.

Der Auftakt zum Lernen: ein eigener Schreibtisch.

Inzwischen haben unsere drei Schulkinder ihre Tische ebenfalls mit Kistchen und Kästchen, mit Bildern und Kleinkram bestückt. Und weil ihnen ihre Tische lieb und teuer sind, sitzen sie gerne daran. Wer sich wohlfühlt, hat eher Lust, etwas zu tun – sogar Lust, die Schularbeiten schnell und zügig hinter sich zu bringen.

Das Modellverhalten: Wenn die Eltern viel am Schreibtisch sitzen, sind Schreibarbeiten auch für Kinder schon eher eine Selbstverständlichkeit. Mehr über Modellverhalten *auf Seite 39 ff.*

Nach dem Mittagessen verkrümeln sich die Kinder in ihre Arbeitsecken. Selbst Kontantin – noch im Vorschulalter – arbeitet dann (spielt allein).

Und ich gehe mit gutem Vorbild voran, verziehe mich ebenfalls an meinen Schreibtisch und haue hörbar für alle in die Tasten meiner Schreibmaschine, was heißt: was von euch verlangt wird – Konzentration, Disziplin – verlange ich auch von mir selbst. Wir haben alle unsere Hausaufgaben zu erledigen.

Die Gewißheit, daß gleich nebenan ein paar »Mit-Arbeiter« sitzen, die auch einen Stift in der Hand und viel weißes Papier vor sich haben, erleichtert den Kindern den Einstieg in ihre Haus- und mir in meine Schreibarbeiten. Auf diese Weise ist das Lernen, das Arbeiten am Schreibtisch keine einsame Tätigkeit, sondern eine Gemeinschaftsaktion. Wir stöhnen und ächzen in trautem Beisammensein. »Wie weit seid ihr? Ich bin bald fertig!« Zu wissen, daß andere die gleichen Probleme zu lösen haben, erleichtert die Sache.

Jeden Tag der gleiche Turnus: nach dem Essen Hausaufgaben. Kinder brauchen Regelmäßigkeit. Mehr zum Thema Regelmäßigkeit *auf Seite 54 ff.*

Die Zeit nach dem Mittagessen ist zwar laut Meinung vieler Schulexperten, Eltern und Kinder nicht die beste Zeit fürs Erledigen der Schularbeiten – mit vollem Bauch studiert's sich schlecht und Zeit zum Erholen von der Schule bleibt auch nicht – dennoch bleiben wir aus verschiedenen Gründen dabei. Das Hausaufgaben-Machen gleich nach dem Mittagessen hat sich bei uns eingebürgert. Ist die Arbeitszeit festgelegt, erspart man sich ein Palaver über Lust und Laune und die sich dauernd wiederholende Diskussion darüber, ob die Schularbeiten jetzt oder später zu erledigen sind. So sitzt jeder brav an seinem Tisch und damit ist die erste Hürde in Sachen Hausaufgaben streßfrei genommen. Die Kinder sind froh, daß sie auf diese Weise alles, was mit Schule zuammenhängt, hurtig hinter sich bringen und den Nachmittag dann für sich haben.

Mit den Kindern nicht noch einmal die Schule durchmachen müssen!

Die Aussicht, vier Kindern jahrelang bei den Hausaufgaben helfen zu müssen, ist mir ein Graus. Muß ich wirklich mein Schulwissen wieder ausgraben, das ich vor mehr als zwanzig Jahren in die tiefsten Tiefen meines Kopfes verbannt habe? Muß ich wieder Mathe machen und Chemie? Ich will schließlich die Schule nicht mit jedem Kind noch einmal durchmachen und habe daher von Anfang an klargestellt, daß jeder seinen Schulkram möglichst selbständig erledigt.

Meine Aufgabe sehe ich nicht im Mitlernen und Kontrollieren, sondern darin, ein entspanntes Arbeitsklima zu schaffen.

- Ich störe die Kinder nicht beim Arbeiten (»Hol' fix mal dies und das...«) und achte darauf, daß Freunde, Geschwister usw. nicht stören.
- Ich gehe ab und an zu den Kindern, nehme sie in den Arm, gebe ihnen einen Kuß, bewundere ihren Arbeitseifer und zeige Verständnis, wenn es mal mit dem Eifer hapert. Bin ich gut gelaunt bei meinem Rundgang, lassen sich die Kinder (meistens) gerne von meinem Schwung anstecken. Bin ich mieser Laune, verzichte ich auf die kleinen Besuche, sonst fallen mir negative Dinge auf (schlechte Schrift, Geschmier), die ich sonst großzügig übersehe.
- Ziehen sich die Schularbeiten hin, genehmigen wir uns eine Pause mit Apfelsaft, Kaffee usw.
- Zum Schluß zeigen mir die Kinder die erledigten Aufgaben manchmal, stolz auf das getane Werk. Ich vermeide es, die Aufgaben zu kontrollieren, vertraue darauf, daß die Kinder sie selbständig erledigen.
- Wir schauen uns oft zusammen die Hefte, die Schulbücher an (nicht die Hausaufgaben!). Dabei erfahre ich eine Menge über die Schule. Ganz nebenbei ergibt sich ein Gespräch über den Lehrstoff.
- Wir geben den Kindern häufig zu verstehen, wie froh wir Eltern sind, daß sie in Schuldingen zuverlässig und selbständig sind.
- Im Notfall, wenn die Kinder nicht weiterkommen, helfen wir Eltern ihnen bei den Schularbeiten.

In sechs Jahren Schule hat sich dieses Konzept bisher bewährt. Die Kinder haben keine Probleme mit den Hausaufgaben und mit der Schule. Allerdings fangen wir mit dem Gymnasium gerade erst an.

Ein bißchen verwöhnt werden beim Hausaufgaben machen wirkt meist Wunder. *Mehr zum Thema* Freude zeigen *auf Seite 51 ff.*

Nur wenn's gar nicht klappt, helfen beim Lernen. *Mehr dazu auf Seite 27 ff.*

3
Die großen und die kleinen Mahlzeiten

Mittagessen: Wenn die Kinder den Suppenkaspar machen

Der Gemüseauflauf steht auf dem Tisch. Julian und ich sind davon überzeugt, daß er uns gut schmecken wird, so wie er duftet. Julians Brüder sind ganz anderer Meinung. Mißtrauisch schnuppern sie herum: »Immer kochst du dieses gesunde Zeug!« Vollwertkost ist nicht nach ihrem Geschmack. Jasper, Jakob und Konstantin sind sauer, weil ich ihnen schon wieder mit diesen Vollkornnudeln komme; die weißen sehen erstens schöner aus und schmecken zweitens viel besser. Meine Hinweise auf gesund überhören sie einträchtig.

Von gesunder Kost halten die meisten Kinder rein gar nichts.

Ich bin ebenfalls sauer – aus ganz verschiedenen Gründen. Einmal mache ich mir Sorgen um die Gesundheit der Kinder. Wenn sie jeden Mittag wie die Spatzen essen, bekommen sie dann die Nähr- und Wirkstoffe, die sie für eine gesunde Entwicklung brauchen? Natürlich bin ich auch auf ein Erfolgserlebnis aus – auf Kinder, die sagen: »Schmeckt gut, was du gekocht hast« – und dieses Erfolgserlebnis will sich nicht einstellen. Und schließlich ist abzusehen, daß ich auf meiner gesunden Kost sitzenbleibe. Wohin mit den Resten? Soll ich sie am Abend aufwärmen? Dann wiederholt sich der Streit. Und von gesunder Kost kann dann auch nicht mehr die Rede sein. Die Reste in den Müll kippen, dagegen sträube ich mich.

Auch Mütter brauchen Erfolgserlebnisse – und sei es beim Kochen.

Mürrisch sitzen wir um den Tisch herum. Versuchsweise nimmt Jakob zwei Löffelchen von dem Gemüseauflauf. Jasper begnügt sich mit einem. Und Konstantin mag nicht einmal kosten. Nur Julian ißt mit großem Genuß. Demonstrativ esse ich auch mit besonders gesegnetem Appetit.

Essen soll ein Genuß sein. Nur wie mache ich das Essen zu einem Genuß für Kinder, die gerade noch Pommes frites, Wiener Würstchen und Ketchup gelten lassen?

Sich abfinden mit dem Ketchup-Geschmack der Kinder – ist das das Heilmittel?

Ich kann doch nicht Mittag für Mittag das gleiche auftischen.

Am liebsten würde ich jetzt einfach anordnen: »Gegessen wird, was auf den Tisch kommt!« Mit letzter Beherrschung verkneife ich mir dieses autoritäre Gehabe, denn ich will unseren Söhnen die Freude am Essen ja nicht mit aller Gewalt austreiben. Aber innerlich koche ich längst vor Wut.

Jakob und Jasper stochern lustlos in ihrem Gemüse und verzehren im Schneckentempo mit angewidertem Gesicht Minihäppchen. Konstantin quengelt nach Joghurt.

Eine erzieherische Bankrotterklärung: die völlig wirkungslose Wenn-dann-Drohung.

Und dann ist es plötzlich vorbei mit meiner Beherrschung. Ich gehe in die Luft: »Ich habe etwas besseres mit meiner Zeit anzufangen als Mittagessen zu kochen, was doch keinem schmeckt. Immer könnt ihr nur mäkeln und motzen! Wenn ihr mittags nichts eßt, dann gibt's nachmittags keinen Kuchen, kein Honigbrot!« In meiner Wut reihe ich eine blödsinnige Wenn-dann-Drohung an die nächste und weiß im gleichen Moment – ebenso wie die Kinder – daß ich diese Drohung doch nicht wahr machen werde. Da sich diese mittäglichen Kräche häufen, geraten wir in einen Kreislauf, aus dem wir nur schwer wieder herausfinden. Jasper, Jakob und Konstantin kommen mit der Erwartung »Schmeckt ja doch wieder nicht!« zum Essen, und ich mit der Erwartung: »Ich kann machen was ich will, sie mäkeln ja doch immer!«

Je mehr die Eltern drängeln, desto intensiver weigern sich Kinder, deren Wünsche zu beachten. *Mehr zum Thema* Druck ausüben *auf Seite 43 ff.*

So schrauben wir uns langsam hoch mit unseren Krächen, die Stimmung verschlechtert sich die Fronten haben sich verhärtet. Schließlich finde ich mich damit ab, daß ich hier wohl die Klügere sein sollte, die nachgibt und ihre Erwartungen zurückschraubt. So gebe ich meinen Anspruch, jeden Mittag gesund und vollwertig für die Kinder zu kochen, erst einmal auf: Also keine graubraunen Nudeln mehr, sondern wieder die weißen.

Wir handeln einen Kompromiß aus. Die Kinder verzichten aufs Meckern und Motzen. Ich koche dann das, was sie akzeptieren. Damit wären wir wieder bei der Fischstäbchen-Kartoffelbrei-Pfannkuchen-Cuisine. Garniert mit einem Salatblatt. Jetzt bemühe ich mich um mehr Wurschtigkeit in Sachen Ernährung. Die Kinder müssen dann eben ohne Vollwerternährung gedeihen. Und mit der Zeit gewinne ich mehr Sicherheit und mache mir weniger Sorgen.

Mehr über Modellverhalten *auf Seite 43 ff.*

Aus Erfahrung weiß ich inzwischen, daß sich unsere Kinder auf die Dauer gar nicht so ungesund ernähren, auch wenn ich ihnen mehr Freiheit bei der Auswahl von Lebensmitteln lasse. Wenn sie zum Beispiel beim Mittagessen auf das Gemüse verzichten, greifen sie nachmittags plötzlich ganz von alleine zu einem Apfel. Und irgendwann wird sich auch unser Vorbild bemerkbar machen: Wenn wir uns richtig ernähren, bekommen auch die Kinder ein Gefühl dafür.

Süßigkeiten: Strikt dagegen oder in Maßen erlaubt?

Tee ohne Zucker, Müsli ohne Zucker – im Sinne aller Zahn- und Kinderärzte war das beschlossene Sache unter uns: Unsere Kinder bekommen so wenig Süßigkeiten wie möglich in die Hände, so schädlich wie Zucker für ihre Entwicklung ist!

So lange die Kinder klein und unselbständig waren, ließ sich dieser Vorsatz bestens durchhalten. Süßigkeiten waren einfach nicht im Haus und somit auch kein Thema zwischen Eltern und Kindern. Aber so nach und nach kamen unsere Söhne dann doch auf den Geschmack. Zuerst gab's Mitbringsel in Form von Schokolade und Bonbons, von Keksen und Lutschern. Den Spaß daran wollten wir den Kindern nicht verderben, also wurden die Süßigkeiten nicht strikt verboten, sondern in Maßen erlaubt. Zu Kindergartenzeiten war's dann vorbei mit der

Eine Schwierigkeit, mit der alle Eltern kämpfen: Regeln, die zu Hause gelten, werden in anderen Familien für überflüssig gehalten.

Sparsamkeit bei süßen Sachen. Kaugummi, Gummibärchen, Smarties, Milchschnitten, Schokoriegel – lauter paradiesische Dinge entdeckten unsere Söhne in den Taschen anderer Kinder. Und das Zeug wollten sie natürlich auch haben. Nun kam es zu den ersten Quengeltouren im Supermarkt: »Will ich auch haben. Will ich auch mitnehmen in den Kindergarten. Warum krieg' ich das nie, warum haben alle anderen Kinder so etwas, warum bist du so gemein und kaufst mir keine Bonbons (usw.)?«

Auch unser elterliches, beim Thema Süßigkeiten einigermaßen vorbildliches Verhalten, zeigte wenig Wirkung.

Mit Vernunft, mit Belehrung ist der Drang nach Süßem nicht zu stoppen.

Und je intensiver wir sie in Gesundheitsdingen belehrten, desto größer war ihr Bedürfnis nach Bonbons und Schokolade – so war mein Eindruck. Sie forderten, bettelten und argumentierten: »Das bißchen schadet doch nicht. Und alle anderen Kinder haben und dürfen. Und nur wir ...«. Das Thema Süßigkeiten schaukelte sich langsam hoch. Immer wieder die gleiche Leier:

»Hast du nicht ein paar Kekse für mich?« »Nein, habe ich nicht!« »Bekomme ich nach dem Abendbrot etwas Süßes?« »Nicht schon wieder!«

Jeder macht Abstriche von seinem Standpunkt: Ein Kompromiß ist die Lösung.

Schließlich waren wir diesen Zirkus leid. Nach Absprache mit den Kindern wurde folgende Regelung getroffen.

- Jedes Kind bekommt eine Dose (im Teedosenformat).
- Diese Dose wird etwa einmal in der Woche mit Süßigkeiten gefüllt.
- Jeder nimmt sich aus seiner Dose, was er mag. Wer alles auf einmal futtert, hat keinen Vorrat mehr für den Rest der Woche. Nachgefüllt wird nicht.

Seitdem diese Regelung durchgeführt wird, hat sich das Thema Süßigkeiten erledigt. Und das beste an dieser Regelung: Weil wir aus Süßigkeiten kein Thema mehr machen, gerät die Sache oft in Vergessenheit. Häufig werden die Dosen wochenlang nicht nachgefüllt. Die Angelegenheit mit den Gummibärchen, den Lutschern usw. scheint unseren Kindern nicht mehr so wichtig zu sein.

Mit Kindern kochen: Die Küche ist eine Schwatzbude

Wird bei uns abends gekocht, sind häufig Kinder und Vater am Werke. Kochen ist ein Vergnügen für sie, eine Angelegenheit zum Entspannen, eine gemütliche, phantasievolle Sache. Zuerst wird Gemüse geputzt und geschnitten. Der Vater führt dabei Kunststücke vor und die Kinder schauen begeistert zu. Sie wollen und dürfen mithelfen. Nicht alle gleichzeitig, einer nach dem anderen. Bevor's losgeht, wird um die besten Plätze gerungen.

Zuviel Vorsicht bremst die Freude der Kinder am Experimentieren.

Die Kinder hantieren mit scharfen Messern. Das zu sehen, hält nur ihr Vater aus. Mir sind diese Experimente zu gewagt, deshalb verlasse ich die Küche. Die jüngeren begnügen sich mit Handlangerdiensten, die älteren wollen salzen und pfeffern, wollen richtig mitkochen.

Zusammen mit den Eltern arbeiten ist das Lieblings-»spiel« der Kinder. Mehr über Nähe *auf Seite 87ff.*

Trotz des Gewurles in der Küche – fünf Mann um einen Kochtopf – herrscht Harmonie zwischen den Köchen. Jeder ist zufrieden mit seiner Aufgabe. Hier am Kochtopf sind alle Partner. Alle helfen beim Abendessenkochen wesentlich mit. Ich höre Lachen und Schwatzen ohne Komma und Punkt. In der entspannten Atmosphäre öffnen sich die Kinder, erzählen auch Geschichtchen, die sonst nicht zur Sprache kommen.

Weil hier häufig der Vater kocht, orientieren sich unsere Söhne ganz selbstverständlich an diesem Vorbild. Auf die Idee, daß Kochen Frauensache sei, kommen sie so erst gar nicht.

Mit Kind und Kegel ins Restaurant

Sehr erfreut schaut der Kellner nicht, als wir – zu sechst, zwei Erwachsene und vier Kinder – ins Restaurant spazieren und seinen größten Tisch besetzen. Leicht beunruhigt beobachtet er, was nun geschieht. Zuerst verteilen die Kinder die Plätze und alle setzen sich. Dann stehen alle wieder auf, weil die Platzverteilung doch noch nicht gelungen ist. Man sucht sich einen neuen Platz. Schließlich sitzen alle da, wo sie sitzen möchten. Das Ganze hat eine Weile gedauert. Die Getränke werden festgelegt. Auch dabei ein immer gleiches Ritual: Die Kinder fordern einträchtig Cola, was von uns Eltern ebenso einträchtig abgelehnt wird. Man einigt sich auf Limo. Eine Limo für jeden. »Und wenn das nicht reicht, gibt's hinterher Wasser!« Die Speisekarten werden verteilt und studiert.

Mit Kindern ins Restaurant: oft eine Mutprobe für Eltern.

Drei der vier Kinder sind zufrieden mit dem, was die Rubrik ›Kindergerichte‹ bietet: Pommes und Würstchen. Oder Pommes mit Wiener Schnitzel. Hauptsache Ketchup ist dabei. »Oder nehmen wir doch lieber Pfannkuchen?« Der vierte aber ist ein Feinschmecker. Julian sucht in der Kategorie »Fisch«. Er findet auch ein Fischgericht, das ihm gefällt. Wir sind einerseits erfreut, weil das Kind weiß, was gut schmeckt. Andererseits ist das Fischgericht, das Julian auswählt, nicht gerade preiswert. Zu teuer sollte der Restaurantbesuch jedoch nicht werden. Wir einigen uns schließlich auf einen Kompromiß: Julian verzichtet auf das kostspielige Fisch- und wir Eltern auf das ebenso kostspielige Fleischgericht. Gemeinsam entscheiden wir uns für etwas bescheidenere Gerichte. Nach der Bestellung vertreiben wir uns die Zeit mit Reden. Das Reden langweilt die Kinder nach einer Weile. Zu gerne würden sie jetzt aufstehen, das Lokal und vor allem das Gelände draußen erforschen. Daß wir Eltern jetzt mit unseren Einwänden kommen, wissen sie schon. »Das Essen kommt doch gleich. Das bißchen Warten!«

Wenn schon Verzicht, dann für alle: für Kleine und für Große.

Und warum sollen sie partout sitzenbleiben? Warum dürfen sie sich die Wartezeit nicht mit Spielen und Herumrennen vertreiben? Weil vier Kinder eine Menge Wind machen, wenn sie aufstehen: Mützen hervorkramen. Stühle rücken. Anoraks suchen. Holen, Anziehen. Und kaum sind die Kinder aus der Tür, kommt der erste wieder zurück. Und gleich darauf der zweite.

Ich verdonnere die Kinder also zum Sitzenbleiben, ganz autoritär mit Ausrufezeichen: »Ihr bleibt hier!«

Wenn ich den Kindern Befehle erteile und Gehorsam verlange, fällt mir eine Situation ein, die ich vor Jahren beim Kinderarzt mit unserem ersten Kind als Baby auf dem Arm erlebt habe. Vier Knaben marschierten ins Wartezimmer und eine resolute Mutter hinterher, die ihre Kinder wie ein Feldwebel kommandierte: »Anoraks aufhängen!! Mützen in die Taschen stecken!« Entsetzt über diesen autoritären Ton, beobachtete ich das Schauspiel.

Inzwischen selbst Mutter von vier Söhnen, sehe ich die Geschichte von damals heute in milderem Licht. Denn manchmal gebärde ich mich inzwischen ganz gegen meine Überzeugung selbst wie ein Feldwebel alter Schule. Dann wird gemacht, was ich sage. Dann gibt's keine Diskussion. Zum Beispiel hier im Restaurant lasse ich mich auf eine Auseinandersetzung nicht ein. Jetzt wird pariert.

Auch mal Rücksicht nehmen auf die Bedürfnisse anderer – selbst wenn's schwerfällt. Mehr zum Thema Einfühlungsvermögen *auf Seite 51 ff.*

Ich werde autoritär, wenn mir meine eigenen Bedürfnisse näher sind als die Wünsche der Kinder. Und das sage ich unseren Söhnen klipp und klar: »Wenn wir zum Essen gehen, wollen wir Eltern auch etwas davon haben, möchten nicht zuviel Unruhe um uns herum erleben. Deshalb möchte ich, daß ihr Rücksicht auf unsere Bedürfnisse nehmt. Nachher seid ihr wieder an der Reihe.«

Für Ablenkung sorgen, damit das Warten nicht so schwerfällt.

Um den Kindern das Stillsitzen zu erleichtern, hole ich Papier und Stifte aus der Tasche. Wenig später sind alle vier mit Zeichnen beschäftigt. Aus dem Zeichnen entwikkeln sich ein paar Spielchen, gut geeignet als Zeitvertreib.

- Die Kinder zeichnen, wir Erwachsenen raten, was die Zeichnungen darstellen sollen.
- Wir denken uns Sprechblasentexte aus zu Figuren, die uns die Kinder vorgeben, oder auch Namen.
- Wir zeichnen Figuren und Formen weiter, die uns vorgelegt werden.

Die Kinder vergessen dabei, daß ihnen das Stillsitzen und Warten schwer fällt. Papier und Stifte lenken sie ab. Weil die Stimmung ganz harmonisch ist, macht es uns nichts aus, wenn wir auf das Essen noch eine Weile warten müssen.

Gute Manieren – ein Dauerthema bei Tisch?

Ein neuralgischer Punkt in vielen Familien: Wieviel gutes Benehmen muß sein?

Halb auf dem Tisch liegen beim Essen, schmatzen, schlürfen – schlechte Tischmanieren sind mir ein Graus. Darüber kann ich nicht einfach locker hinwegsehen. Schlechte Tischmanieren stören mich erheblich, denn sie verderben mir die Freude am Essen.

Da ich mir die Freude am Essen aber nicht verderben lassen will, dringe ich mehr aus eigennützigen, denn aus pädagogischen Motiven darauf, daß sich unsere vier Kinder einigermaßen gesittet bei Tisch benehmen. Viermal schmatzen, viermal matschen – dabei vergeht mir der Appetit. Deshalb throne ich wie eine Mutter aus Wilhelminischen Zeiten am Tisch und achte darauf, daß auch die letzten Krümel vom Teller verschwinden, daß die linke Hand auf dem Tisch liegt und nicht auf den Knien, wenn die rechte den Suppenlöffel hält.

Ich weiß inzwischen, daß ich dazu neige, unsere Kinder in Sachen Tischsitten im Kommandoton auf die altmodische Art zu drillen:

Ungewollt, auch wider besseres Wissen wiederholen Eltern oft genau jene Sünden, unter denen sie selbst als Kinder gelitten haben.

»Nimm bitte das Knie von der Tischkante beim Essen!« »Schling das Essen nicht hinunter!« »Beginn erst mit dem Essen, wenn alle am Tisch Platz genommen haben!«
Daß man als Vater, als Mutter viel von der Erziehung reproduziert, die man selbst genossen hat, wird mir an diesem Punkt besonders deutlich. Alles wie gehabt, alles wie in meiner eigenen Kindheit. Die Ermahnungen häufen sich. Nicht gewöhnt an diesen Kommandoton, rebellieren unsere Kinder. Sie halten wenig davon, sich meinem strik-

ten Diktat zu beugen: »Was soll denn das? Wieso, weshalb, warum sollen Tischsitten so wichtig sein?«
Ich gebe ein paar Erklärungen ab über gegenseitige Rücksichtnahme, versuche – ohne Erfolg – das Wort unästhetisch zu erklären. Die Diskussion mit den Kindern verläuft im Sande. Also Schluß aus mit dem Gerede: »An die paar Regeln werdet ihr euch wohl halten können!«

Autoritäres Gehabe geht Kindern auf die Nerven.

Können sie nicht, weil ich ihnen die Regeln auf die ungeschickteste Art präsentiere: »Die Gabel nicht wie eine Forke halten und den Löffel nicht wie einen Tennisschläger« – falle ich ihnen auf die Nerven und sie schalten ab. Provoziert durch meine Meckereien machen die Kinder prompt und mit Fleiß das, was wir Eltern nicht wünschen: sie laden drei Stück Kuchen auf einmal auf den Teller, hängen beim Suppelöffeln halb im Teller und fuhrwerken mit dem Messer in der Butter herum.

Erreiche ich mit meinen Ermahnungen und Erwartungen das Gegenteil von dem, was ich mir wünsche, sollte ich meine Erziehungsmethode überdenken. Wenn nicht immer wieder zurechtweisen und ermahnen, was dann?

Mehr zum Thema Druck ausüben *auf Seite 48.*

Lockerer und gelassener sein. Darauf vertrauen, daß sich das Matschen und Patschen von alleine gibt und auf die Dauer unser elterliches Beispiel abfärbt. Schließlich sind wir als Vater und Mutter kein so übles Vorbild in puncto Benehmen bei Tisch. Und irgendwann werden sich die Kinder an unserem Vorbild orientieren.

Das Thema Modellverhalten *siehe auch auf Seite 94 ff.*

Außerdem nehme ich mir vor, kleine Fortschritte in Sachen Tischmanieren nicht nur still für mich zu vermerken, sondern auch anzuerkennen: »Ich fühle mich wieder wohler bei Tisch, weil ihr die Gabel jetzt häufiger benutzt als die Finger, und weil ihr das Messer nicht mehr wie ein Hackebeilchen schwingt!«

Kinder haben das Bedürfnis nach Anerkennung. Spreche ich aus, was ich beobachte, teile ich ihnen mit, daß ich mich über sie freue, und dann sind sie sehr zufrieden: »Na siehste. Alles bestens!«

Mehr zum Thema Anerkennung zeigen *auf Seite 54 ff.*

Weltmeister im Kleckern

Auf dem Teller pappen Wurstpelle und Butter, Brötchen und Käsescheibe liegen neben dem Teller. Eigelb fließt über die Eierschale und klebt am Becher. »Also wirklich Julian!«

Nicht genug, daß Eltern meinen, dauernd erziehen zu müssen. Gräßlich, wenn Geschwister mittun. *Mehr dazu auf Seite 51 ff. und zum Thema* Druck ausüben *auf Seite 54 ff.*

Mehrere Familienmitglieder geben ihren Senf ab zu der unappetitlichen Wirtschaft auf Julians Teller. »Weniger Geschmiere wäre nicht schlecht«, sagt Julians Vater. Das ist das Stichwort für Jasper, der den Miterzieher spielt: »Ekelhaft sieht das Gematsche auf deinem Teller aus!« Und zum Schluß setze ich noch eins drauf: »Neun Jahre alt und immer noch kleckern!« Daraufhin schmeißt Julian den Kakaobecher um und leckt sich seine Marmeladenfinger ab.

Wie ein Ritual läuft dieses Schauspiel immer wieder ab (und nicht nur beim Frühstück):

- Julian kleckert und die anderen geben ihren Kommentar dazu ab.

Zum Thema Rollen *siehe auch Seite 64 ff.*

- Julian kleckert noch mehr und die anderen meckern noch mehr.

So schaukelt sich die Geschichte langsam hoch. Julian ist in der Familie festgelegt auf die Rolle des Kleckerkindes. Kaum sitzen wir bei Tisch, blicken alle auf ihn: »Was stellt er jetzt wohl an?«

Glücklicherweise befreit sich Julian selbst aus dieser Rolle. Mit einem entwaffnenden Lächeln sagt er: »Dann bin ich eben ein Kleckerer!« Unsere Nörgeleien treffen ihn nicht mehr. Er hat sich daran gewöhnt, lacht darüber. Und langsam dämmert es uns: Wenn wir das Meckern einstellen, gibt sich das Gematsche beim Essen am schnellsten.

4
Von ganz verschiedenen Freunden

Freunde haben: »Damit ich nicht allein bin!«

Im Kindergartenalter wird Freundschaft oft noch unter praktischen Aspekten gesehen: Einen Freund zu haben ist nützlich.

Der Flori sei nett zu ihm, erzählt mir Konstantin und deshalb sei Flori sein Freund. Flori, Vera, Hansi. Jede Menge Freunde hat Konstantin und jede Menge Verwendung für sie. Die einen taugen zum Sandkastenspielen, weil sie richtig mitmachen beim Burgenbauen. Die anderen zum Schaukeln, weil sie lustig kreischen dabei und wagemutig sind.

Manchmal braucht Konstantin Freunde nicht nur zum Spielen, sondern auch als Spiegel: Wenn Flori, Vera, Hansi über mich lachen, dann bin ich in ihren Augen lustig. Und wenn sie freundlich zu mir sind, dann muß ich wohl ein ganz netter Junge sein. Mit gestärktem Selbstwertgefühl kommt Konstantin mit diesen Erfahrungen aus dem Kindergarten nach Hause: »Ich habe prima Freunde!« Die Feinde, die er im Kindergarten auch hat, sind mit ein paar Freunden im Hintergrund besser zu verkraften.

Freundschaften sind in dieser Entwicklungsphase manchmal nur von kurzer Dauer. In der Regel geht's in diesem Alter noch weniger um Gefühle als um praktische Aspekte: Freunde müssen vor allem schnell erreichbar sein, sollten möglichst gleich in der Nachbarschaft wohnen, damit man schnell loslegen kann mit dem Spielen. Zusammen lachen, kichern, spielen – das ist am allerwichtigsten.

In der Schulzeit verändert sich der Anspruch an Freunde. Jetzt legen Kinder oft Wert darauf, eine beste Freundin oder einen besten Freund zu haben. Beste Freunde tauschen in diesem Alter schon Erfahrungen aus, die sie mit ihrer Umwelt machen – soziale Erfahrungen vor allem. Zum Beispiel: »Wie kommst du mit deinen Eltern aus und mit deinen Geschwistern? Meine Eltern und

Geschwister ...«. Oder: »Welche Lehrer hast du und wie findest du sie? Meine Lehrer ...«.

Die Sehnsucht nach Gleichklang *wächst.* *Mehr über* soziales Verhalten *auf Seite 75 f.*

Befriedigt stellt Jakob z. B. nach dem Erfahrungsaustausch fest, daß sein bester Freund die Dinge des Lebens ähnlich sieht wie er.

Wichtig ist ihm außerdem noch, daß Freunde verträglich sind, nicht zu aufmüpfig, und möglichst das spielen wollen, was Jakob vorschlägt.

Julian sieht Freundschaft mit seinen neun Jahren schon anders. Wichtiger als das gemeinsame Spiel ist für ihn das Zusammenhalten. Auf einen Freund muß Verlaß sein. »Wenn ich ein Problem habe, helfen mir meine Freunde sofort«, erzählt er uns. Freunde geben ihm Sicherheit, Rückenstärkung, wenn's Turbulenzen daheim oder in der Schule gibt. »Wir helfen uns gegenseitig!« Daß Freundschaft eine Wechselbeziehung ist, ist Julian im Gegensatz zu Jakob schon bewußt.

Jungen wünschen sich in diesem Alter in der Regel Komplizen als Freunde. Freunde, die mit ihnen durch dick und dünn gehen. Die zusammen mit ihnen Blödsinn aushecken. Mit denen man gemeinsam gegen eventuelle Feinde antreten kann, die womöglich auf dem Heimweg von der Schule lauern.

Schuljungen haben andere Erwartungen an Freunde als Schulmädchen. *Mehr über* Einfühlungsvermögen *auf Seite 57 ff.*

Neun- bis zehnjährige Mädchen sehen Freundschaft feinsinniger, haben Soziologen erforscht. Freunde sollen gut zuhören können, mitschwingen bei dem, was ihnen erzählt wird.

Jasper ist auch in Sachen Freundschaft bereits einen Schritt weiter als seine Brüder. Er ist auf eine Clique aus wie die meisten Kinder in diesem Alter. Er wünscht sich eine Gruppe Gleichgesinnter, die freundschaftlich miteinander umgeht.

Wer mit einer Clique unterwegs ist, wird Spaß haben an gemeinsamen Aktivitäten: zusammen Musik hören, sich über Musik unterhalten, gemeinsam Sport treiben, zusammen ins Kino gehen.

Freundschaft muß nicht sämtliche Lebensbereiche umfassen, sie beschränkt sich oft auf einen einzigen Bereich. Das Gemeinschaftsgefühl sei wichtig, erklärt Jasper. Die Geborgenheit und Zuneigung, die er in seinem Freundeskreis erfährt. Gleiche Ansichten sind laut Jasper nicht unbedingt Voraussetzung für Freundschaft. »Zu langweilig, wenn man zu allem die gleiche Einstellung hat«. Meinungsunterschiede seien oft ganz spannend.

Kinder haben Geheimnisse. Und Geheimnisse werden Freunden anvertraut.

Je älter Kinder werden, desto wichtiger nehmen sie das Vertrauen, das zwischen Freunden herrscht. Geheimnisse werden ausgetauscht und – ganz wichtig – die Geheimnisse müssen gewahrt werden. Wehe, wenn herumgetratscht wird.

Weil Freundschaft an Bedeutung gewinnt, spüren Kinder jetzt häufig auch Angst vor dem Verlust von Freundschaft. Es tut weh, wenn eine Freundschaft auseinandergeht. Dieses Wehtun ist ein neues Gefühl.

Kinder und Jugendliche, die keine Geschwister haben, brauchen Freunde auch als Mittel gegen die Langeweile. Alleinsein ist öde. Mit Hilfe von Freunden wird das Dasein bunter.

Mehr über Geschwister *siehe Seite 65.*

Aber auch Kinder, gerade Kinder, die Geschwister haben, brauchen Freunde als Ausgleich zum Trubel daheim, der recht anstrengend sein kann mit all den Rangstreitigkeiten, die unter Geschwistern meist an der Tagesordnung sind. Zu Freunden kann man sich vor sämtlichen Familieneifersüchteleien und geschwisterlichen Fehden flüchten. Mit Freunden kann man Familien- und andere Probleme bestens besprechen, kann man seine Gefühle und Gedanken offen äußern, ohne Angst haben zu müssen, daß man nicht ernst genommen wird.

Nicht nur Konstantin braucht mit seinen vier Jahren Freunde als Spiegel, sondern auch der elfjährige Jasper. Reden seine Freunde mit ihm, lachen sie mit ihm und sind sie gern mit ihm zusammen, dann ist das mehr als nur ein Spaß, den er genießt. Es ist die Bestätigung, nach der sich

Zum Thema Freude zeigen *siehe auch Seite 76ff.*

jedes Kind, jeder Erwachsene sehnt: »Die anderen geben mir zu verstehen, daß ich, so wie ich bin, in Ordnung bin!«

Besuch von Freunden bei uns zu Hause verbessert nicht nur die Laune einzelner Familienmitglieder, sondern ist das beste (Heil-)Mittel gegen das Reizklima, das immer dann entsteht, wenn unsere Familie zu lange im eigenen Saft schmort.

Freunde einladen: in der Regel ein Heilmittel gegen Geschwisterstreitigkeiten.

Aus ganz verschiedenen Gründen also sind uns Eltern die Freunde der Kinder willkommen. Die Klappliege für Übernachtungsbesuch wird oft aus der Ecke geholt. Und wenn mir die zahlreichen Freunde unserer vier Kinder manchmal zu viel werden – »Das ist ja wie in der Jugendherberge!« – dann mache ich mir selbst Mut: »Sicherlich geht es manchmal sehr turbulent bei uns zu. Aber wichtiger ist doch, wie strahlend die Kinder ihre Besucher begrüßen. Wenn die ›besten Freunde‹ anrücken, dann ist das »einfach super.« Und so freue ich mich (meistens) mit ihnen: »Ihr werdet sehnsüchtig erwartet!«

Freunde erziehen mit

Fixpunkte im Tagesverlauf – kleine Kinder brauchen Orientierungshilfen. Mehr zum Thema Regelmäßigkeit *auf Seite 82.*

Eine gemeinsame Mahlzeit am Tag, das sollte schon sein, meinen wir. Damit Eltern und Kinder wenigstens ab und zu zusammentreffen und nicht nur nebeneinander her- und aneinander vorbeilaufen im alltäglichen Familienbetrieb. Und außerdem tut Kindern eine gewisse Regelmäßigkeit gut. In einem festen Rahmen können sie sich besser orientieren!

Julian, Jakob und Konstantin akzeptieren unsere Argumente. Sie erscheinen einigermaßen pünktlich zum Essen.

Die ersten Vorzeichen der Pubertät?

Nicht so Jasper. Jasper ist mit seinen elf Jahren in einer aufmüpfigeren (Entwicklungs-)Phase. Er erklärt uns, diese starre, sture Regelung sei absolut überflüssig. Keiner seiner Freunde müsse zu einer festgelegten Uhrzeit zum Essen zu Hause erscheinen. Ein paar Stunden später will

Jasper einen Freund besuchen, um 10 Uhr abends sei er zurück. »10 Uhr abends? Ist das nicht reichlich spät für einen Elfjährigen – selbst wenn heute Wochenende ist?« Die Antwort kenne ich schon: »Alle, aber auch alle Freunde seien um diese Uhrzeit noch unterwegs.« Andere Eltern hätten sich bei weitem nicht so wie wir.

Einen Tag später telefoniert Jasper mit einem Freund. Telefoniert eine Dreiviertelstunde lang. Als ich meine, eine Dreiviertelstunde sei lange genug, wird mir berichtet, alle Freunde könnten stundenlang telefonieren. Andere Mütter hätten nichts dagegen einzuwenden.

Die Reihe der Beispiele ließe sich beliebig lang fortsetzen.

Zweifel haben – eine klassische Elternkrankheit: »Ist das richtig, was wir tun?«

Freunde hier, Freunde da und was diese Freunde so alles tun und treiben. Ganz unberührt lassen mich Jaspers Schilderungen nicht. Mir kommen Zweifel an unserem Erziehungsstil: Sind wir vielleicht zu streng? Braucht ein Elfjähriger mehr Spielraum als wir Jasper zugestehen?

In meiner Phantasie entwickeln sich die Freunde zu so einer Art Minimafia. Zu einer Bande von Miterziehern, die einen Rieseneinfluß auf Jasper zu haben scheinen. Gegen die wir ankämpfen müssen? Da sehe ich im Augenblick wenig Erfolgsaussichten für uns Eltern: Sich mit einem Elfjährigen über die Dinge des Lebens auseinandersetzen zu müssen, ist schon schwierig genug. Sich mit einem Elfjährigen auseinandersetzen zu müssen, der jede Menge Freunde als Verstärkung im Rücken hat, ist doppelt schwierig.

Bei diesen Freunden scheint alles, aber auch wirklich alles anders zu laufen im Alltag als bei uns zu Hause (laut Jasper).

Schließlich dämmert es mir, daß ich gegen Gespenster kämpfen will. Die Minimafia existiert nur in meiner Phantasie. Mir wird klar, daß nicht Jasper und seine Extrawünsche, daß nicht sein Freundeskreis und der Einfluß des Freundeskreises auf unseren Sohn das Thema ist, das mich

Mehr über Druck ausüben *auf Seite 94 ff.*

in letzter Zeit gedanklich laufend beschäftigt. Darum geht es nur vordergründig. Mein Problem heißt ganz anders. Mein Problem heißt loslassen.

Der Elfjährige wird wieder ein Stück unabhängiger von uns Eltern, und das irritiert mich. Und dieser Drang weg von der Familie macht mir Angst wie wohl vielen Müttern, vielen Vätern. Aber Angst wovor? Angst, daß Jasper unserem elterlichen Einfluß entgleitet? Daß er in die Fänge anderer gerät und sich von ihnen formen, verführen, mitreißen, einwickeln läßt und unter Gruppenzwang allen Blödsinn mitmacht?

Keiner läßt sich gerne festhalten. Kinder wollen nicht nur früh, sondern müssen früh lernen, selbständig zu werden. Mehr über Selbständigkeit *auf Seite 93.*

Aus dieser Angst heraus meine ich, den Elfjährigen schützen zu müssen, und sei es, indem ich ein Machtwort spreche wie: »Du bleibst heute zu Hause!«, oder: »Du gehst nicht mit ins Kino!«

Mit einem Machtwort erreiche ich höchstens das Gegenteil von dem, was ich erreichen will: Kinder, die sich den Befehlen ihrer Eltern beugen (müssen), lernen nicht, eigene Entscheidungen zu treffen. Gewöhnt daran, daß andere ihnen Entscheidungen abnehmen, ordnen sie sich eher fremden Einflüssen unter als Kinder, die früh gelernt haben, eigene Entscheidungen zu treffen.

Überwinde ich meine Angst vorm Loslassen, dann schrumpft das Problem »Freunde als Miterzieher« zusammen wie ein Luftballon, aus dem die Luft entwichen ist. Sind wir gelassen und sicher genug, Jasper einen größeren Freiraum zu lassen und zeigen wir ihm gleichzeitig, daß wir Vertrauen in ihn und in seine Entscheidungen haben, so kann er schnell an Selbstvertrauen gewinnen.

Wichtiges Lernziel für Eltern: Vertrauen haben in die Kinder.

Die Freunde und die Ansichten der Freunde sind in dieser Entwöhnungsphase von der Familie so etwas wie eine Richtschnur für den Elfjährigen. An dieser Schnur kann er sich vorwärts hangeln und gleichzeitig festhalten auf dem Weg zu mehr Selbständigkeit. Wenn er sich sicherer fühlt, wird er auch diese Schnur loslassen können. Dann weiß er selbst, wie's weitergeht.

Haustiere: Wie wir auf den Hund gekommen sind

Es war einmal eine Berner Sennhündin, die brachte in einer Garage in der Nachbarschaft sieben Hundebabys zur Welt. Winzig und sehr wuschelig seien die jungen Hunde, wurde mir berichtet – immer häufiger hörte ich von den Hunden, denn Kinder und Vater besuchten die Hundebabys bald täglich. Was ich nicht ohne Sorge betrachtete.

Der erste Schritt zum Haustier: Wie niedlich ist doch so ein kleiner Hund!

Besonders oft und ausführlich berichteten mir die Kinder von einem kleinen Braunen. Immer dringlicher wurde ich aufgefordert, ihn mir nun endlich anzuschauen. Aus dem Spiel wurde Ernst. Vier Kinder und ihr Vater verliebten sich in den Braunen: »So süß, so unheimlich niedlich!« Und dann kam's (ich hab's ja gleich gewußt): »Du hast doch nichts dagegen, daß wir ihn zu uns holen?«

Was sollte ich dagegen sagen? Kann ich den Kindern und ihrem Vater den Spaß verderben, indem ich lauter Sorgen aufzähle, die mir in Gedanken an einen Hund zu schaffen machen? Daß ich vor allen Hunden Angst habe, vor großen und vor kleinen und vor ihren scharfen Zähnen. Daß ich Angst habe vor Hundewürmern, Hundedreck, Hundehaaren und Angst vor der Belastung durch einen Hund. Wohin damit, wenn wir verreisen? Und wer geht mit ihm spazieren? Wer wird ihn versorgen?

Mit meinen Ängsten kam ich nicht an gegen die Freude über einen kleinen, weichen, wuscheligen Hund. Die Hundefraktion in der Familie siegte. Fünf gegen einen. Selig vor Glück schleppten die Kinder eine Kiste mit einem winzigen Hündchen ins Haus.

Das Hundchen wurde sanft im Arm gewiegt, vorsichtig gestreichelt, behutsam wieder in die Kiste verfrachtet. Vier Knaben, die sonst eher grob zupacken, gingen sanft und zart mit ihrem Hundebaby um.

Mit einem Tier zu spielen, heißt auch, Studien zu treiben über sein Verhalten.

Der Hund beäugte die Kinder. Die Kinder beobachteten den Hund. Ein Pingpongspiel, das beide Seiten begeisterte. Sowohl die Kinder als auch der Hund bewiesen Instinkt füreinander. Stürzte sich der damals knapp zweijährige Konstantin mit Wucht auf das Hundekind, wurde er von den älteren Brüdern schleunigst zurückgepfiffen: »Nicht so doll. Dem bleibt ja die Luft weg!« Erklärte ich – Hundebuch in der Hand –, was es mit dem Verhalten eines solchen Tieres auf sich habe, wußten die Kinder längst Bescheid: »Gesträubte Nackenhaare bedeuten, der Hund ist erregt.« »Haben wir schon beobachtet. Seine Haare haben sich gesträubt, als er die Katze im Garten entdeckte!«

So klein der Hund noch war, ließ er sich nie zum Plüschtier, zum Spielzeug machen. Er zeigte von Anfang an Charakter. Rumtragen – schön und gut. Aber in einen Bollerwagen ließ er sich nicht legen. Im Nacken kraulen, bitte gerne. Aber mit Schleifchen ließ er sich nicht schmükken. Ein Hundeblick genügte, und die Kinder wußten: hier gibt's Grenzen. Der Hund selbst brachte den Kindern bei, daß er ein Hundeleben führen möchte und kein Dasein als verschmustes Familienanhängsel in Schoßhundmanier.

Das Zeug zum Schoßhund hat unser Hund auch jetzt noch nicht. Inzwischen ist aus dem Hündchen ein stattlicher Hundemann in Schäferhundgröße geworden.

Wie die meisten Hunde-, Katzen- und Wellensittichfamilien streiten auch wir inzwischen darüber, wer den Hund nun eigentlich wann zu versorgen habe.

Der Hund weckt Beschützerinstinkte in den Kindern. Sie sorgen sich um ein Lebewesen, gehen sensibel auf seine Bedürfnisse ein.

Für das Füttern und Ausführen fühlen sich unsere Kinder weniger zuständig als für das Gemüt des Tieres. Ob er morgens auch genug Auslauf gehabt habe, fragen sie mich mittags, wenn sie aus der Schule kommen. Und ob ich mich während des Vormittags mal um ihn gekümmert habe. Sind wir mit Hund unterwegs, achten sie darauf, daß das Tier in aller Ruhe Schnüffelrunden drehen kann: »Wartet. Er hat noch zu tun. Schnüffeln, das braucht er!«

Ist der Hund einmal ein paar Stunden allein zu Hause, erwartet er uns mit vorwurfsvollem Trauerblick. Sofort drängen sich die Kinder um ihn und rangeln um die besten Streichelplätze. Dann kraulen sie ihn am Hals und nehmen ihn in den Arm, streicheln ihn hinterm Ohr und klopfen ihm auf den Bauch.

Erst wenn ihr Freund gnädiger blickt, verlassen sie ihn. Mit Ausdauer und viel Geduld kümmern sie sich um die Hundeseele.

Konstantin spielt besonders unbefangen mit dem Hund. Selbst kaum höher als das Tier, nimmt er den Hund fest in den Arm und zieht ihn hinter sich her. Mutig und handfest geht er mit ihm um.

Mehr zum Thema Einfühlungsvermögen *auf Seite 68f.*

Für Julian ist der Hund vor allem ein Spielkamerad, der brav Stöckchen holt und bringt. Julian freut sich über diesen unkomplizierten Freund, mit dem es nie Rangstreitigkeiten gibt: »Mit Hunden muß man sich nicht zanken!«

Mir gefällt, wie locker, wie selbstverständlich unsere Kinder mit Tieren umgehen, nicht nur mit Hunden, seitdem wir ein Haustier haben. Auch auf mich färbt diese Haltung ab. Meine Angst vor Hunden gibt sich langsam. Auch Katzen und anderes Getier blicke ich mit interessierteren Augen an.

Im Umgang mit dem Hund geben sich viele Zimperlichkeiten.

Hund und Katze seien als Haustiere für eine Familie am besten geeignet, sagen unsere Kinder. Weil diese Tiere im Haus noch eine richtige Aufgabe hätten: Katzen fingen Mäuse und der Hund belle, wenn jemand komme. Das Dasein von ewig eingesperrten Meerschweinchen, Hamstern, Wellensittichen und Kanarienvögeln sei dagegen wenig verlockend. Das wäre ja Freiheitsberaubung, wenn die Tiere immer im Käfig hocken müßten.

Tapst der Hund mit regennasssen Dreckpfoten durch die Wohnung und schüttelt sich, daß Haare und Staubkörner nur so fliegen, dann schaudert's mich. Auch das Thema Krankheiten, die von Hunden übertragen werden können, beschäftigt mich nach wie vor und ich scheuche die Kinder häufiger denn je zum Händewaschen.

Hunde können treue Freunde sein – und sind absolut zuverlässig.

Trotz allem: Ich bin inzwischen der gleichen Meinung wie die Kinder. Ein Hund ist als Haustier bestens geeignet. Er bringt Leben in die Bude und ist ein treuer Freund, nicht nur für Kinder. Ein Freund, auf den immer Verlaß ist, und solch einen Freund brauchen Kinder häufig.

5
Vom Spielzeug und vom Spielen

Kinder sind Weltmeister im Erfinden von Spielzeug

Ich kaufe Cowboys aus Kunststoff, Kühe aus Kunststoff, Pferde aus Kunststoff. Alles mit super Zubehör und exakt so wie auf dem Wunschzettel vermerkt. Das Zubehör ist unserem Sohn das Wichtigste: Eine winzige Pistole, die man dem Cowboy in die Hand drücken kann. Ein Texashut, den man ihm auf den Kopf setzen kann.

Ich trage diesen allerersten Playmobilkasten für unser erstes Kind nicht gerade freudig nach Hause, denn ich halte nicht viel von diesen perfekten Spiel-Sets, weil ich fürchte, daß es Kinder eher wegführt von kreativem Spielen als hinführt zu kreativem Spielen, da bei diesen Kästen alles bis ins kleinste Detail vorgegeben ist. Fehlt nur noch eine genaue Spielanleitung im Karton: »Man nehme einen Cowboy, setzte ihm einen Hut auf den Kopf, sattle sein Pferd...«. Meiner Meinung nach regt eine allzu perfekte Spielzeugwelt Kinder zum bloßen Hantieren, Hin- und Herschieben, Auf- und Abbauen an und nicht zum echten Spielen. Denn bis alle Figuren arrangiert sind, bis alles Zubehör verteilt ist, vergeht viel Zeit und damit erlahmt die Spielfreude.

Das Thema Kreativität *auch auf Seite 76 ff.*

Zu meiner Überraschung lassen sich unsere Kinder von der Perfektion eines Spielzeugs nicht blenden, im Gegenteil. Sie reißen das von dem Spielzeughersteller sorgfältig zusammengestellte Sortiment sofort auseinander und die Cowboys, die Kühe, die Pferde samt allen Einzelteilen verschwinden in einer Grabbelkiste zwischen Plastik- und Holzklötzen, kleinen Schachteln und großen, Bindfäden und Gummiringen, Spielzeugautos und Bauernhoftieren, Papierschiffchen und Knetgummimännchen. Aus dieser Grabbelkiste wird später mit viel Tauchen und Wühlen das Zeug zutage gefördert, das die Kinder für ihre Spiele brauchen – eine nach kindlichen Vorstellungen ganz per-

Eine von Erwachsenen vorgegebene Spielwelt kommt selten an bei Kindern.

Wer etwas über Phantasie erfahren möchte, sollte Kindern beim Spielen zuschauen.

fekte Zusammenstellung von Spielzeug kommt dann zustande und diese Zusammenstellung sieht ganz anders aus als die von Spielzeugdesignern. Da taucht zum Beispiel einer der Cowboys wieder auf, ohne Texashut auf dem Kopf, dafür eingewickelt in einen weißen Papierstreifen. Der Cowboy ist jetzt ein Astronaut und steigt in ein Raumschiff, hergestellt aus dem Joghurtbecher mit Papptür. Oder der Texashut pappt irgendwann auf einem Korken mit aufgemaltem Gesicht. Oder die Pferde und Kühe laufen in Wollfäden eingewickelt als Zirkuspferde durch eine Manege, die aus Stöckchen und Steinchen errichtet wurde.

Ich habe die Kreativität von Kindern im Umgang mit Spielzeug unterschätzt. Sie lassen sich auf die von der Industrie vorgegebene Spielwelt nicht ganz und gar ein, sondern bauen diese Welt ganz schnell und mit viel Phantasie in ihre eigene Welt um. Schaue ich ihnen dabei zu, wie sie Landschaften bauen aus gekauftem und selbstgemachtem Spielzeug, wie sie sich locker über sämtliche Vorlagen aus Spielzeugschachteln hinwegsetzen und nur noch ihre eigenen Ideen sehen, wie sie Dinge auseinandernehmen und umfunktionieren, dann freue ich mich: Kinder sind immer noch Weltmeister im Spielen, im Erfinden und Gestalten.

Von Muskelmännern und mächtigen Plastikmonstern

Eigenartige Helden gibt's in Spielzeuggeschäften zu kaufen. Das eigenartigste daran: Kinder mögen sie.

Fantasia ist für Konstantin das Land seiner Träume. He-Man, Big-Jim und Komplizen stehen bei ihm hoch im Kurs. Die Muskelmänner mit der stählernen Faust sind wahre Wunderwesen in seinen Augen: »Echt starke Typen!« Fast noch besser gefallen ihm die grausig-gespenstischen Plastikmonster mit den teuflischen Fratzen und dem starren Sensorblick. Je wüster der Draculalook, je muskulöser solch ein Protz, desto verzückter Konstantin: »Den wünsch ich mir!« Zum Geburtstag. Zu Weihnachten. Von der Oma. Bitte, bitte und noch einmal bitte, bitte!

Was fangen wir mit diesem sehnlichsten aller sehnlichen Wünsche an, der so überhaupt nicht zu unseren elterlichen, pädagogisch durchdachten Spielzeugvorstellungen passen will? Nachgeben und solch ein monströses Scheusal kaufen? Erst einmal abwarten, vielleicht gibt sich der sehnlichste aller sehnlichen Wünsche.

Er gibt sich nicht. Für Konstantin scheinen He-Man & Co. das zu verkörpern, was er in der Realität wohl schrecklich gern sein würde: ein cooler Kerl, ein toller Hecht, der mit den älteren Geschwistern und mit den Kindern im Kindergarten spielend fertig wird. »Mir kann keiner was. Ich bin stark, stärker, am stärksten!« Daß er in Wirklichkeit noch ein kleiner Kerl von vier Jahren ist, den niemand von den Großen – verflixt noch eins – so richtig ernst nehmen will, wurmt Konstantin ungeheuer. Immer und überall der Jüngste, der schwächste zu sein, das ist ein Problem für ihn.

Mehr über Geschwister *auf Seite 75 f. und über* Rollen *auf Seite 71 ff.*

In seiner Phantasie hat Konstantin diesen lästigen Zustand längst beendet. Als wackerer Held, als tapferer Recke tritt er in seinen Tagträumen und in seinen Spielen auf. Als edler Ritter, dem alles gelingt und der keine Angst kennt.

Wenn er nun noch He-Man und Konsorten besäße, dann wäre das Spiel perfekt. Mit diesen Muskelmännern in der Hand ließen sich alle inneren Bilder wunderbar nachspielen: Der Kampf mit mächtigen Brüdern. Der Kampf mit mächtigen Eltern. Und als He-Man wäre er Sieger, stellt sich Konstantin wohl vor.

Vielleicht sind Kinder manchmal schlauer und wissen, was sie brauchen: zum Beispiel einen Kraftmeier als Freund.

Mir sind diese Plastik-Kraftmeier nicht geheuer. Wer so auftritt wie diese Muskelmonster, kann sich keine Schwäche leisten, keine Eigenschaften, die nicht ins Bild passen, ist nur stark und nur Kämpfer. Das Bild, das sich bei diesen Spielen ergibt, ist mir zu grob. Diese Figuren lassen

Kindern zu wenig Raum für eigene Vorstellungen, zu wenig Möglichkeiten, die Rollen im Spiel zu differenzieren.

Ob's nicht auch ein Dinosaurier sein dürfe, frage ich Konstantin. Solch ein Viech sei doch auch enorm groß und stark. Oder ein etwas harmloseres Marsmännchen in Spielzeugformat. Das sei auch nicht ganz so festgelegt in seiner Rolle.

Manipulation – oft spüren Eltern im Alltagsgetriebe nicht, was sie da machen.

So eine Art Marsmännchen darf es sein. Darf es noch sein, denn Konstantin ist erst vier Jahre alt und läßt sich noch mit sanftem Nachdruck von seinen Eltern in die Richtung schieben, in die er laufen soll. Aber ich habe meine Zweifel, ob wir auf die Dauer He-Man und seinen Mannen entgehen.

Waffen im Kinderzimmer: Pistole ja? Panzer nein?

An den Triumph in den blitzenden Augen erinnere ich mich heute, Jahre später noch. Total begeistert fuchtelte mir Christof mit seiner funkelnagelneuen Spielzeugpistole vor der Nase herum: »Ein Superding, diese Pistole!«

Weit weniger begeistert von dem Superding erklärte mir seine Mutter, mehrjähriges Bitten, Fordern, Quengeln, ewige, dramatische Auseinandersetzungen zum Thema »Spielzeugwaffen« seien dem Pistolenkauf vorausgegangen. Sie sei strikt gegen Waffen im Kinderzimmer, habe schließlich jedoch kapituliert. »Immer wieder kam er mit diesem Pistolenwunsch, weil sämtliche Freunde von ihm längst ihre Ballermänner in der Hosentasche hatten.«

Verbieten macht die Sache erst recht reizvoll. Das Verbot zu knakken wird zum sehnlichsten Wunsch.

Um solch einem Dauerthema aus dem Wege zu gehen – und fast alle »Jungen-Familien« haben mit dem Thema Spielzeugwaffen zu tun – verfolgen wir eine gegenteilige Strategie. Kaum äußern unsere Kinder den Wunsch nach einer Pistole – dieser Wunsch tauchte bei allen vieren im Kindergartenalter auf – erfüllen wir ihn in der Hoffnung, dem Thema damit seinen Reiz und sein Gewicht zu nehmen, es runterzuspielen: Jeder bekommt seine Pistole und damit haben wir dann Ruhe für alle Zeiten!

Natürlich ballern die Kinder erst einmal wie wild mit ihren blitzenden Waffen (auch ohne Platzpatronen): »Boing – jetzt biste getroffen!«

Daß es kein Spaß sei, von einer Kugel getroffen zu werden, erläutern wir ihnen immer wieder. Wir erklären, daß Krieg und Gewalt mit Angst und Schrecken verbunden ist, mit Tod und Sterben und viele Kinder selbst schon Krieg erleben, in der Schule in Kriegskunde unterrichtet oder wie kleine Soldaten gedrillt werden, daß wir Waffen verabscheuen, auch Spielzeugwaffen. Vielleicht bleibt manches von dem, was wir sagen, in ihren Köpfen hängen.

Ihre Freude am Herumfummeln mit der Waffe beeinflussen wir damit nicht. Die Kinder verstehen nicht, was wir Eltern dauernd mit diesen Waffen haben. »In echt schießen wir doch gar nicht! Das ist doch nur ein Spiel, das wir machen!« Einen Zusammenhang zwischen ihrem Spiel und der Wirklichkeit sehen sie nicht, können sie vielleicht noch gar nicht sehen. Unsere Versuche, sie dazu zu bringen, im Spiel nicht auf Menschen zu schießen, scheitern. Im Eifer des Gefechts vergessen sie diese Regel laufend.

Kinder lassen sich ihre Spiele von Erwachsenen nicht reglementieren.

Dieses Spiel – die Waffe heben, zielen, ballern, um irgendeine Ecke schießen – scheint für kleine und größere Jungen eine Zeitlang das Spiel der Spiele zu sein. Der Waffen-Virus steckt die meisten an. Was fasziniert sie eigentlich so an diesen Knallereien?

- Wer die Waffe in der Hand hält, fühlt sich mächtig stark. Und dieses Gefühl scheint Jungen zu gefallen. Mädchen sind meistens erstaunlich immun dagegen.
- Über die Regeln beim Herumknallen muß man nicht reden. Sie sind denkbar einfach. Jeder kapiert sie auf Anhieb.

Verführerisch an der Knallerei: Klar strukturiert ist das Spiel. Hier gibt's nur schwarz oder weiß.

▪ Weil die Regeln so simpel sind, läßt sich das Spiel mit etwas Phantasie wunderbar aufmöbeln. Wer kann da nicht alles gegen wen antreten? Gute Seemänner gegen böse Piraten, gute Indianer gegen böse Cowboys (oder umgekehrt) und gute Sheriffs gegen böse Banditen. Hier ist alles ganz einfach: schwarz und weiß. Da kann man sich als Pistolenheld schnell zurechtfinden.

▪ Bei diesen Schießereien ist alles in Bewegung: Man schreit, man rennt, man fuchtelt mit den Armen herum. Hier ist was los. Und hinterher ist man total erschossen.

Also sich als Eltern abfinden mit der Knallerei? Nach viel Pengpeng und noch einmal Pengpeng wird den Kindern die Sache erstaunlich schnell langweilig. Die Pistolen werden uninteressant, fliegen in die Ecke. Und flugs vergrabe ich sie ganz tief unten im Spielzeugkorb, der am seltensten hervorgezogen wird. Vielleicht geraten sie in Vergessenheit, das wäre zu schön.

Nachdem die Schießeisen an Reiz verloren haben, kommt das Gespräch auf Panzer und kleine Soldaten. Ob sie sich die nicht wünschen sollten, überlegen die Kinder. »Schluß aus! Das Zeug kommt nicht ins Haus. Und wenn wir täglich darüber streiten müssen!« An diesem Punkt lassen wir Eltern nicht mit uns reden. Hier ist die Grenze: Keine Panzer, keine Soldaten, keine Superbomber. Wenn wir Pistolen erlaubten, dann sei es unlogisch, diese Dinge nicht zu akzeptieren, sagt unser ältester Sohn. Ganz egal, dann ist es eben unlogisch. Aber diese Grenze bleibt bestehen.

Manchmal ziehen Eltern Grenzen, deren Verlauf Kinder nicht nachvollziehen können. Mehr zum Thema Grenzen ziehen *auf Seite 119 ff.*

So ein Teddy ist ein ganz zuverlässiger Bursche

Eigentlich zieht Konstantin den Teddy erst abends unter dem Kissen hervor, wenn es Zeit zum Schlafengehen ist. Manchmal jedoch wird er schon früher gebraucht. Zum Beispiel, wenn nichts so läuft für Konstantin, wie es laufen sollte: Die Freunde aus dem Kindergarten, die ihn besuchen wollten, ließen sich nicht blicken. Die Brüder machten die Tür hinter sich zu und wollten ohne ihn spielen. Die Eltern schauten nur schnell rein, waren gleich wieder weg, hatten nicht mehr als einen flüchtigen Blick, ein flüchtiges Küßchen für ihn übrig. »Keine Zeit für mehr!«

Wenn einem alle aus Mangel an Einfühlungsvermögen und Zeit auf der Seele herumtrampeln, muß ein Teddy als Ersatz herhalten.

Wenn die Freunde, die Brüder, die Eltern sich Konstantin nicht zuwenden, dann muß der Teddy ran, hat keine Ruhepause mehr bis zum Abend. Mit dem Teddy unterm Arm schlendert Konstantin rum – ziellos durch die Zimmer. Das Tierchen ist sein Trost. Es wird gedrückt, gehätschelt, ganz festgehalten. Ein Stofftier ist zuverlässig, ist da, wenn es gebraucht wird, wenn Konstantin Sehnsucht hat nach mehr als einem flüchtigen Blick und einem flüchtigen Küßchen. Und ein Teddy kann nicht abhauen.

Spaziert Konstantin am hellen Tage mit dem Teddy unterm Arm durch die Gegend – wie zu Babyzeiten mit Schmusetuch oder Daumen im Mund –, dann ist das für mich ein Zeichen, daß er mich braucht – meine Nähe, meine Zärtlichkeit. Am besten jetzt gleich und nicht erst später.

Hier wird gespielt, bitte nicht stören

Wenn Erwachsene hineinplatzen ins Spiel, dann ist das die Pest.

Himmlisches Wetter ist draußen. Gerade richtig, nicht zu heiß. Kein Wölkchen in Sicht. Ein Wetter zum Picknick machen. Ganz begeistert von der Idee, mit Kindern, Picknickzeug und Fahrrädern Richtung Wald zu gondeln, stürze ich in Julians Zimmer und störe prompt ganz fürchterlich.

Daß er bei himmlischem Wetter allein im Schatten hockt, in einer ungemütlichen, kühlen Ecke, scheint er nicht wahrzunehmen. Julian ist beschäftigt, hat einen

Galgen aus Bausteinen errichtet und knüpft Plastikmännchen auf.

Ausgerechnet jetzt platze ich mit dieser Picknick-Idee dazwischen, von der Julian überhaupt nichts hält: »Ich will weitermachen!« Wieso soll dieses Spiel mit dem Galgen eine derart dringliche Angelegenheit sein, daß man es nicht für eine Weile unterbrechen könnte? Voller Unverständnis komme ich ihm mit einer typischen Erwachsenen-Vorstellung: »Jemand aufknüpfen, das ist doch kein richtiges Spiel. Bitte, hör auf damit. Picknick machen ist doch wirklich besser!«

Aufs Angenehme kommt es Julian in diesem Augenblick gar nicht an, sondern gerade auf dieses Spiel und kein anderes. Es ist nicht irgendein Spiel, sondern eins, das er als Ventil für seine Gefühle in diesem Augenblick zu brauchen scheint.

Julian ist dabei, sich selbst kennenzulernen, er ist beschäftigt damit, nicht nur die Welt da draußen mit Hilfe von Spielen zu erforschen, sondern auch die Welt in seinem Inneren, all die erfreulichen und unerfreulichen Gefühle, die starken und die schwachen Gefühle, die flüchtigen und bleibenden Gefühle.

Und diese ganz verschiedenen, oft konfliktreichen Gefühle beim Spielen auszuloten, das soll unwichtiger sein als Picknick machen?

Das Spiel der Kinder zu respektieren – eine Haltung, die Erwachsene oft erst lernen müssen.

Weil mir nicht klar ist, was sich hier gerade für ihn »ab«-spielt, nehme ich Julians Bedürfnis nach Ungestörtheit, seinen Wunsch weiterzumachen, nicht ernst. Nicht nur, daß ich sein Spiel unterbreche, ärgert Julian, sondern auch, daß ich es abwerte, ohne überhaupt zu wissen, worum es dabei geht, ohne danach zu fragen. Und dann wundere ich mich, wenn Julian meine Superidee ›Picknick‹ mürrisch zurückweist.

Wären bei Julians Spiel positive Gefühle zum Ausdruck gekommen, hätte er keinen Galgen gebaut, sondern vielleicht ein Kuschelbett für seinen Stoffhasen, dann wäre ich womöglich weniger resolut dazwischengefahren. So ein schönes, liebes Spiel zu akzeptieren, fällt leichter.

Glücklicherweise schluckt Julian seinen Ärger auf mich nicht hinunter, er spuckt ihn aus: »Du hast keine Ahnung, was ich mache!« Das Argument sitzt. Ich nehme mir vor, die Ungestörtheit zu respektieren, die sich Kinder beim Spielen wünschen, egal ob ich mit dem Spiel etwas anfangen kann oder nicht.

Gute Spiele und ungute Spiele. Unterscheidungen, die nur die Großen machen.

Beim Spielen: Abgetaucht und selbstversunken

Gefährlicher Auffahrunfall auf der Autobahn bei Stuttgart. 120 Autos ineinander verkeilt«, liest Julian in der Zeitung. Wie dieser Unfall wohl entstanden sei, fragt er. Liest den Artikel noch einmal, ohne die Antwort zu finden, die er sucht. Die Geschichte beschäftigt ihn nachhaltig.

Wenig später stellt er die Autoschlacht dar. In seinem Zimmer auf dem Boden. Mit kleineren und auch größeren Spielautos. Mit Bauklötzen, die Autos darstellen sollen. Julian rollt die Autos hin und her. Wie war das noch? Was stand in der Zeitung? Zuerst ein Laster auf der linken Spur und ein Mercedes auf der rechten und dann ... Er probiert aus, arrangiert alles um, löst das Ganze wieder auf, versucht mit Hilfe des Spiels dahinterzukommen, was sich gestern auf der Autobahn abgespielt haben könnte.

Was im Spiel so kinderleicht aussieht, ist schwierig: hinter Regeln kommen, die alles ordnen.

Kinder machen beim Spielen mit ihren Spielsachen, ihren Autos und Puppen, ihren Klötzen und Stecksteinen spannende Erfahrungen und spannende Entdeckungen.

- Sie erfassen Spielregeln, die das Verhalten von Menschen prägen, durchschauen Systeme, spüren Gesetzmäßigkeiten auf.
- Sie lernen neue Gegenstände und ihre Funktionen kennen.

- Sie wiederholen Situationen und ganze Geschichten, die sie erlebt oder erfahren haben, und experimentieren damit.
- Mit Hilfe des Spiels versuchen sie, die Realität zu begreifen, einen Zugang zur Welt zu finden.

Wer ihm beim Spielen zuschaut, erfährt oft mehr über sein Kind als beim Reden.

Inzwischen bemüht sich Julian nicht länger, mit seinen Autos den Auffahrunfall aus der Zeitung möglichst exakt nachzustellen. Das ist ihm langweilig geworden. Er modelt das Arrangement im Kinderzimmer um, verknüpft die Informationen über den Auffahrunfall aus der Zeitung mit eigenen Phantasien, eigenen Erlebnissen und Beobachtungen, eigenen Gefühlen und Gedanken zum Thema Auto.

Dadurch ergibt sich eine ganz neue Geschichte: seine Geschichte. Julian erfindet alles neu beim Spielen: neue Verkehrsregeln und -situationen, neue Verhaltensweisen von Verkehrsteilnehmern. Fasziniert schaue ich einem ganz und gar verspielten Kind zu, das nur für sich selbst ein Riesentheater inszeniert – originell und authentisch. Julian verkörpert alles in einer Person: Personen-, Last- und Krankenwagen, Polizei und Feuerwehr, Wind und Wetter und auch noch den Verkehrsfunk.

Kinder sind gute Schauspieler.

So spielt er zum Beispiel einen besonders rasanten Autofahrer nach, drückt mit Stimme, Mimik und Gestik aus, mit welcher Art von Fahrer man es hier zu tun hat. Mit lautem, gleichmäßigem Summen nähert sich der Wagen. Ein Stau kommt in Sicht. Das Summen steigert sich dramatisch. Das Gesicht zeigt Angst. Die Haltung ist angespannt. Julian quietscht, legt sich zurück, weil er eine Vollbremsung macht. Und dann reißt er das Steuer herum. Anschließend spielt Julian einen alten Herrn, der über die Autobahn fährt. Das Schauspiel wiederholt sich in einer anderen Tonlage. So wiederholt sich die Tour noch ein paarmal. Julian spielt jeweils eine andere Rolle. Mal ist er Fahrer, mal Polizist. Unendlich viele Möglichkeiten ergeben sich, die Rollen zu wechseln. Julian ist abgetaucht in seine Phantasiewelt, in eine Welt, die er nach seinen eigenen Vorstellungen gestaltet.

Mehr über Rollen *auf Seite 75 f.*

Die Autoattrappen, die Bauklötze, stehen inzwischen als Fußgänger am Straßenrand. Polizeiwagen kommen aus der Luft. Und ein Auto tritt plötzlich mit weit geöffneten Türen als Roboter auf, der von einem anderen Stern kommt.

Klar und logisch geht es bei diesen Spielen nicht zu – jedenfalls nicht, wenn man das Spiel aus der Sicht Erwachsener betrachtet: »In Wirklichkeit spielt sich das doch ganz anders ab!« In welcher Wirklichkeit? Dieser Gesichtspunkt interessiert Julian beim Spielen herzlich wenig. Für ihn hat das Ganze einen Zusammenhang – einen Zusammenhang, den nur er versteht. Und vielleicht noch Jakob, wenn er mitmacht beim Spielen.

Zärtliche Spiele für wilde Jungen

Nichts gegen das Toben, gegen die wilden, wüsten Spiele, die unseren vier Söhnen ungeheuer viel Spaß machen. Weil ich mich schwer tue beim Toben, rege ich andere Spiele an, wenn ich mitmachen möchte. Ruhige, sanfte Spiele, die von unseren Kindern zuerst meist abgelehnt werden. Wenn es mir jedoch gelingt, sie erst ein bißchen zu überreden und dann bei der Stange zu halten, sind sie gerne bei der Sache. Gar nicht so schlecht, sich zwischendurch auf Spiele der leiseren Machart einzulassen. »Zur Abwechslung«.

Auch Mütter haben ihre Lieblingsspiele.

■ *Was krabbelt auf meinem Rücken?*

Einer liegt auf dem Bauch. Ein anderer zeichnet ihm mit dem Zeigefinger zum Beispiel ein Haus auf den Rücken. Es ist nicht einfach zu erraten, was das für ein Bild sein könnte, das auf dem Rücken entsteht.

■ *Wo bin ich?*

Das Kind kringelt sich auf dem Boden zusammen und schließt die Augen. Der erwachsene Mitspieler hebt es vom Boden auf, nimmt es auf den Arm, legt es sich über die Schulter, geht mit ihm durch den Raum. Die Augen bleiben dabei fest geschlossen. Es ist ein eigenartiges Gefühl, aufgehoben, getragen, wieder abgelegt zu werden, diese Bewegungen nur zu spüren und nichts dabei zu sehen.

Mehr zum Thema Einfühlungsvermögen *auf Seite 129 ff.*

■ *Wenn Trampeltiere unterwegs sind*

Ich gehe vorwärts, ich gehe rückwärts, ich gehe seitwärts und auf meinen nackten Füßen steht ein Kind mit nackten Füßen und geht mit.

■ *Wer killert mich denn da?*

Einer hat die Augen verbunden, die anderen stehen im Kreis herum. Wer kitzelt, wer faßt den Spieler an, der nichts sehen kann? Und errät er wohl, wer's war?

■ *Wen habe ich vor mir?*

Wer ist's, den ich berühre? Mit verbundenen Augen rät ein Spieler, wen er gerade abtastet, wen er vor sich hat.

■ *Wind bläst übers Land*

Einer spielt das Land, ein anderer den Wind. Der Wind bläst ganz sachte über das Land, über die nackte Haut des Mitspielers, der sagt, wo der Wind noch pusten soll.

■ *Was nackte Füße fühlen*

Was liegt auf dem Boden? Mit verbundenen Augen und nackten Füßen über den Boden gehen und mit den Füßen vorsichtig ertasten, was herumliegt (Stofftier, Waschlappen, Nagelbürste, Spielauto usw.).

Sich fallenlassen beim Spielen – das können Kinder oft besser als Erwachsene.

■ *Immer im Kreis, immer im Gänsemarsch*

Je mehr mitmachen bei diesem Spiel, desto besser. Alle gehen dicht hintereinander, alle gehen im Kreis. Unmerklich verlangsamt sich das Tempo, unmerklich steigert es sich wieder. Einer stellt sich beim Gehen auf den anderen ein und versucht zu spüren, wer das Tempo bestimmt.

■ *Fallenlassen*

Mehrere Mitspieler bilden einen Kreis. Einer stellt sich mit verbundenen Augen mitten in den Kreis und läßt sich fallen in dem Vertrauen darauf, daß ihn die anderen auffangen.

Rollenspiele: »Wir tun jetzt so, als ob ...«

Und manchmal einigen sie sich, ohne zu streiten.

Sollen wir Tierklinik spielen oder Familie oder Schule?« Vier Cousinen und vier Cousins beratschlagen, was man zusammen spielen könnte. Man einigt sich darauf, Familie zu spielen – Großfamilie mit Tante und Onkel, Großmutter und Großvater. Dazu haben alle Lust. Die Großen, weil sie das Sagen haben in dem Clan, die Kleinen, weil sie endlich einmal mittun dürfen.

Zuerst werden die Rollen verteilt. Das geht erstaunlich demokratisch über die Bühne. Die Großen bestimmen nicht einfach, sondern es wird diskutiert und abgestimmt, wer hier welche Rolle zu übernehmen hat.

Wer Kindern beim Rollenspiel zuschaut, findet sich selbst wieder.

Das Spiel beginnt: Die Großfamilie ist versammelt. Eine ziemlich ungeduldige Mutter wirbelt durch die Gegend und ein ziemlich geduldiger Vater macht sich zu schaffen. Das Familienleben kommt in Gang.

Es ist spannend, den Kindern bei einem Rollenspiel zuzuschauen. Ich erkenne mich im Spiel unserer Kinder wieder: »So also sehen sie mich. So runzle ich die Stirn, so rede ich, so grinse ich ...«. Die Kinder bei ihrem Familienspiel beobachten ist ein Stück Selbsterfahrung. Wir Erwachsenen, unser Verhalten spiegelt sich in ihnen wider.

Rollenspiele helfen auch, sich in sozialem Verhalten zu üben.

Das Rollenspiel, das auf den ersten Blick wie ein freies Spiel wirkt, hat doch seine Regeln. Regeln, die sich an der Wirklichkeit orientieren. Beim Rollenspiel experimentieren Kinder mit den Normen, die den Alltag bestimmen. Beim Spielen versuchen sie hinter den Sinn bestimmter Regeln zu kommen und prüfen, ob das stimmt, was sie beobachtet haben.

Ein Beispiel: Frühstück machen ist im Spiel der Kinder angesagt. Sie spielen Tee- und Kaffeekochen. »Frauen trinken immer Kaffee und Männer immer Tee!« behauptet

Jakob. Die anderen erheben Einspruch: »Stimmt nicht, denn ...«. Nach einer längeren Erklärung revidiert Jakob seine Meinung und ist ganz zufrieden. Wieder was dazugelernt.

Im Rollenspiel üben Kinder vor allem jedoch soziales Verhalten. Hier müssen sie miteinander zurechtkommen, sie lernen in der Gruppe;

- Die eigene Meinung zu äußern und auch durchzusetzen;
- die Meinung anderer gelten zu lassen und sich unterzuordnen;
- abgeben und teilen.

Mehr zum Thema Geschwister *auf Seite 78 ff. und* Rollen *auf Seite 147 ff.*

Die Mitspieler übernehmen im Spiel eine wichtige Funktion. Sie loben und kritisieren, diskutieren und helfen. Rollenspiele sind ein wichtiges soziales Training. Und die gleichaltrigen Freunde sind oft geschicktere Trainer als Eltern.

Schaue ich den Kindern bei ihrem Familienspiel zu, erfahre ich nicht nur einiges über uns Erwachsene, sondern auch über die Kinder und ihre Fähigkeiten im Umgang mit anderen.

Spielen: Kirmes im Kinderzimmer

Das Kinderzimmer total auf den Kopf stellen – das beste aller Spiele.

Über dem leuchtenden Globus ein altes, weißes Bettlaken. Aufgezeichnet auf das Tuch eine gräßlichschöne Fratze mit teuflischem Grinsen. Mitten im Zimmer eine mit Transparentpapier verkleidete giftgrüne Funzel. Unter der Funzel ein aus Stöcken gezimmertes Grabkreuz über einem aus einer Steppdecke drapierten Hügel, aus dem ein ausgestopfter Gummihandschuh winkt. In der Zimmerecke eine düstere Gestalt – schwarzer Pullover, schwarze Hose – ausgestopft mit einem Kassettenrekorder, aus dem vorher aufgenommene Gruselgeräusche tönen: Türenklappern, lautes Stöhnen und grauenhaftes Kreischen.

Im Kinderzimmer ist Kirmes. Stolz führen uns Jasper und Freund Moritz durch die von ihnen gestaltete Geisterbahn, aufgebaut für die kleineren Geschwister. Wir bewundern ihr Gruselkabinett gebührend: »Einfach toll, was ihr zustande gebracht habt!«

Mit Lust führen uns die beiden die kleinen Raffinessen vor, die sie eingebaut haben: ein Licht, das blinkt, eine Tür die ächzt und knarrt. Nicht nur wir Erwachsenen freuen uns an dieser phantasievollen Gruselhöhle. Die Kinder genießen ihr Erfolgserlebnis: »Die Höhle ist noch viel besser geworden als von uns erwartet!« Sie sind gespannt darauf, was die Brüder dazu sagen werden.

Freude zeigen, Anerkennung *siehe auch auf Seite 93 f.*

Eine Sternstunde im Kinderzimmer. Ein für alle befriedigender Nachmittag, zu dem ganz verschiedene Faktoren beigetragen haben.

Die Idee zum Geisterbahnbau hat sich spontan zwischen Moritz und Jasper ergeben und sie hatten die Zeit und die materiellen Möglichkeiten, diese Idee auch gleich in die Tat umzusetzen. Dabei haben sie eine wichtige soziale Erfahrung gemacht: Im Team geht vieles besser als im Alleingang. »Unsere Vorstellungen haben sich gut ergänzt«, berichtet Moritz. »Zusammen haben wir alle Probleme schnell gelöst!« Wir Erwachsenen haben uns rausgehalten, haben die Kinder allein machen lassen. Keine guten Ratschläge von uns, kein Besserwissen. Im Kinderzimmer ist nicht nur eine Geisterhöhle entstanden, sondern ein Kunstwerk. Befriedigt betrachten die beiden Jungen ihr Werk, weil es ihnen gelungen ist – angeregt durch Bilder aus Werbung und Fernsehen, aus Filmen und Zeitschriften – ihre eigenen Bilder, ihre Ideen zu gestalten: eine Komposition aus Formen und Farben, Lichteffekten und Geräuschen hat sich in einer Qualität ergeben, die sie selbst überrascht. Und das Ganze hat sehr viel Spaß gemacht: Hier ein bißchen geraffter Stoff und – zack – ergibt sich eine prima Höhle! Da jede Menge zerknülltes Zeitungspapier, und es entsteht eine Gestalt.

Eine wichtige Erfahrung beim Spielen: Gemeinsam mit anderen tun wir uns oft leichter. Mehr über soziales Verhalten *auf Seite 78 ff.*

Das Material, das die Kinder zur Verwirklichung ihrer Ideen brauchten, war im Haushalt vorhanden: Decken, die geknüllt werden dürfen, Lampen, die zu verfremden sind, alte Laken zum Anmalen, Schnüre, Lumpen und Altpapier.

Mehr über Kreativität *auf Seite 81 ff.*

Jasper und Moritz freuen sich an ihrer Kreativität, an ihrem Einfallsreichtum, ihrer Originalität und Intelligenz. Ich freue mich mit ihnen und sage das auch ausdrücklich: »Eure Höhle ist wirklich gelungen. Ist ein supertolles Gruselkabinett!«

Verlieren kann ganz schrecklich weh tun

Verlieren tut in der Seele weh. Viele Kinder mögen sich daran nicht gewöhnen.

Jakob ist in Rage. Mit knallrotem Kopf und geballten Fäusten, blind vor Wut und Tränen, springt er auf. Setzsteine und Stühle fliegen um. Jakob drischt auf seine Brüder ein: »Nie wieder spiele ich mit euch! Ungerecht ... gemein!« Er schluchzt und kann es nicht fassen, daß er der Verlierer ist in dieser Runde: »Das bescheuertste Spiel aller Zeiten ist das!«

Das traute Zusammenspiel endet wieder einmal in einem Desaster. Und warum? Weil zum Schluß einer als der Größte dasteht – »Ich bin der Sieger!«, und einer als der Kleinste – »Ich bin der Verlierer.«

Aber wehe, wenn ich es wagen würde, ›Mensch ärgere Dich nicht‹, ›Malefiz‹ und ähnliche Spiele aus dem Verkehr zu ziehen. Einen Aufstand würden unsere Kinder machen. Wettspiele stehen hoch im Kurs bei ihnen, allen Tränen beim Verlieren zum Trotz. Warum sind diese Regelspiele mit Gewinner und Verlierer so beliebt?

Ellenbogen zeigen – auch noch beim Spielen?

Wettkampf macht Spaß, weil jeder dabei sein Bestes gibt: Strategisches Denken, Geschick und Disziplin, Reaktions- und Konzentrationsvermögen, Risikobereitschaft und Geduld – viele und ganz verschiedene Fähigkeiten kommen dabei ins Spiel.

Diese Gesellschaftsspiele sind meistens nicht nur mit Glück zu gewinnen, sondern stellen hohe Anforderungen an die Mitspieler. So muß man zum Beispiel

- das Verhalten der anderen vorausahnen,
- ihre »Schach«-Züge in die eigene Strategie miteinbeziehen,
- Schwierigkeiten umgehen oder beseitigen,
- ein Risiko eingehen können oder auch nicht,
- Herausforderungen bestehen.

Gewinnen steigert das Selbstwertgefühl.

Wer diese Anforderungen erfüllt, wächst beim Spielen manchmal über sich selbst hinaus. Hier noch ein Klimmzug und da noch eine Taktik, und plötzlich hat man's geschafft: Das Spiel ist gewonnen und das verstärkt das Selbstwertgefühl: »Gar nicht schlecht, wie ich das mache!«

Die Konkurrenz beim Spielen stachelt den Ehrgeiz an. Das Gegeneinander, der Kampf ist das Nonplusultra. Den anderen zu schlagen, das ist das Höchste. Warum nur?

Das Verlieren ist Jakob ebenso schmerzhaft wie eine echte Ohrfeige. Mit Zorn, mit Haß denkt er an seine Mitspieler, die ihn zum Verlierer gemacht haben und der Gewinner des Spiels – natürlich wieder der älteste Bruder – das ist der Ärgste in seinen Augen: »Der muß ja ewig gewinnen!«

Mehr zum Thema Geschwister *auf Seite 157ff.*

Gerade die Jüngeren tun sich oft schwer mit dem Verlieren. Immer hinken sie nach, sind den Älteren unterlegen. Und jetzt beim Spielen wäre doch endlich mal eine Chance gewesen, sie zu überholen, wenn das schon im Alltag nie gelingen will. Aber nein, wieder gewinnt so ein Mächtiger, so ein Großer. Das ist zum Verzweifeln.

Jakob verkriecht sich auf sein Bett. Die Tränen strömen immer noch. Ganz tief sitzen die Schluchzer. Ich nehme ihn auf den Schoß, sage keinen Ton – was kann man da zum Trost auch schon sagen? – und muß ihn lange wiegen, bis die Tränen versiegen, die Schluchzer sich geben. Ist das innere Gleichgewicht jetzt wieder im Lot? Verlieren lernen tut weh.

Vor lauter Gewinnen-Müssen *geht das Spielerische unbewußt verloren.*

Nicht nur dem Verlierer, auch mir vergeht der Spaß am Wettstreit beim Spielen. Das Spielerische, das »reine Vergnügen« verkommt zu einer ernsten, manchmal auch anstrengenden Angelegenheit. Nicht das Spielen steht im Vordergrund, sondern das Gewinnen.

Wettkampf, verlieren, siegen lernen Kinder früh: in der Schule, im Sportverein. Überall tritt man gegen Konkurrenten an. Wer ist hier der Beste und wer dort? Man vergleicht, man mißt sich mit den anderen. Und auch das Spielen hat sich dem Wettbewerbsbetrieb immer mehr angepaßt. Die Gewinner werden gekürt. Die anderen quälen sich mit dem Verlieren. Gibt es dazu keine Alternative?

Kooperationsspiele – bei Kindern oft nicht ganz so beliebt wie bei Pädagogen und Eltern. Soziales Verhalten *siehe auch auf Seite 97ff.*

Auf dem Spielemarkt machen immer häufiger Gesellschaftsspiele von sich reden, die auf Kooperation basieren. Bei diesen Spielen geht es nicht um kämpferisches Gegeneinander, sondern um ein Miteinander. Das Spiel selbst verkörpert den Gegenspieler, den es gemeinsam zu besiegen gilt.

Erst skeptisch – »Ist langweilig, wenn's keinen Gewinner gibt!« –, dann ganz wohlwollend haben sich unsere Kinder auf diesen Spieletyp mit den neuen Regeln eingelassen. Tränenreiche Wutanfälle kommen dabei nicht vor.

Fragen wir unsere Kinder jedoch: »Welches Spiel wollen wir zusammen machen?«, dann tauchen die altbekannten Namen zuerst wieder auf: *›Monopoly‹* oder *›Malefiz‹* oder *›Mensch ärgere Dich nicht‹*. Das mit der Gemeinsamkeit beim Spielen mag sinnvoll sein, aber reizvoller ist für sie doch der Kampf. Die Triumphe und Niederlagen beim Spielen wollen unsere Kinder nicht missen. Beim Spielen üben sie das Gewinnen und Verlieren, und das scheint für sie eine äußerst spannende Sache zu sein.

Jedenfalls bleibt Jakob nicht lange bei seinem »Nie wieder spiele ich mit Euch!«. Mit dem nächsten Gewinnspiel unterm Arm erscheint er wieder auf der Bildfläche: »Diesmal gewinne ich bestimmt!«

Verwunschene Ecken und viel Platz zum Toben

Ein Karree, halb so groß wie ein Fußballfeld, umrahmt von Häusern hoch wie Wolkenkratzer aus der Perspektive von Kindern. Auf dem Platz kümmerlicher Rasen, staubige Büsche, staubige Wege und ein riesiger, staubiger Sandkasten. In diesem Sandkasten habe ich als Kind unzählige Stunden verbracht und mich fürchterlich gelangweilt. Eine triste Angelegenheit waren diese Nachmittage auf dem Spielplatz.

Wer sich als Erwachsener an seine eigene Kindheit erinnert, versteht die Anliegen von Kindern.

Richtig gespielt haben meine Brüder und ich am Wochenende und in den Ferien bei unseren Großeltern. Ihr Garten war ein Lustgarten für Kinder: Es gab dort ein Gartenhaus voller Gerümpel und Apfelgeruch, eine Regentonne zum Reinspucken, Haselnußbüsche zum Verkriechen.

Was ich damals beim Spielen empfunden habe, sowohl auf dem öden Spielplatz als auch in dem wunderschönen Garten, kann ich heute noch nachempfinden. Weil mir diese Kindheitserlebnisse noch präsent sind, beobachte ich mit großem Interesse, wie und wo unsere Kinder spielen. Welche Erinnerungen sammeln sie auf ihren Spiel-Plätzen?

Das Sandkasteneinerlei, inzwischen auf den Spielplätzen um genormtes Spielgerät wie Wippe und Schaukel, Klettergerüst und Betonröhre erweitert, besteht immer noch – von Abenteuer-Spielplätzen in nicht gerade üppiger Zahl einmal abgesehen. Und diese Spielplätze verderben Kindern nach wie vor den Spaß am Spielen. Deshalb machen wir um diese Plätze einen möglichst großen Bogen und suchen nach Spiel-Räumen, die Kinder in Phantasielandschaften verwandeln können. Bei der Suche nach diesen Spiel-Räumen unterstütze ich unsere Kinder. So fahre ich mit ihnen zum Beispiel so oft wie möglich in Richtung

Nicht einfach zu finden in heutigen Zeiten: Wo gibt's noch Ecken, die animieren zum phantasievollen Spielen? *Mehr zum Thema* Kreativität *auf Seite 101 ff.*

Wald (was glücklicherweise ohne allzu großen Aufwand möglich ist). Nicht nur bei strahlend schönem Sommerwetter machen wir uns auf den Weg, sondern zu jeder Jahreszeit und auch bei bedecktem Himmel. Wir steuern jedesmal die gleiche Stelle an. Die Picknickstelle. Die Budenbaustelle. Die Himbeerstelle. Die Kinder fühlen sich hier am Waldrand zu Hause. Kennen sich aus.

Weil wir oft an diese Stelle zum Spielen kommen, entsteht die Kontinuität, die Kinder mögen. Mit Freude wiederholen sie in dieser Ecke die immer gleichen Spiele: Am Waldrand Stöckchen zusammenklauben und aus den Stöckchen Hütten im Moos bauen. Robin Hoods Bande spielen und durch die Gegend schweifen. Sich ins Gras legen und in den Himmel schauen. Buden bauen aus großen Stöcken.

Im Wald haben Kinder mehr als genug Spielraum für ihre Phantasie.

In der näheren Umgebung der Wohnung solche Spielräume zu finden, ist schon schwieriger: Überall Zäune, überall Autos, auf die man achtgeben muß, Nachbarn, die nicht gerade begeistert sind, wenn Kinder vor ihrer Tür kreischen und toben, Gärten, die viel zu klein sind für Abenteuerspiele.

Wer Kinder hat, wird erfinderisch: Spielideen lassen sich auch in Kleinstgärten verwirklichen.

Aber auch in kleinen Gärten können Kinder Nischen finden, aus denen sich beim Spielen etwas machen läßt:

- Sandkasten mit Zubehör für Kinder im Kindergartenalter:
  - mit Holzbrettchen in verschiedener Größe zum Einbauen in die Sandkonstruktionen.
  - mit einer Schüssel, einem Eimer Wasser zum Sandmatschen.
  - mit einem Berg von Kieselsteinen, kleinen und großen Steinen zum Mauerbauen oder als Straßenpflaster.
- Hängematte zum Schaukeln, Dösen und Lesen.
- Johannisbeersträucher und Himbeersträucher, wo es im Garten etwas zu ernten gibt.

■ Ein paar Bretter und Holzklötze, Stangen und Stöcke zum Buden bauen.

Wenn ich den Kindern mehr in den Garten stelle als nur ein Schaukelgerüst, ergeben sich die phantasievollen Spiele oft ganz von selbst. Aus Gartenstühlen samt Brettern wird ein Super-Wildwest-Fort. Aus der Hängematte und dem Hocker davor ein Seeräuberschiff. Aus ein paar Sträuchern ein Hexenhaus, in das man sich als Kind verkriechen kann wie in eine Laube.

Die Sache mit dem Terminkalender

Ich bin ein Räuber«, sagt Jakob. »Ich bin der Chef von den Räubern und suche mir jetzt eine Bande!« Eine Bande ist jedoch schwer aufzutreiben.

Keine Seltenheit: Kinder sind verplant von Montag bis Freitag, von morgens bis abends.

Jörg aus dem Haus gegenüber würde zwar gerne Räuber spielen, hat jedoch heute Nachmittag keine Zeit, da er von 3 Uhr bis 4 Uhr Singstunde in der Musikschule hat. »Vorher zum Spielen kommen lohnt nicht«, meint Jörg, »und hinterher ist der Nachmittag schon fast rum!« Jakob ruft Hansi an, er wohnt drei Straßen weiter. Hansi kann auch kein Räuber sein, denn er muß zum Schwimmkurs. Ende der Woche hätte Jörg Zeit, erzählt mir Jakob. Am Freitag könne er ihn besuchen. Und Hansi habe sich für Anfang nächster Woche angemeldet. »Schreibst du das bitte auf?«

Soll ich für einen Erstklässler einen Terminkalender führen? Freitag Jörg, Montag Hansi – ich habe wenig Lust, so weit im voraus die Tage zu verplanen.

»Was ist heute?« Jakob überlegt, ob auch Mädchen als Räuber in Frage kommen könnten. Sie kommen nicht in Frage, denn die Mädchen aus der Nachbarschaft haben ebenfalls keine Zeit für Räuberspiele.

Julia aus Haus Nummer 4 rennt mit einem Stück Apfel zwischen den Zähnen und wehendem Anorak in Richtung Garage: »Hab's eilig. Meine Mutter fährt mich zum Ballett!« Der letzte Versuch: Ulrike von nebenan. Aber auch bei Ulrike kommt Jakob nicht weiter, denn sie hat eine Stunde Heilgymnastik hinter sich und ist schachmatt. Beine über der Lehne, so hängt sie auf dem Sofa und will fernsehen. Kein Bedarf mehr an Bewegung.

Sind freie Phantasiespiele weniger wert als Förderprogramme?

Obwohl in unserer Straße viele Kinder leben, ist es erstaunlicherweise sommers wie winters, Nachmittag für Nachmittag still in unserer Gegend. Keine Kinder, die als Großwildjäger oder Spione oder Detektive durch die Gärten schleichen. Keine Kinder, die als Rennfahrer um die Ecken fetzen und vor Vergnügen kreischen. Keine Kinder, die zusammen in der Sonne sitzen und sich die neuesten Witze erzählen. »Sind alle mit ihren Müttern unterwegs«, berichtet mir Jakob.

Nach der Schule am Vormittag findet für viele Kinder nachmittags ein Extra-Schulungsprogramm statt: Musikschule, Malschule, Ballettschule und dergleichen mehr.

Es bleibt keine Zeit übrig fürs Spielen.

Ist das Nachmittagsprogramm beendet, bleibt kaum noch Zeit zum Spielen, denn nun stehen die Schularbeiten auf dem Plan. Vor lauter Kursen und Pflichten kommen die Kinder aus unserer Straße von Montag bis Freitag selten zum Spielen. Keine Zeit

- für Fußballkämpfe auf dem Platz vor den Garagen,
- für das Budenbauen auf dem verlotterten Grundstück gleich um die Ecke,
- für Klingeljagden einmal quer durch die Nachbarschaft,
- für Hüppekästchen auf den Plattenwegen zwischen den Häusern,
- für Indianergeheul rund um den Sandkasten auf dem Spielplatz,
- für Autorennen zwischen Küche und dem Badezimmer.

Jakob ist sauer: »Wenn kein Mensch da ist, was soll ich dann machen?« Immer mit den eigenen Brüdern spielen, das ist eine fade Angelegenheit.

Was tun? Organisieren wir auch ein Kursprogramm für die ganze Woche, damit Jakob unter Kinder kommt? Nein, danke! Sowohl Jakob als auch ich möchten lieber zu Hause bleiben.

Jakob sagt: »Einmal in der Woche Klavierstunde, das reicht mir. Am Nachmittag will ich frei haben fürs Spielen!« Auch ich mag die Nachmittage nicht verplanen. Wenn wir uns zu häufig auf ein Programm festlegen, bleibt zu wenig Raum für spontane Entscheidungen nach dem Motto: Plötzlich wird das Wetter schön, deshalb gehen wir heute schwimmen!, oder: Heute ist das Wetter mies, deshalb verkriechen wir uns zu Hause. Auch an den ganz normalen Alltagen möchte ich den Kindern jede Menge Zeit zum Spielen lassen – nicht nur im Kleinkind- und Kindergartenalter brauchen sie diese Zeit, sondern auch noch Jahre später. Beim Spielen leben sie auf. In aller Ruhe ungestört spielen zu können, macht ihnen nicht nur Freude, sondern ist wichtig für ihre seelische Entwicklung.

Ein Extraprogrammpunkt pro Woche reicht. Schließlich heißt es in der Schule schon stundenlang stillsitzen.

Wer als Kind zu spielen versäumt, kann die Kinderspiele nicht Jahre später einfach nachholen. Erstklässler haben zum Beispiel noch ihren Spaß daran, mit dem Fahrrad auf einem Hof ein paar Runden zu drehen. Drittklässler schauen auf dieses Vergnügen bereits von ganz oben herab: »So ein Käse. Das sind doch Babyspiele!« Ein anderes Beispiel: Kinder im Kindergartenalter verwandeln sich ohne Mühe, ohne Verkleidung und Maske von einer Sekunde zur anderen in eine Phantasiegestalt, egal ob in Dornröschen oder in Alf aus dem Fernsehen. Viele Schulkinder bringen das nicht mehr zustande: »Dabei komm' ich mir blöd vor!«

Wer keine Zeit hat zum Spielen, kann das Spielen später als Erwachsener nicht nachholen.

Kinderspiele lassen sich nicht auf später verschieben, Kurse und Förderprogramme können dagegen warten, bis die Kinder genug von Legosteinen und Spielzeugautos, von Puppen und Puppenstuben, von Sandkasten und Plüschtieren haben.

Die Nachmittage: Erholung nach fünf, sechs Stunden Schule.

Warum ich kein Nachmittagsprogramm für Mutter und Kind ausarbeiten möchte, hängt auch damit zusammen, daß die ganz normale Schule und die damit verbundenen Aufgaben den Kindern und mir genug zu schaffen machen – zusätzliche Pflichten können wir nicht gebrauchen. Ich will auch keine Fahrgemeinschaften für die Kinder organisieren oder selbst Chauffeuse sein.

Ich warte lieber zu Hause auf sie mit einem Honigbrot und der Frage: »Spaß gehabt beim Spielen?«

Wir sind uns einig, wir verzichten auf Nachmittagskurse und regelmäßige Extraveranstaltungen. Und wie beschäftigt sich Jakob, wenn sich in unserer Straße nichts rührt, keine Kinder zum Spielen auftauchen?

Jakob drischt mit dem Fuß auf sein Fahrrad ein: »Muß ich mir eben was anderes einfallen lassen.«

Nach ein paar Minuten gibt sich seine schlechte Laune. Jakob hat eine neue Idee: »Ich gehe zu Michael!« Der Weg zu Michael ist weit. Trotzdem radelt er ans andere Ende des Dorfes. »Da ist immer was los!«

Michael wohnt in der Siedlung. Viele kleine Häuser in vielen kleinen Gärten. Und in den Häusern und Gärten Kinder, deren Mütter keine Zeit haben, sie nachmittags von einem Ort zum anderen zu kutschieren. »Michael hat Superideen für Spiele«, sagt Jakob und später erzählt er: Zuerst waren wir Piraten, kletterten auf den alten Apfelbaum und stachen dann in See. Der Baum diente als Piratenschiff. Dann hockten wir als Cowboys auf den zwei Gartentoren und ritten durch die Prärie. Die Tore waren unsere Gäule. Zum Schluß spielten wir Eishockey ohne Eis und ohne Schlittschuhe mit einer Holzscheibe auf dem Hof.

Auf Bäume klettern. Fangenspielen. Werden daraus später einmal die schönen Kindheitserinnerungen?

Während mir Jakob von seinen Spielen berichtet, überlege ich, ob aus diesen Spielen, ob aus den Stunden mit Michael für ihn später einmal schöne Erinnerungen an seine Kindheit werden. Weiß er zwanzig, dreißig Jahre später noch, daß der Apfelbaum ein Piratenschiff war, das Gartentor ein alter Gaul und der Hof ein Eishockeystadion?

Eigentlich bin ich mir sicher, daß sich diese Nachmittage einprägen, daß sie wichtiger für ein Kind sind als Nachmittage im Hallenbad samt Schwimmkurs, als Judokämpfe in der Turnhalle und Singstunden in der Musikschule.

Erinnere ich mich an meine Kindheit, weiß ich nicht mehr, ob mir das Bodenturnen im Turnverein eigentlich gefiel oder nicht. Aber an das Versteckenspielen zwischen den Büschen in Meyers Garten, daran erinnere ich mich noch genau. Heute noch weiß ich, wie modrig das Gestrüpp roch, in dem wir auf der Lauer lagen.

Müssen Mütter immer mitspielen?

Kein Pardon kennen Kinder für müde Mütter.

Gegen Nachmittag ist der Schwung dahin. Matt und müde gähne ich vor mich hin. Ein Momentchen Ruhe – das wäre jetzt nicht schlecht.

Just in diesem Moment pflanzt sich Konstantin vor mir auf und sagt: »Nie kümmerst du dich um mich! Spielst du jetzt endlich einmal mit mir?«

»Nie kümmerst du dich um mich!« Der Satz sitzt wie kein anderer. Und das weiß Konstantin mit seinen vier Jahren ganz genau. Das ist ein Sesam-öffne-dich-Satz, ein Zauberspruch für Kinder, mit dem sie bei Müttern eine Menge erreichen können. Genau das, was er will, kann Konstantin damit erreichen.

Eine chronische Krankheit vieler Mütter: Schuldgefühle, weil sie meinen, sie kümmerten sich nicht genug um ihre Kinder. Mehr über Nähe *auf Seite 93 f.*

Er will, daß ich sofort und auf der Stelle mit ihm im Kinderzimmer eine Büffelherde aus Plastikviechern aufbaue. Und das tue ich auch prompt, obwohl ich hundemüde bin, obwohl ich weder für Büffel noch für Plastikviecher viel übrig habe.

»Nie kümmerst du dich um mich!« Warum können unsere Kinder mit diesem Satz – fast – alles bei mir erreichen? Beeinflußt durch ein buntes, psychologisches Allerlei-Wissen (wie viele Eltern heute), hat sich mir eine Weisheit vor allen anderen eingeprägt. – in Großbuchstaben und dreimal unterstrichen: Kinder brauchen Zuwendung. Und meistens ergänze ich diesen Satz noch um ein Wort: Kinder brauchen ununterbrochen Zuwendung. Dieser Satz treibt mich zu immer neuen Taten. Ich verordne mir selbst, möglichst immer für die Belange der Kinder da zu sein, immer eine gute, gute Mutter zu sein, die prima funktioniert. Ganz reibungslos funktioniert die gute Mutter allerdings nicht. So hocke ich jetzt auf dem Boden im Kinderzimmer, statt im Sessel im Wohnzimmer zu dösen, und schiebe tapfer einen Büffel nach dem anderen über die Weide, die wir auf dem Teppich aufgebaut haben, aber dabei gähne ich heimlich und leise.

Das Gähnen hat Konstantin doch gesehen. Auch ohne Gähnen hat er längst gemerkt, daß ich keine rechte Lust habe, Büffel über die Weide zu schieben, denn es kommt nichts Erfreuliches zustande bei unserem Spiel. Kein Lachen. Kein Quatsch machen. Ich tue brav, was er mir sagt – rechts herum wandern, links herum wandern, neue Wege ausprobieren.

Kinder haben ein sicheres Gespür für falsche Töne.

Schließlich beendet er das Spiel mit einem Handstreich, fetzt mit Karacho die Büffel von der Weide: »Macht keinen Spaß, mit dir zu spielen!« Mit sicherem Instinkt spürt er, daß ich kein ehrliches Spiel mit ihm treibe, daß ich die Lust am Mitspielen nur vortäusche.

Unechte Gefühle verwirren Kinder. Sie wissen nicht, woran sie sind. So sitze ich zum Beispiel jetzt hier im Kinderzimmer und spiele mit Konstantin, bin aber nicht bei der Sache. Will ich nun mitspielen oder will ich nicht mitspielen? Warum hocke ich da, wenn ich da nicht sitzen möchte? Konstantin versteht die Zusammenhänge nicht. Weil er mein Verhalten nicht einordnen kann, wird er stinksauer.

Erlöst vom Büffelspiel schnappe ich mir Konstantin,

nehme ihn auf den Arm, wirble mit ihm im Kreis herum. Er lacht. Ich lache. Diese Herzlichkeit stimmt, da sind keine unechten Töne mehr zu spüren. Jetzt ziehen wir zusammen ab gen Wohnzimmer und verkrümeln uns in den Sessel. Wir spielen die Spiele, die uns beiden am meisten Spaß machen. Spiele, die ganz plötzlich entstehen, ganz spontan und nicht nach Plan:

Nichts langweiliger als lustlos spielen zu müssen.

- Zwei Finger klettern die Nase rauf, gehen dann auf der Stirn spazieren, um sich nun im hohen Gras (in den Haaren) zu verstecken.
- Eine Hand kriecht unter den Hemdsärmel und macht eine Rutschpartie auf der Haut.
- Zehn Finger spielen Klavier auf dem Bauch und tanzen anschließend Samba.
- Zwei flache Hände platschen wie Entenfüße über den ganzen Körper.
- Ein Zeigefinger tupft Pünktchen auf den Bauch.

Bei diesen Spielen sind wir beide gleichermaßen bei der Sache. Hier muß ich nicht Vergnügen heucheln, wo ich kein Vergnügen empfinde. Bei diesen Spielen entsteht ein Gefühl von Nähe, von Geborgenheit, von Spaß. Wir spüren dabei beide, wie lieb wir uns haben.

6
Übers Toben und Turnen

Von Mutproben und dem Drang nach Bewegung

Die Arme soll ich aufmachen. Ganz weit soll ich sie aufmachen. Konstantin rennt auf mich zu. Rennt schneller und schneller. Er lacht mich an und ich lache ihn an. Er fliegt in meine Arme und ich fange ihn auf. Dann drehen wir uns zusammen im Kreis und wiederholen das uralte Mutter(Vater)-Kind-Spiel, das den Bedürfnissen eines Vierjährigen genau zu entsprechen scheint: Konstantin will seine Beweglichkeit üben, will rennen so schnell wie sonst keiner. Er freut sich an seiner Stärke und Geschicklichkeit. Er traut sich eine Menge zu, er wagt eine Mutprobe, indem er sein Tempo steigert, über den holperigen Weg rast. Schafft er die Strecke, ohne zu fallen?

In die Arme der Eltern sausen. Ein Supergefühl: sich fallen lassen. Mehr zum Thema Nähe *auf Seite 108f.*

Noch bin ich ihm unentbehrlich als zärtliche, vertraute Mitspielerin und muß »zur Sicherheit« bei seinen Experimenten im Hintergrund stehen.

Mit jeder Aktion wird der Vierjährige unabhängiger von uns Erwachsenen und das nimmt er selbst mit großer Genugtuung wahr. Nichts ist schöner, als zu verkünden: »Schau her, was ich mich alles traue. Ganz alleine! Ins Becken springen im Schwimmbad! Auf den höchsten Turm steigen auf dem Spielplatz!«

Beim Rutschen und Rennen, beim Schaukeln und Schwimmen entwickelt sich Vertrauen in die eigene Leistungsfähigkeit: »Das bin ich. Das kann ich!« Da das Vertrauen mit jeder Erfahrung wächst, mit jedem Erfolgserlebnis, werde ich immer seltener zum Mut machen und helfen gebraucht, sondern nur noch als Zuschauerin.

»Nicht schlecht, wenn Zuschauer mein Können beklatschen!« Kinder freuen sich über Anerkennung: *Siehe auch auf Seite 104ff.*

Je älter Konstantin und seine Brüder, je gewagter ihre Kapriolen werden, desto schlechter bin ich als Zuschauerin zu gebrauchen. Die immer kühneren Rutsch- und Kletterpartien unserer Kinder werden für mich zu Zitterpartien. Und ich mache das, was Mütter und Väter nicht tun sollten: Ich schreie *»Achtung«*, wenn die Kinder auf dem Schuppendach balancieren, und bremse so ihren Bewegungsdrang. Ich rufe *»Vorsicht«*, wenn sie hoch in den Himmel schaukeln, und nehme ihnen so ihren Mut, ich sage *»Halt«*, wenn sie über eine Leiter auf den Balkon klettern, und verderbe ihnen so ihre Abenteuerlust.

Meine Angst, mein Eingreifen hindert die Kinder daran, ein Risiko einzugehen, zu erproben: »Wie stark, wie geschickt bin ich? Wie weit traue ich mich vor?« Mische ich mich laufend ein, nehme ich ihnen Selbstvertrauen, statt es zu verstärken. Daher wende ich Jasper, Julian, Jakob und Konstantin auf Sport- und Spielplatz lieber den Rücken zu: »Ihr kommt besser zurecht ohne mich!« Zum Mutmachen ist bei uns der Vater ganz eindeutig besser geeignet. Er hat bei weitem weniger Sorgen, daß sich die Jungen bei ihren Kunststücken den Hals brechen könnten. Er kann sich begnügen mit Ermutigen und Beobachten und greift nur ein, wenn es zu brenzlig wird.

Mehr über Selbständigkeit *auf den folgenden Seiten.*

Draußen toben und turnen? Nein danke!

Julian reiht seine Autos auf dem Boden im Kinderzimmer auf, sortiert sein Porsche-Quartett zum xten Male, betrachtet seine Glasmurmeln mit Vergnügen. Julian ist ein Kind, das Spaß an ruhigen Beschäftigungen zu haben scheint. Kein Drang nach draußen, nach Bewegung? Keine Sehnsucht nach Abenteuern, nach großen Taten auf dem Spielplatz?

Julian meint, er versäume dort nichts. Er will weder Tarzan am Klettergerüst sein, der sich von Sprosse zu Sprosse schwingt, noch der Held vom Fußballfeld. Und auch nicht draußen Fangen spielen? »Mag ich nicht!« Und Verstecken spielen? »Mag ich ebenfalls nicht!« Julian mag drinnen spielen und damit basta. »Warum soll ich raus gehen?« Ich mache ihm einen Vorschlag: »Willst du Sport treiben, in einen Turnverein oder einen Club gehen? Wir könnten gemeinsam überlegen...«. Julian will nicht, er mag sich für keine Sportart begeistern.

Von mütterlichen Ermunterungen und guten Ratschlägen halten Kinder in der Regel wenig.

Es hat seine Gründe, warum er weder mit Freunden noch mit Brüdern draußen herumtoben will – von Ausnahmen abgesehen – und in keinen Sportverein gehen mag. Julian ist kein Weltmeister im Rennen, Klettern und Springen. Meist ein wenig ungeschickter, meist ein wenig langsamer als die anderen, tut er sich schwer beim Mithalten.

Weil sich die Mißerfolgserlebnisse gehäuft haben, »Nie treffe ich den Ball, nie fange ich einen beim Kriegen spielen«, klinkt sich Julian nun aus und beschließt: »Hat keinen Zweck, daß ich mitmache.«

Manchmal schaut er noch vom Rande aus zu, immer häufiger zieht er sich resigniert zurück und behauptet: »Macht mir sowieso keinen Spaß. Ich bin eben kein Sportler und keiner zum Rumtoben draußen!« Aus verschiedenen Gründen sehe ich diesen Rückzug mit Sorge.

- Julian verliert so den Kontakt zu seinen Schulfreunden, die draußen herumbolzen. Er hockt im Haus, während vor der Tür der Bär los ist.
- Julian braucht Bewegung als Ausgleich zum Stillsitzen – viel Bewegung an frischer Luft, damit Körper, Geist und Seele sich gut entwickeln können und er gesund bleibt.
- Julian braucht Erfolgserlebnisse auch im Bereich Körperbeherrschung. Er braucht Zutrauen in die eigenen körperlichen Fähigkeiten – ein stärkeres Selbstvertrauen.

Was können wir Eltern tun, wie locken wir ihn aus seiner Resignation?

Zunächst rede ich mit ihm. Leider fange ich das Miteinandersprechen nicht gerade geschickt an, sondern komme ihm mit Sprüchen wie »Frische Luft macht munter« oder »Bewegung tut not!« Von Sprüchen hält Julian nichts.

Nimmt die Drängelei überhand, stellen Kinder in der Regel ihre Ohren auf Durchzug.

Auch mit einer längeren Erklärung über Gesundheit, Seele und die Zusammenhänge mit Frischluft und Bewegung – »Der Körper braucht Sonne, weil ..., die Muskeln wollen trainiert sein, weil ...« – erreiche ich nichts. Wie mit den meisten klugen Reden nichts bei Kindern zu erreichen ist (das zeigt, wie schlau sie sind).

Julian bleibt in der Bude hocken und behauptet, der Schulweg sei ausreichend. »Mehr Bewegung brauche ich wirklich nicht!«

Nun beginne ich ordentlich zu drängen. Und auch das ist nicht der Weisheit letzter Schluß. »Nun geh' doch ... Warum willst du denn nicht ..., aber du mußt doch ...!« Mit dieser Drängelei falle ich ihm mächtig auf den Wecker. Julian macht dicht, wünscht mich nach Posemuckel mit meinem ewigen In-der-Tür-stehen und Auf-ihn-Einreden. Er wehrt sich: »Laß mich in Frieden!«

Nicht ihre klugen Reden hört sich ein Kind an, sondern es beobachtet seine Eltern genau: Was für ein Vorbild geben sie ab? Siehe auch Seite 101 ff.

Schließlich schaue ich uns Eltern unter dem Gesichtspunkt Bewegung und sportliche Aktivitäten an und finde nicht viel: von wegen gutes Vorbild. Da ist wenig Vorbildliches zu sehen. Wir sitzen wie Julian gerne in unseren vier Wänden. Begeben wir uns an die frische Luft, dann auf gemächliche Art: Kein Renn-, sondern gemütliches Sonntagsradeln. Kein Joggen, sondern Spazierengehen auf die altmodische Weise. Was wir machen im Bereich Bewegung, ist nicht gerade die Attraktion für vier Jungen.

Deshalb wirken wir unglaubwürdig, wenn wir auf Julian einreden: »Kinder brauchen Bewegung, um sich gesund zu entwickeln!« Sein Blick verheißt denn auch: »Was ich brauche, braucht ihr schon lange!« Und das sagt er uns auch kräftig: »Macht doch erstmal selber was!«

Zur begeisterten Bewegungskünstlerin oder emsigen Sportlerin habe ich einfach nicht das Zeug. Aber vielleicht könnte ich es mit kleineren Sportarten sozusagen für den Hausgebrauch versuchen? So ergreife ich schließlich die Initiative und bringe Julian dazu – mit ein bißchen Anschieben – daß er mit mir Federball spielen will. Vorsichtig ermutige ich ihn. »Wir sind beide nicht die brillanten Könner! Und dann lachen wir über unsere Ungeschicklichkeit: »Weltmeister sind wir nicht!« Als Julian sieht, daß ich nicht so ein Crack bin wie etwa sein großer Bruder, daß ich die Federbälle alles andere als elegant durch die Luft löffele, verliert er schon ein paar seiner Hemmungen und kommt in Schwung.

Noch braucht er uns Eltern zur Ermutigung. Noch machen wir uns Gedanken darüber, wie wir ihn im Bereich Bewegung, Körperbeherrschung fördern, wie wir ihn unterstützen können. Mehren sich jedoch seine Erfolgserlebnisse beim Toben und Turnen, gewinnt er an Zutrauen in seine Fähigkeiten und wird uns hoffentlich bald wegschikken: »Nun spiele ich doch lieber mit den anderen Federball. Das ist spannender als mit Mutter oder Vater!«

Mehr zum Thema Druck ausüben *auf Seite 104 ff.*

Sportverein – ja oder nein?

Ein Bombenschuß. Haarscharf am Fenster vorbei fliegt der Ball mitten ins Rosenbeet unserer Nachbarn. Nicht schlecht, was unser Sohn hier auf dem Garagenplatz an Kunststücken bietet – gewagte Kunststücke allerdings in dieser Landschaft aus Blumenbeeten, Gemüsegärten und Wohnhäusern. Sicherlich wäre es gescheiter, Jakob brächte seine Fußballkünste in einem Verein an den Mann.

Jakob will aber nicht. Warum lehnt er alles von Judo bis Leichtathletik ab, obwohl er an Sport interessiert ist, gut ist in Sport?

Nicht mit Abneigung gegen Sport hat seine ablehnende Haltung zu tun, sondern mit Angst, denke ich mir. Mit Angst, in unbekannte Gefilde vorzudringen. Schließlich äußert sich Jakob auch vorsichtig dazu: »Im Fußballverein kenne ich nur ein paar Jungen und die ich kenn', haben bei weitem mehr Ahnung von Fußball als ich! Und in anderen Vereinen bin ich ganz und gar fremd!«

Mut machen, neues Terrain zu betreten. Mehr über Sozialerfahrungen *auf Seite 125 ff. und zum Thema* Modellverhalten *auf Seite 101 ff.*

Jakobs Sorgen kann ich gut verstehen, weil ich oft unter sehr ähnlichen Ängsten leide. Ich marschiere auch nicht locker und lässig schnurstracks auf alles Neue zu, sondern verhalte mich eher zurückhaltend und etwas bänglich. Ich bin hier das Modell, an dem Jakob sich orientiert. Jakob und ich sprechen über unsere gemeinsame Scheu, auf Unbekanntes zuzugehen, und wir überlegen, wovor wir uns eigentlich fürchten. Ich erzähle ihm, wie ich damit umgehe: »Nicht selten muß ich mich selbst anstupsen, damit ich vor einer neuen Aufgabe nicht weglaufe.«

Mit ein wenig Nachdruck – vorsichtig dosiert – kommt Festgefahrenes manchmal wieder in Bewegung. Mehr dazu auf Seite 104 ff.

Alles Reden und Erklären hilft nichts. Und weil wir beide – Vater und Mutter sind sich da ganz einig und auch sicher – fest davon überzeugt sind, daß Jakob als Fußballer seinen Spaß haben wird, daß er in einem Verein die Erfolgserlebnisse haben wird, die für seine Entwicklung wichtig sind, verordnen wir schließlich: »Du probierst das Fußballspielen, das Vereinstraining ein- bis zweimal aus. Und wenn's dir dann nicht gefällt, gehst du nicht mehr hin. Aber du schaust dir das Ganze erst einmal an, bevor du ›Nein‹ sagst!«

Diese Anweisungen geben wir allerdings mit einigen Bauchschmerzen. Ob dieser Befehlston nun das Richtige ist? Es wäre sicher besser zu warten, bis Jakob von selbst auf uns zukommt. Nur hielte ihn seine Angst wahrscheinlich sehr lange von diesem Schritt zurück. Deshalb haben wir ihm einen Anstoß gegeben.

Jakob findet uns unmöglich: »Ihr könnt mich doch nicht einfach dazu verdonnern!« Bis zum Fußballplatz begleite ich unseren etwas befangenen Filius schließlich. Dann schickt er mich zurück: »Nun geh' bitte!« Aus einiger Entfernung beobachte ich Jakobs erste Versuche im Fußballverein. Für alle Fälle. Falls... Falls Jakob weint? Er denkt gar nicht daran. Er hat mich längst vergessen, und seine Aversion gegen den Verein erst recht. Jakob stürmt los – restlos begeistert. Und das erzählt er uns später auch: »Supertoll war's!« Keine Rede mehr davon, wieder aufzuhören, denn Fußball ist einfach klasse.

7
Vom Malen und Musikmachen

Zitronengelbe Kuh mit Wolkentänzer

Ein paar Linien, die sich kreuzen. Kreise, die ineinander übergehen. Dazu wackelige Spiralen und Zickzackstriche. Voller Kraft und voller Inbrunst werden die ersten Bilder mit dem ganzen Körper, mit heftigen weit ausholenden Armbewegungen produziert.

Kinder muß man nicht erst zum Zeichnen ermuntern. Kaum zwei Jahre alt, kaum in der Lage, einen Stift zu halten, kritzeln sie erste Muster aufs Papier.

Die Erstlingswerke von Kleinkindern ähneln sich noch: lauter Krickelkrackelbilder entstehen.

Nicht nur zuschauen macht Spaß, sondern auch das Mittun mit den Kindern.

Bald wird aus dem Liniengewirr eine richtige Zeichnung: zwei sattblaue Parallelen stehen zum Beispiel plötzlich auf dem Blatt, umrahmt von dicken roten Tupfern. Aufs Wesentliche reduzierte, abstrakte Graphiken, die erstaunlich harmonisch wirken, werden aufs Papier gebracht. Bilder, die nach künstlerischer Begabung aussehen. Bilder, die manchmal an moderne Kunst erinnern. Bar jeder Realität sind diese Zeichnungen, da Drei- und Vierjährige ihre Wahrnehmung der Wirklichkeit noch nicht darstellen können.

Fasziniert habe ich zugeschaut, wenn unsere Kinder ihre ersten Muster gestaltet haben – ganz spontan aus dem Bauch heraus, mit nichts als einem diffusen Gefühl für Formen und Farben.

Vorschulkinder entdecken dann, daß sich mit Hilfe von Linien und Formen Dinge darstellen lassen, die sie beeindrucken. Meistens ist das ihre alltägliche Umwelt, also Menschen, Tiere, Sonne, Wolken, Wiese, Wald, Haus, Garten, Auto usw. Sie beschränken sich bei der Darstellung ihrer Welt auf einfache Formen. So besteht ein Mensch bei ihnen zum Beispiel aus einem Riesenkopf mit einem Paar Füßen.

Wie weit Kinder in ihrer Entwicklung sind, läßt sich an ihren Zeichnungen ablesen. Mehr zum Thema Kreativität *auf Seite 201 ff.*

An Phantasie mangelt es Vorschulkindern nicht. Noch frei von Vorgaben und Regeln – die kommen erst später in der Schule auf sie zu – zeichnen sie, was ihnen gerade durch den Kopf geht, und das sind ganz eigene Vorstellungen.

So besteht Konstantin zum Beispiel darauf, daß die Kuh, an der er malt, zitronengelb zu sein hat und daß diese Kuh unbedingt mit einer Wolke tanzen müsse, einer Wolke mit Beinen und Füßen.

In der Schule werden oft nicht die phantasievollen Bilder gelobt, sondern die säuberlich gemachten.

Kommen Kinder ins Schulalter, gibt sich diese Originalität meist schnell. Sie zeichnen und malen jetzt nach dem Schema Häuschen mit Spitzdach, Tür in der Mitte und festverwurzelt in der Erden. Grinsende Sonne über allem oben links in der Ecke – eine Sonne mit ein paar kümmerlichen Strahlen. Ein ordentliches Bild und deshalb ein schönes Bild, meinen Kinder. Daß Ordnung etwas Erstrebenswertes sei, lernen sie in der Schule. Phantasie ist meist nicht mehr sehr gefragt. Die Kinder wollen ihre Vorstellungen nun möglichst naturgetreu und möglichst akkurat wiedergeben.

Etwas wehmütig betrachte ich diese braven Haus-Wiese-Sonnebildchen. Nichts mehr zu entdecken von der Kreativität vergangener (Vorschul-)Zeiten. Und wehe, wenn ich etwas auszusetzen habe an diesen Gemälden, dann bekomme ich einstimmig zu hören: »Geschlamperte Bilder wollen wir nicht mehr machen!« Die Schule unterstützt die Kinder in ihrer Haltung. Je adretter die Bildchen, je perfekter die Linien, je sauberer die Flächen, desto größer das Lob. Ich tröste mich damit, daß die Phase, in der das Naturgetreue und das Handwerkliche im Vordergrund steht, auch vorübergeht.

Wenn Eltern voll Freude mitmachen, ist das die beste Förderung für Kinder. Sie orientieren sich an diesem Modell. Siehe auch Seite 113 ff.

Weil ich gerne zeichne und male, setze ich mit meinen Bildern manchmal zu den Kindern an den Tisch. Dann stricheln wir gemeinsam, die Kinder ihre Häuschen mit Garten, ich pinsle meine. Formen und Linien, abstrakte Bilder entstehen. Die Kinder schauen ab und an hinüber zu mir, genießen, daß ich bei ihnen sitze und ebenfalls male. Meine Bilder allerdings seien bescheuert, meinen sie.

Erstaunlicherweise legen sie ihre Häuschenbilder aber doch manchmal zur Seite und probieren das Mustermalen aus, das ich ihnen vormache. Mehr Anleitung gebe ich nicht. Sie versuchen ihre Malereien meinem Stil anzupassen. Konstantin spielt allerdings nicht mit. Der bleibt bei seinen zitronengelben Kühen. Vor allem Julian entwickelt mit seinen neun Jahren plötzlich wieder eine Kreativität, die ihm und mir Freude macht. Er erfindet lauter verrückte Malideen – beispielsweise zeichnet er ein minikleines Flugzeug, das aus vielen winzigen gestrichelten Dreiecken und gepunkteten Vierecken zusammengesetzt ist.

Ich schaue den Kindern nicht nur deshalb gern beim Malen zu, weil es mir Freude macht zu sehen, wie sich ihre Sinne entfalten, wie sie ihre Einfälle umsetzen und ihre Maltechnik verbessern, sondern auch, weil ich dabei eine Menge über ihr Innenleben erfahre. Kinder drücken in ihren Bildern oft besser als mit Worten aus, was in ihnen vorgeht. Und man muß oft kein Psychologe sein, um ihre Empfindungen in den Bildern wiederzuerkennen.

Zu Kindergartenzeiten konnte ich zum Beispiel an Julians Zeichnungen ablesen, daß er nicht gerade heiter gestimmt war. Gesagt hat er nichts über Probleme, die ihn bedrückten. Aber auf seinen Bildern waren diese Probleme zu sehen. Da wurden nur noch Autounfälle gezeichnet – ein Chaos aus Blut und Schrott, dargestellt mit aufgeregten, wackeligen Strichen in düsteren Farben. Als es mit Julian im Kindergarten wieder aufwärts ging, lichtete sich auch das Chaos auf dem Papier. Seine Striche und Farben beruhigten sich wieder.

Interesse für Kunst läßt sich auch bei Kindern schon wecken.

Weil wir gerne zusammen um den Tisch sitzen und malen, interessieren wir uns auch für Bilder, die andere gemalt haben und gucken uns deshalb gerne diese Bilder an.

▪ Wir schauen uns Bilderbücher an und reden nicht nur über die Geschichten in den Büchern, sondern auch über die bildnerische Gestaltung, oft sind wir in der Beurteilung

Weniger schwierig als gedacht: Kinder für Bilder in Museen, in Ausstellungen zu interessieren.

der Bilder sehr unterschiedlicher Meinung. Das macht die Sache spannend.

- Wir blättern Kataloge zu Ausstellungen durch, Bildbände von Gemäldesammlungen und dergleichen.
- Wir gehen ins Museum zum Bilder-Angucken. Lange bleiben wir nicht, denn sonst vergeht den Kindern die Lust am Gucken.
- Wir unterhalten uns über Werbung, über Plakate und Spots.

Weil ich mit Freude und Engagement bei der Sache bin (und nicht aus Pflichtbewußtsein, weil ich unsere Kinder in Sachen Kultur fördern will), überträgt sich mein Spaß auf die Kinder. Sie machen wahrhaftig bei allem (meistens) ganz gerne mit.

Klavierspielen: Wenn bloß das Üben nicht wär'

Eine große Quälerei: üben, wenn man kein bißchen Lust hat.

Daß er keine Lust zum Klavierspielen hat, sieht man Julian von hinten an: Krummer Rücken, zappelige Beine und Finger, die wie Hämmerchen auf die Tasten dreschen. Leider tun sie nur in Maßen das, was unser Sohn von ihnen möchte.

Mit knirschenden Zähnen sucht er sich Note für Note zusammen, verheddert sich in den Zeilen des Notenhefts, flucht und stöhnt alle paar Takte aus tiefster Seele. Mit Holpern und Stolpern bringt er schließlich die Sache zu Ende, haut den Deckel aufs Klavier und verzieht sich schleunigst: »Blöder Kasten. Blödes Üben. Bescheuert die ganze Klavierspielerei!«

Mit gemischten Gefühlen schaue ich diesem Klavierkünstler nach, der türenknallend die Kampfarena verläßt.

Sein Grimm ist verständlich. Reichlich blödsinnig erscheint es ihm, daß Klavierspielen mit dauerndem Üben gekoppelt ist. Er wehrt sich, denn er hat außer dem

Klavierspielen auch noch andere Pflichten zu erledigen. Pflichten, um die er nicht herumkommt: Schule muß sein und auch Schulaufgaben müssen sein.

Danach aber ist Schluß mit dem ›Muß‹. Das Klavierspielen ist ja wohl eine freiwillige Angelegenheit. »Oder etwa nicht?« Also kann man das Üben getrost ausfallen lassen und stattdessen lieber noch ein paar Runden auf dem Fahrrad drehen oder an der Eisenbahnanlage puzzeln. Aber dann tauche ich auf mit meinen Ermahnungen: »Willst du dich nicht ans Klavier setzen? Das Viertelstündchen üben müßte doch zu schaffen sein. Ich will ja nicht drängeln, aber ...«.

Wenn das gute Vorbild fehlt, ist die Sache doppelt schwierig: Kinder zum Üben animieren. Mit Druck kommt man nicht weiter. *Mehr dazu auf Seite 125 ff.*

Natürlich tue ich genau das. Ich hole Julian zurück ans Klavier.

Nun beginnt das ganze Theater wieder von vorn: Krummer Rücken, zappelige Füße und Finger, die wie Hämmerchen auf die Tasten dreschen ...

Auf diese Weise entsteht sicherlich kein Vergnügen an Musik. Bevor ich Julian mit meinem Beharren auf diesem Viertelstündchen üben weiter traktiere, sollten wir gemeinsam nach einer besseren Lösung unseres Problems suchen.

Ich nehme Julian auf den Schoß und wir sprechen noch einmal über das Thema Klavier. Zuerst bekomme ich jede Menge Frust von meinem Sohn zu hören:

»Warum soll ich, wenn ich nicht will? Und die blöden Lieder, die ich spielen soll. Und der blöde Klavierlehrer, der sauer ist, wenn ich seine Stückchen nicht richtig spielen kann. Und das blöde Üben. Und überhaupt – ich habe nicht mehr die geringste Lust!«

Anschließend erkläre ich, warum ich entschieden darauf dringe, daß Julian das Klavierspielen nicht aufgibt: »Eigentlich ist Musik-Machen ein Spaß. Unmusikalische Kinder gibt's kaum. Wer früh genug beginnt, sich in Musik einzuhören, der bekommt Spaß daran. Dieser Spaß vergrößert sich, wenn man fähig ist, selbst Musik zu machen, seine Gefühle in Musik auszudrücken. Um sich ausdrükken zu können, muß man sein Instrument einigermaßen beherrschen. Man beherrscht es nur, wenn man übt. Ums Üben kommt keiner herum. Auch du nicht. Übst du regelmäßig das berühmte Viertelstündchen am Tag, verbessert sich dein Spiel deutlich. Spürst du den Erfolg, macht dir das Klavierspielen wieder Freude wie zu Beginn des Unterrichts.«

Wenn Eltern Sprüche machen, schalten Kinder ab.

Alles fein gesagt – nur erreiche ich damit denkbar wenig. Julians Lust aufs Klavierspielen läßt sich auf diese Weise nicht steigern. Meine Ziele interessieren unseren Sohn kein bißchen. Er mag sich nicht von mir bevormunden lassen. Er verkriecht sich auf meinen Schoß wie in ein Schneckenhaus. Kaum heranzukommen an ihn. Da sitze ich nun mit meinen großen Worten und weiß auch nicht mehr recht weiter.

Nicht zu schnell aufgeben, wenn sich Probleme ergeben.

Ich gehöre zu den Eltern – ebenso wie Julians Vater –, die sich für völlig unmusikalisch halten, wenig über Musik wissen, und kein Instrument spielen. Unser Kontakt zu Musik beschränkt sich auf wenig sachverständiges, jedoch begeistertes Zuhören. Selbst das Singen beschränkt sich auf ein paar der populären Kinderlieder. Von uns Eltern gehen also nicht gerade viele musikalische Impulse aus. Als Vorbild sind wir beim Musizieren nicht gut zu gebrauchen.

Wie weckt man die Freude an Musik bei Kindern, wenn man zwar freudig, aber mit wenig Sachverstand mit Musik umgeht? Vielleicht kann ich als Mutter hier wenig tun, solange sich Julian sträubt, solange es dem Klavierlehrer nicht gelingt, ihn zu motivieren. Also das Klavierspielen aufgeben, damit dieses ewige Getue ums Üben aus der Welt ist? Aufgeben – jetzt, da die besonders mühsame Anfangsphase bereits geschafft ist und Julian die Zeit zum Üben hätte, weil die Schule ihn noch nicht so stark beansprucht?

Irgendwann bringt mich Julian selbst auf die Idee, wie das Üben interessanter für ihn werden könnte. »Ich kann was, was du nicht kannst. Ich kann Noten lesen«, erzählt er mir.

Nicht ich bin ihm ein Vorbild in Sachen Musik, sondern er ist mir eins. Ich habe das oft gedacht, aber noch nie ausgesprochen. Vielleicht sollte ich das einmal tun. Etwa, indem ich sage:

- Du liest Noten flüssig wie das ABC. Ich habe keine Ahnung von der Notensprache.
- Du weißt, welche Tasten auf dem Klavier und welche Noten zusammengehören.
- Und was mir besonders schwierig erscheint: du machst mit beiden Händen gleichzeitig unterschiedliche Bewegungen. Allein das ist schon ein Kunststück, das du mir voraus hast.
- Wenn ich dir zuschaue und zuhöre, spüre ich genau, daß du Freude an dem Rhythmus der Musik hast, an den Klängen.

Bewundert werden die meisten Kinder gerne. Sie freuen sich über Anerkennung. *Siehe auch Seite 115 f.*

Mein Loblied scheint Julian zu beflügeln. Er rutscht von meinem Schoß zurück auf den Klavierhocker und beweist mir seine Künste.

Jetzt übt er nicht mehr, jetzt spielt er mir vor, voller Freude über meine Bewunderung. Jetzt tanzen seine Finger schon fast auf den Tasten und die Patzer überhört er gelassen. Er hat sich freigespielt, nicht mehr die Bewegungen seiner Finger stehen im Vordergrund, sondern die Musik, die er erklingen läßt.

Plötzlich entsteht eine ruhige warme Stimmung im Raum. Von Druck und Wut nichts mehr zu spüren. Und vor allem kein erhobener Zeigefinger mehr von mir. Ich stehe auch nicht länger zwischen Tür und Angel, sondern sitze still und erwartungsvoll auf meinem Stühlchen und denke: Wenn es mir häufiger gelingt, eine entspannte Atmosphäre zu schaffen, dann wird aus der Pflichtübung Klavier vielleicht doch ein Spiel voller Überraschungen und Neuigkeiten, das Julians Phantasie beflügelt und das er gern gestaltet.

Singen: Schief und laut nach Herzenslust

Rot, rot, rot sind alle meine Kleider,
rot, rot, rot ist alles, was ich hab'.
Warum lieb ich alles was so rot ist?
Weil mein Schatz ein ...«

Mut haben zum Falsch-Singen. Durch Kinder lernen, auf Perfektionismus zu verzichten.

Weil der Schatz ein Feuerschlucker ist oder ein Feuerwehrmann? Wir einigen uns schließlich auf den Feuerschlucker.

Konstantin und ich singen gerne zusammen – aus vollem Herzen. »Fröhlich singt ihr, aber trotzdem ziemlich laut und ziemlich schief«, meint der Rest der Familie und hat für unseren Gesang nicht viel übrig: »Singt doch mal richtig!«

Wir können nicht richtig singen. Wir hören die falschen Töne nicht, denn es mangelt uns an dem dafür nötigen musikalischen Gespür. Konstantin ist noch zu jung, um solche Feinheiten wahrzunehmen. Und mein Gehör ist wenig geschult. Ich genieße Musik, ohne sie zu verstehen. Es fehlt mir an musikalischer Bildung. Selbst im Notenlesen bin ich keine Leuchte.

Ob ein Ton rein ist oder nicht ganz so rein, stört Konstantin und mich wenig. Für uns ist das Singen keine Gehörschulung, sondern ein Spaß. Uns kommt es dabei nicht auf die richtigen Töne und Rhythmen an, sondern auf andere Eindrücke. Wir singen mit viel Gefühl – Gefühl, das in uns steckt, das wir beim Singen rauslassen. Ist uns nach Quatschmachen zumute, weil wir gut gelaunt sind, blödeln wir beim Singen. Singen extra falsche Töne und wandeln die Melodien und Texte der Lieder ab. Erfinden neue Lieder. Spielen Theater beim Singen: ziehen Grimassen, machen große Gesten. Sind wir traurig, stimmen wir einen leisen Singsang an. Das alte »Summsummsumm«-Bienchen wird hervorgekramt. Im Takt wiege ich

Konstantin dazu auf meinem Schoß, lulle ihn und mich langsam in unseren Singsang ein. Sind wir dagegen froh und voller Tatendrang, singen wir mit kräftigen Stimmen kräftige Lieder wie etwa »Winde wehen, Schiffe gehen...«. In den Gute-Nacht-Liedern drücken wir die Zärtlichkeit aus, die wir füreinander empfinden.« Der Mond ist aufgegangen« wird in gedehntem Leierton gesungen. Das Lied zieht sich hin und damit zieht sich auch das abendliche Abschiednehmen hin.

Zusammen singen – ein zärtliches Spiel. Mutter oder Vater mit Kind freuen sich aneinander.

Das gemeinsame Singen schafft eine besondere Vertrautheit zwischen uns. Wir genießen die Wärme, die Nähe des anderen. Wir sind im Einklang miteinander, wenn wir zusammen singen. Ich lasse mich anstecken von Konstantins Begeisterung für die immer gleichen Kinderlieder. Es sind Riten zwischen uns entstanden, an denen wir hängen. Zum Beispiel legt Konstantin großen Wert darauf, daß abends erst der Mond besungen wird, dann die Sternlein und zum Schluß das Schlaf-Kindchen. Die immer gleiche Liederfolge beruhigt Konstantin.

Mehr über Nähe *auf Seite 117 ff.*

Als sei das Singen ein Schutz vor bösen Träumen. Wir freuen uns an der Stimme des anderen und entdecken die eigene Stimme wieder. Für mich klingt die kleine Piepsstimme eines Vierjährigen immer wunderschön, ganz egal, ob die Töne stimmen oder nicht.

Mit den Kinderliedern wird für mich wieder ein Stück eigener Kindheit lebendig. Singe ich zum Beispiel ›Wer will die fleißigen Handwerker sehen‹, denke ich an meine eigenen Kindergartenzeiten.

Sich selbst spüren beim Singen und die Zärtlichkeit des anderen genießen.

Sicherlich prägen sich Konstantin bei unserem Singsang falsche Töne ein, gleichzeitig wird jedoch auch Neugierde auf Musik geweckt. Per Kassette, per Radio hört sich Konstantin Lieder an, die »richtig« klingen. Aus dem Kindergarten kommt er schon manchmal mit der sensationellen Erkenntnis nach Hause, daß unsere Lieder ganz anders klingen, wenn die Kindergärtnerin sie vorsingt. Sehr viel besser klänge es aber auch nicht, meint Konstantin.

Ein Konzertbesuch – noch nichts für Kinder?

Musik aus dem Radio bringt den Kindern oft mehr Spaß als das große Erlebnis Konzertbesuch.

Wichtiges Lernziel für Eltern: abwarten können. Geduld haben mit der Entwicklung von Kindern.

Ein aufgeregter Julian sitzt im Konzert neben mir und wartet auf die Musik, die nun auch wirklich erklingt. Nach einer Viertelstunde jedoch läßt Julians Begeisterung für die Musik bereits merklich nach. Die Konzentration, die Freude an den Trompeten und Geigen ist dahin. Julian rutscht auf seinem Platz hin und her, schaut sich das Publikum an, läßt seinen Blick durch den Saal schweifen, untersucht das Gestühl, will sich mit mir unterhalten, was ich mit »Pstpst…« unterbinde. Ein Neunjähriger scheint noch nicht konzertreif zu sein. Bei meinem Bemühen, Julian musikalisch zu fördern, habe ich übersehen, daß langes Stillsitzen für einen Drittklässler eine Tortur ist. Immer nur zuhören müssen, nie reden dürfen, und das länger als eine Stunde – Julian gähnt vor Erschöpfung und flüstert mir ins Ohr, daß er Hunger habe. Als die letzte Fanfare ertönt, klärt sich seine triste Miene auf: Endlich hat die Anstrengung ein Ende. Die Aktion ›Konzertbesuch‹ war nicht der große Erfolg. Nicht die Erinnerung an Musik wird Julian mit nach Hause nehmen, sondern die Erinnerung an unsägliche Langeweile. Seine Begeisterung für Konzerte wird sich nach diesem Abenteuer in Grenzen halten.

Ich ärgere mich derweil über meine Ungeduld: Warum diese Eile? Im Übereifer, den Kindern unvergeßliche Erlebnisse verschaffen zu wollen und sie zu fördern, mute ich ihnen manchmal zu, was sie überfordert. Konzertbesuche, Theaterbesuche, Kinobesuche – das hat noch Zeit. Wenn ich Julian und seine Brüder an Musik und Kunst heranführen will, dann ist es wohl besser, zu Hause zu singen und zu malen, es den Kindern zu überlassen, wie sie sich mit Kunst auseinandersetzen wollen. Überforderung ist keine Förderung!

8
Sprechen und Gespräche

Wissensdurstig und von Natur aus neugierig

Wer sich selbst im Umgang mit Kindern beobachtet, entdeckt – meist zur eigenen Überraschung – wie stark er sie laufend beeinflußt.

»Wie ist das mit den Kuckuckseltern? Warum bauen sie kein Nest?« fragt mich Jakob. Für Tiere hat er viel übrig. Darüber will er genau Bescheid wissen.

Im Gegensatz zu mir, denn mich interessieren Tiere nicht besonders. Deshalb hapert's mit meinem Wissen über die Tierwelt. Daß Kuckucksmutter und Kuckucksvater nicht viel von der Aufzucht ihrer Brut halten, kann ich gerade mal sagen, aber damit bin ich schon am Ende meines Lateins.

Wißbegierig steht Jakob vor mir – ein ganz großes Fragezeichen im Gesicht. Aber bei mir kommt er mit seinen Fragen nicht recht weiter.

Leicht ungeduldig ob der aus meiner Sicht langweiligen Fragerei gebe ich lustlos noch ein paar unbefriedigende Erklärungen zum besten, und das auch nur aus dem Pflichtbewußtsein heraus, daß Kinder, die fragen, auch eine Antwort erhalten sollten.

Bevor sich Jakob aus dem Staub macht, enttäuscht darüber, daß ich nicht ernsthaft auf seine Fragerei eingehe, rette ich die Situation, »Ich habe eine Idee!«

Das Thema Modellverhalten *auch auf Seite 116f.*

Ich zeige Jakob, wie er selbst an Material zum Thema Kuckuck kommen kann. Jetzt bin ich bei der Sache. Das interessiert mich. Ich zeige Jakob die entsprechenden Bücher, krame begeistert mit ihm im Regal. Da dauert es auch nicht lange, und Jakob läßt sich von meiner Freude anstecken.

- Wir schauen im Lexikon unter dem Stichwort ›Kuckuck‹ nach, reden darüber, wie man mit Nachschlagewerken umgeht.
- Wir bleiben beim Lesen an anderen Stichwörtern hängen und kommen darüber ins Gespräch.
- Wir leihen uns Tierbücher in der Bibliothek aus.

Durch mein Verhalten lenke ich Jakobs Interessen – ganz ohne Absicht – in eine mir genehme Richtung: Da ich auf seine Fragen zum Kuckuck zum Beispiel nicht freudig eingehe, vermiese ich ihm sein Anliegen eher, denn ich speise ihn mit ein paar unbefriedigenden Antworten ab und zeige ihm dadurch, wie sehr mich dieses Thema langweilt. Auf seine Fragen nach Nachschlagewerken gehe ich dagegen begeistert ein und verstärke damit sein Interesse, weil ich nicht nur engagiert antworte, sondern ihn durch zärtliche Blicke, durch Zuwendung belohne, die signalisieren: »So gefällst du mir!«

Durch mein Verhalten, durch meine Vorurteile beeinflusse ich also die Neigungen der Kinder. Dieses Kräftespiel wird zusätzlich noch dadurch geprägt, daß ich daneben auch ganz bewußt die geistige Entwicklung der Kinder fördern möchte und sie dabei wiederum in eine mir genehme Richtung lenke.

Zum Beispiel rege ich Gespräche über Politik aber nicht über Technik, Besuche in Gemäldegalerien aber nicht in Naturkundemuseen an.

Werde ich dabei zu eifrig, wehren die Kinder sich glücklicherweise: »Machen wir nicht!« Mir fällt es in solchen Situationen nicht immer leicht, sie dann gewähren zu lassen. Zu gerne verfolge ich meine eigenen Ideen.

Das allergrößte Kunststück ist es für mich, auf die Kinder zu schauen, ihnen nicht laufend meinen Stempel aufzudrücken, sondern mich mit der Rolle als Vorbild zu begnügen und darauf zu vertrauen, daß sie selbst ihren Weg finden. Manchmal gelingt es mir, mich auf das Beobachten zu beschränken, aufs Mutmachen und darauf, eine entspannte Familienatmosphäre zu schaffen, in der sich Kinder wohlfühlen.

Mehr über Selbständigkeit *auf Seite 125 ff.*

Erst wenn diese Voraussetzung geschaffen ist, haben sie Chancen, ihre Neigungen selbst zu entdecken und zu entwickeln.

Tischgespräche

Schwerarbeit manchmal: im Umgang mit Kindern den eigenen Egoismus überwinden.

Wir sitzen zusammen mit unseren vier Kindern rund um den Tisch. Wir haben Besuch. »Alle fertig? Wollt ihr nicht aufstehen?« Ich würde gerne noch eine Weile in aller Ruhe am Tisch sitzen bleiben – ohne Kinder. Ein halbes Stündchen noch die Beine unter den Tisch strecken und miteinander sprechen, ohne daß die Kinder dauernd dazwischen reden, danach stünde mir jetzt der Sinn.

Daraus wird nichts, denn die Kinder mögen sich nicht trollen. Sie finden es heute bei weitem spannender, auf ihren Stühlen zu hocken und zu lauschen, was wir Großen palavern. Und ihre Meinung dazu wollen sie auch kundtun. Wenn's denn sein muß...! Enttäuscht bin ich schon, daß mein halbes Stündchen ohne Kinder nicht zustande kommt.

Der Besuch erzählt aus der Schule. Brigitte ist Lehrerin, sie unterrichtet eine internationale Klasse, und darüber möchten die Kinder alles, aber auch wirklich alles wissen. »Der kanadische Junge lernt deutsche Vokabeln, während du mit den anderen englische Wörter lernst? Die Kinder aus der Türkei sprechen astreines Bayerisch?« Die Fragen nehmen kein Ende. Das Plappern und Plaudern der Kinder rauscht an mir vorbei. Ich höre gar nicht richtig zu und fahre irgendwann dazwischen: »Wollt ihr nicht ins Kinderzimmer abziehen?« Plumper geht's ja nun kaum noch. Die Kinder nehmen mein Störmanöver kaum wahr. Stur bleiben sie sitzen.

Die Kinder ab und an aus der Distanz sehen und ganz neue Seiten an ihnen entdekken.

Sie nehmen Brigitte ganz und gar in Beschlag. Brigitte macht das Gespräch mit den Kindern Freude. Bereitwillig geht sie auf ihre Fragen ein.

Mit der Zeit gibt sich mein Mißvergnügen. Ich höre zu. Plötzlich wird die Sache interessant für mich. Plötzlich entdecke ich neue Kinder, viel größere Kinder als die, die ich im Alltag erlebe – Kinder,

- die nicht nur eine Menge, sondern auch sehr pfiffige Fragen stellen,
- die nachfragen, wenn sie eine Antwort nicht richtig verstehen,
- die ihre Meinung sagen und erstaunlich präzise ausdrücken können, was sie denken,
- die in der Lage sind, sich in die Empfindungen anderer hineinzuversetzen,
- die viel mehr wissen, als ich dachte.

Sich nicht nur über die Kinder freuen, sondern die Freude auch zeigen.

Mich fasziniert es, die eigenen Kinder aus einer gewissen Distanz zu beobachten, ihre Gesten, ihre Mimik, ihre Worte einmal ganz bewußt zu erleben und mich daran zu freuen. Kleinkinder habe ich hier wahrhaftig nicht mehr vor mir, sondern Gesprächspartner, die sich mit ihren sieben, neun und elf Jahren erstaunlich gut zu behaupten wissen.

»Laß mich doch sprechen, wie ich will!«

Jakob sitzt auf der Treppe, zieht seine Schuhe an und erzählt mir von Toren, die er heute beim Fußballtraining fast geschossen hätte. Nicht etwa, weil ich ein Laie in Sachen Fußball bin, verstehe ich kein Wort von seiner Geschichte, sondern weil Jakob seine Sätze ganz hinten im Mund zwischen geschlossenen Zähnen zusammennuschelt und fürchterlich leise spricht, weil er mich nicht anschaut beim Reden, sondern an seinen Schuhlaschen herumfummelt und seine Worte ins Hosenbein spricht, und weil er sich nicht an die gängigen Sprachregeln hält, sondern seine Sätze nach einem eigenen System zimmert.

Kein Palaver machen über Fehler, sondern den Satz einfach fehlerfrei noch einmal nachsprechen.

Ich unterbreche seinen Bericht: »Ich verstehe kein Wort!« Und, pädagogisch alles andere als vernünftig, zähle ich nun eine Latte von Gründen auf, warum ich kein Wort verstehe. Siehe oben.

Daß ich ihm mit langweiligen Korrekturen komme und

nicht auf seine Fußballgeschichte eingehe, ärgert Jakob. »Laß mich doch sprechen, wie ich will«, knurrt er mich an.

Als mir Jakob Tage später erneut eine seiner leisen Kraut- und Rüben-Geschichten erzählt, verhalte ich mich geschickter. Zuerst gehe ich auf seine Geschichte ein, sage ihm dann in einem Nebensatz, wie sehr ich mich anstrengen müsse, um ihn zu verstehen. Macht er Fehler beim Sprechen, wiederhole ich seine Worte, seine Sätze einfach noch einmal in der richtigen Form.

Mehr über Modellverhalten *auf Seite 121 f.*

Telefonitis

Ein wunderbares Spielzeug: das Wunderding von Telefon.

Das Telefon klingelt. Konstantin und ich rennen um die Wette zum Apparat. Das Gespräch ist für mich. Aber das will Konstantin nicht wahrhaben. Mit der ganzen Kraft seiner vier Jahre drückt er mich zur Seite, will mir den Hörer aus der Hand nehmen: »Ich will ran!« Er will nicht nur wissen, wer am Apparat ist, sondern hat Lust auf ein Pläuschchen. Ich gebe ihm den Hörer.

Konstantin telefoniert für sein Leben gerne. Hochinteressant für ihn, mit jemandem zu sprechen, den man nicht sieht. Und diese unsichtbare Person hört sogar zu und fragt nach. Das Telefon ist für Konstantin ein geheimnisvoller Zauberapparat.

Schließlich erobere ich den Hörer zurück. Daß ich jetzt in die Telefonmuschel spreche und Konstantin nicht hört, was am anderen Ende der Strippe entgegnet wird, wurmt ihn. Er sitzt zu meinen Füßen, entwirrt die aufgedrehte Telefonschnur und beißt auf seine Oberlippe. Das bedeutet nichts Gutes.

Außen vor zu sein, das können Kinder nicht vertragen. Sie wehren sich, machen Rabatz.

Während ich mich auf das Telefongespräch konzentriere, streichle ich Konstantins Kopf. Daß ich beim Streicheln nicht ganz bei der Sache bin, stört ihn.

Als ich ins Telefon lache, ist er mit seiner Geduld am Ende. Nachdrücklich macht unser Sohn auf sich aufmerksam: Er klettert auf meinen Schoß. Und sein Blick bedeutet: Ich gebe mich nicht länger mit einer Nebenrolle zufrieden. Nun zieht er wieder energisch an der Strippe.

Mit Stirnrunzeln und funkelndem Blick deute ich Richtung Tür. Konstantin mag meine Zeichensprache nicht verstehen. Er denkt nicht daran, sich zu trollen. Im Gegenteil. Da ich ihn nicht telefonieren lasse, sondern selbst weiter in die Telefonmuschel schwatze, macht er Zirkus auf meinem Schoß. Er bollert mit einem Schuh gegen die Heizung, trommelt mit den Fingern auf die Stuhllehne. Er nervt ganz fürchterlich.

Ich zische ihn an: »Laß diese Störmanöver, laß mich noch ein Momentchen in Ruhe!« Konstantin bollert weiter mit dem Schuh, trommelt weiter mit den Fingern und schnalzt dazu mit der Zunge. Er protestiert. Seine Attakken bedeuten: Ich fühl mich ausgeschlossen. Ich bin auch noch da! Ich versuche nochmals, ihn zu beschwichtigen: »Bin gleich fertig!« Darauf ist kein Verlaß. Daß ich wahrscheinlich nicht gleich fertig sein werde, weiß Konstantin aus Erfahrung.

Nur in bescheidenem Maße können Vierjährige warten. Eine Minute ist für sie bereits eine Ewigkeit.

Deshalb setzt er seine Störmanöver fort. Er klettert von meinem Schoß auf den Schreibtisch und beginnt gezielt, Unsinn zu machen, Sachen wie Füller aufschrauben, Füller zuschrauben, Büroklammern auseinander biegen, in dem Papierhaufen wühlen, der auf dem Schreibtisch lagert.

Jede Aktion soll mir zeigen: Du hast Gesellschaft. Du amüsierst dich, während ich mich fuchse, weil du mich allein läßt. Du kannst mich doch nicht einfach wie Luft behandeln.

Auf Zuwendung *eine Weile verzichten – kleine Kinder tun sich schwer damit, das zu lernen.*

Als ich auch auf seine Alarmzeichen nicht reagiere, setzt er noch eins drauf. Er klettert vom Schreibtisch auf einen Lehnstuhl, turnt auf dem Stuhl herum, um endlich meine ungeteilte Aufmerksamkeit zu erreichen. Er reitet auf der Lehne, rutscht die Lehne rauf und runter, bis er schließlich vom Sessel plumpst.

Nun hat er sein Ziel erreicht. Ich mache Schluß mit der Telefoniererei, lege den Hörer auf die Gabel, tröste meinen weinenden Sohn und rede mit ihm: »Daß dich das Telefonieren stört, kann ich verstehen. Schon klar, daß es dich kribbelig macht, wenn du nicht mitbekommst, was da eigentlich beredet wird und wir dann auch noch lachen, unseren Spaß haben und du nicht mitlachen kannst!« Ich versuche ihm zu erklären, warum ich trotzdem nicht bereit bin, auf ein längeres Telefonat zu verzichten. »Ich freue mich, wenn ich auf diese Art und Weise mit einer Freundin reden kann. Das Telefon ist mein Spielzeug. Du läßt dich auch nicht gerne beim Spielen stören und bist traurig, wenn dir jemand etwas kaputt macht!« Konstantin nickt verständig. Im Augenblick kann er gelassen bleiben. Es droht keine Gefahr. Und was ist, wenn das Telefon demnächst wieder klingelt? Die Situation wird sich in ähnlicher Weise wiederholen. Vierjährige können es einfach nicht aushalten, daß sie am Reden und Lachen nicht teilhaben sollen. So ein Telefonat ist eine äußerst spannende Sache. Wenn sie schon nicht mithören und mitsprechen dürfen, dann müssen sie einfach stören.

Mehr über Zuwendung, Nähe *auf Seite 163 ff.*

Zu Besuch und schrecklich unartig

Konstantin will mir seine Gürtelschnalle zeigen. Ich mag mir die Gürtelschnalle jetzt nicht anschauen. Ich mag von Erwachsenem zu Erwachsenem reden. Wir sind zu Besuch bei Freunden.

Immer im Mittelpunkt der Aufmerksamkeit stehen – ein Wunsch, den viele kleine Kinder haben.

Daß ich ihn links liegen lasse, ärgert Konstantin. Er haut mit seinem Schuh gegen meinen Schuh. Immer wieder. Um ihn von diesem Spiel abzulenken, bieten wir Erwachsenen ihm Kakao an. Konstantin möchte keinen Kakao und auch keine Schokolade. Wir bieten ihm an, was die Küche hergibt. Damit er uns in Ruhe läßt.

Dabei wissen wir alle, daß Konstantin keine Süßigkeiten

möchte, sondern ein bißchen Aufmerksamkeit. Mit uns reden will er. Und Fragen stellen, die wir beantworten sollen.

Ehrlich mit Kindern umgehen, sie nicht für dumm verkaufen.

Daß wir ihn bestechen und abwimmeln wollen, kapiert auch ein Vierjähriger schon. Aha – nun probieren wir es mit Stiften. »Willst du nicht am Küchentisch nebenan malen?« Konstantin gibt sich geschlagen. Muffelig und motzend wandert er Richtung Küche.

Wir Erwachsenen sind unter uns. Reden viel und laut. Lachen viel und laut. Und das wird Konstantin nun wirklich zu viel. Er fühlt sich ausgeschlossen, verdrängt. Voller Wut, weil wir ihn nicht wahrnehmen wollen, gelangweilt, weil ihn diese fremde Frau und diese fremde Wohnung überhaupt nicht interessieren, sinnt er auf Rache und findet prompt ein Mittel, unsere Aufmerksamkeit endlich auf sich zu lenken: Er zerdeppert einen Trinkbecher in der Küche. Was nun? Schimpfen? Damit wäre der Nachmittag endgültig verdorben. Heulen und zetern und kein Ende wären die Folge. Auf Konstantins Wunsch eingehen, ihn am Gespräch teilnehmen lassen? Dann redet er wie ein Wasserfall und wir Großen kommen nicht mehr zu Wort. Ihn ablenken mit einem Wenn-dann-Handel? »Wenn ich jetzt zehn Minuten mit dir am Küchentisch male, dann läßt du uns anschließend in Ruhe?«

Konsequent bleiben: Nein *heißt* »Nein: *Jetzt nicht! Du mußt warten!« Mehr übers* Grenzen setzen *auf Seite 141 ff.*

Ich entscheide mich für eine vierte Möglichkeit: Die Scherben verschwinden im Müll. Konstantin bekommt zu hören, daß unser Besuch nicht mehr lange dauert, er sich jedoch noch eine Weile alleine beschäftigen müsse. Das klappt dann auch so einigermaßen.

Konstantin ist am Ende mit seinen Strategien. Aus Erfahrung weiß er, daß ich seinem Quengeln nicht nachgebe.

Andererseits lasse ich Konstantin jetzt nicht mehr lange warten, denn er hat ja recht mit seinem Gequengel. Wenn zwei Erwachsene in Ruhe miteinander reden wollen, sollte kein Vierjähriger dabei sein. Vierjährige haben für den Wunsch nach Ungestörtheit noch wenig Verständnis. Wir beschließen, uns demnächst einmal abends zu treffen, wenn der Quälgeist im Bett ist und schläft.

Auf dem Heimweg rede ich mit Konstantin noch einmal über den nicht gerade gelungenen Besuch bei meiner Freundin. Ich gebe zu, daß es keine gute Idee war, ihn mitzunehmen, ihn dann aber nicht dabei haben zu wollen. »Daß du schön artig und still weitab am Tischchen hockst, während wir quasseln und Spaß haben, das ist wirklich zuviel verlangt!«

Rücksicht nehmen auf die Bedürfnisse Erwachsener – damit sind Vierjährige schnell überfordert.

Von der Schwierigkeit, höflich zu sein

Jakob hilft mir beim Einkaufen. Er ist mit Einpacken beschäftigt, stellt Joghurtbecher neben Joghurtbecher in den Einkaufskorb. Für nichts anderes hat er einen Blick, auch nicht für die Mutter seines allerbesten Freundes, die ihm fröhlich »Guten Tag« sagt.

Später komme ich auf die Sache zu sprechen. Wieso er denn nicht in der Lage sei, den Gruß zu erwidern, frage ich ihn. Jakob murmelt etwas von »keinen Bock« und von »überflüssiger Grüßerei« und er sähe nicht ein, wieso der Mensch dauernd »Guten Tag« sagen solle. Das sei bloß ein blödes Getue.

Immer sind es die Eltern, die nerven und irgendwelche Regeln aufstellen!

Um Jakob zu erläutern, was aufgesetztes Getue von echter Höflichkeit unterscheidet, mache ich das, was Eltern sicherlich nicht tun sollten, ich führe das Verhalten eines anderen Kindes als gutes Beispiel an. Ich erzähle die Geschichte mit Karli.

Karli kenne ich kaum. Vor Monaten war er einmal bei uns zu Konstantins Geburtstagsfeier. Vor ein paar Tagen habe ich ihn wiedergesehen. »Grüß dich!« hat Karli laut und strahlend und herzlich gesagt und »Wie geht's?« Weil ich mich über sein Lächeln, seinen fröhlichen Gruß gefreut habe, ging es mir gleich noch besser. Und wie man sieht, habe ich Karli und seine Freundlichkeit in guter Erinnerung behalten.

Höflichkeit sei das Gegenteil von Gedankenlosigkeit, versuche ich Jakob zu sagen. Höflich bin ich, wenn ich einem anderen zeige, daß ich ihn erkenne, wenn ich ihn treffe, daß ich ihn nicht nur ansehe, sondern als Person wahrnehme. Und wenn ich mich freue, jemanden zu sehen, sage ich nicht nur »Guten Tag«, sondern freundlich »Guten Tag«.

Drill nützt wenig. Kinder lassen sich nicht eintrichtern, was sie für überflüssig halten.

Jakob mischt sich an diesem Punkt in meine Lektion ein und weist darauf hin, daß man auch ohne Worte höflich sein könne. »Anschauen und lächeln reicht auch schon. Und nicken!« »Nicken ist vielleicht etwas wenig Anteilnahme!«, meine ich.

Obwohl er interessiert zugehört hat, bin ich nicht sicher, ob mein Vortrag in Sachen Höflichkeit bewirkt, daß Jakob zukünftig mit größerer Begeisterung »Guten Tag« sagt. Wichtiger ist sicher das Vorbild von uns Erwachsenen.

Aufs Vorbild *vertrauen.* *Siehe auch Seite 125 ff.*

Gehen wir zu Hause höflich miteinander um oder ist uns so etwas wie Höflichkeit im Alltagsbetrieb längst abhanden gekommen? Erleben unsere Kinder in der Familie, daß wir uns gegenseitig respektieren und das auch zeigen, durch Signale wie »Guten Tag« und »Auf Wiedersehen« oder durch ein Lächeln, ein Anschauen, dann übernehmen sie dieses Verhalten. Sie entwickeln ein Gefühl dafür, selbst wenn sie lange brauchen, um es zu lernen.

9
Die Sache mit dem Helfen

Warum Jakob auf dem Bauernhof hilft und nicht zu Hause

Jakob kommt von der Arbeit nach Hause. Vom Bauernhof ein paar Ecken weiter. Tief zufrieden schildert er uns, was heute nachmittag alles an Arbeit anfiel, was er zusammen mit seinem Freund erledigt hat: Die Kühe haben sie von der Weide geholt und die Milchkammer haben sie aufgeräumt.

Mitarbeiten ist viel besser als nur *helfen. Mehr zum Thema* soziale Erfahrungen *auf Seite 138ff.*

Und jetzt ist er glücklich und zufrieden und erzählt. Der Bauernhof ein paar Ecken weiter ist Jakobs Paradies. Nach seinen Erzählungen kann ich mir vorstellen, warum ihm das Leben dort »super gefällt«, warum er dort gerne mitarbeitet. Die Familie bildet da nicht nur eine Lebensgemeinschaft, sondern auch eine Arbeitsgemeinschaft, in der jeder feste Aufgaben hat. Aufgaben, die niemand in Frage stellt. Der Vater ist vor allem für Feld und Maschinen zuständig, die Mutter für Kuhstall und Haus, der Großvater für die jüngste Enkelin usw.

Alles ist überschaubar und einfach strukturiert. Da kann man sich als Sechsjähriger ruckzuck einen Überblick verschaffen, sich eingliedern und mitarbeiten. Jakob hat keine Schwierigkeiten, sich hier zu orientieren.

Je klarer die Strukturen, desto einfacher für Kinder, sich einzugliedern: Sie verstehen, worum's geht.

Er fegt den Hof. Er räumt den Schuppen zusammen mit seinem Freund auf.

Das Leben auf dem Bauernhof, vor allem das Arbeiten auf dem Bauernhof gefällt ihm nicht nur, weil er die Struktur des Betriebes durchschaut, sondern vor allem, weil bei dieser Arbeit oft sichtbare Produkte abfallen, auf die er stolz verweisen kann: eine Mauer aus Holzscheiten, aufgeschichtet von den beiden Jungen; ein Drahtkäfig für kleine Enten, zusammengesetzt von ihnen; ein Haufen Blätter, zusammengefegt von ihnen.

Der Unterschied zwischen Spielen und Arbeiten verwischt sich für Jakob bei seinen Stippvisiten auf dem Hof.

Kaum zu Hause, legt er wieder Wert auf eine saubere Trennung dieser beiden Bereiche. Zu Hause ist das Spielen Kindersache und das Arbeiten Angelegenheit der Erwachsenen. Kein Wunder, daß er so denkt, denn bei uns ist nichts so klar gegliedert wie auf dem Bauernhof. Sich in unserem Haushalt zu orientieren, ist schwierig für Kinder. Da sind keine einfachen Strukturen.

Das beginnt damit, daß Arbeit bei uns vor allem außerhalb der Familie stattfindet. Die Kinder erleben unsere Berufstätigkeit nur am Rande mit. Der Vater verschwindet morgens in Richtung Büro, in einer Behörde, deren Namen sich die Kinder kaum merken können und von deren Aufgaben sie nur wenig Vorstellungen haben. Die Mutter sitzt zwar zu Hause an der Schreibmaschine. Was sie da aber schreibt und was aus dem wird, was sie tippt, davon haben sie meistens wenig Vorstellung.

Widersprüche sind für Kinder ein Signal, abzuschalten: »Da steigt keiner durch. Da klinken wir uns aus!«

Der zweite Arbeitsbereich – Haushalt auf Zack bringen, Einkaufen, Kochen usw. – ist ebenfalls nicht klar und deutlich für unsere Kinder zu erkennen, weil wir Eltern eine widersprüchliche Einstellung dazu haben. Einerseits reden wir laufend darüber, daß eine Menge Arbeit bei der großen Familie anfällt und daß wir die Hausarbeit möglichst schnell und gemeinsam erledigen sollten, andererseits nimmt keiner Hausarbeit wirklich ernst, keiner mag sich mit dem Arbeitsbereich identifizieren. Der Haushalt hat nebenher zu laufen.

Kinder können mit einerseits-andererseits nichts anfangen. Das ist ihnen zu verworren. Woran sollen sie sich denn nun orientieren? Weil sie sich nicht zurechtfinden, schalten sie ab nach dem Motto: »Ich fühle mich nicht zuständig!«

Kein Wunder, daß keiner Lust hat, Arbeit zu übernehmen, die mies gemacht wird.

Ich verstärke dieses Gefühl noch, weil ich im Bereich Haushalt oft stöhne und ächze: »Eine reine Freude ist das Putzen und Aufräumen und alles, was dazu gehört, nun wahrlich nicht!«

Diese Botschaft nehmen sich unsere Kinder umgehend

zu Herzen und (ver-)drücken sich: »Wenn das alles so lästig und mühsam ist, dann bitte ohne uns!«

Kein Wunder also bei dieser unübersichtlichen Situation, bei dieser widersprüchlichen Haltung in Sachen Hausarbeit, daß Jakob und seine Brüder nicht gerade motiviert sind zum Mithelfen.

Dazu kommt noch, daß sie ein Gros der Hausarbeit überhaupt nicht einsehen: »Warum können die Tassen nicht auf dem Tisch stehenbleiben. Reicht doch, sie bloß mittags abzuwaschen.« »Warum muß man das Waschbekken säubern? Wird ja doch gleich wieder dreckig.«

Eine Diskussion reiht sich an die andere. Oft bin ich zu bequem, mich mit den Kindern auseinanderzusetzen und mache schnell selbst, was an Hausarbeit ansteht. Dieses Heranreden an die Kinder ist verflixt mühsam.

Schon früh möglichst selbständiges Mitarbeiten fördern. *Übers* Selbständig-Werden *auch auf Seite 138 ff.*

Fordern wir Eltern nicht mehr Einsatz, entwickeln sich unsere Kinder zu Söhnchen, die daran gewöhnt sind, daß im Hintergrund andere herumwurschteln und die praktischen Dinge des Lebens für sie erledigen. Und wie bringen wir sie dazu, mehr von den Arbeiten zu übernehmen, die zu Hause anfallen?

Ich nehme mir Jakobs Traumfamilie zum Vorbild. Was dort funktioniert, müßte sich doch teilweise auch bei uns machen lassen.

Punkt 1: Wir bilden eine Arbeitsgemeinschaft, nicht länger nur eine Familiengemeinschaft. Jeder bekommt feste Aufgaben:

- Einer ist zuständig fürs Milch holen. (Jakob)
- Einer fürs Mülleimer ausleeren. (Julian)
- Einer fürs Socken zusammenlegen. (Jasper)
- Einer dafür, daß der Hund immer genug zu trinken hat. (Konstantin)

Diese Dienste stehen fest. Darüber gibt's kein Palaver.

Punkt 2: Darüberhinaus bitte ich die Kinder, mir bei Arbeiten zu helfen, bei denen etwas Sichtbares, ein Erfolgserlebnis oder Produkt abfällt:

- Pudding kochen und Kuchen backen.
- Beeren pflücken.
- Flur kehren.

Nicht nur eine Familien-, sondern auch eine Arbeitsgemeinschaft bilden.

Punkt 3: Ich bemühe mich, Hausarbeit nicht länger als Fron darzustellen, sondern als Notwendigkeit, als eine Sache, die einfach schnell und möglichst gemeinsam zu erledigen ist.

Manchmal lassen sich die Kinder bereitwillig auf dieses Konzept ein, ebenso oft boykottieren sie es jedoch auch. Wie soll ich reagieren, wenn sie nicht daran denken, die verabredeten Arbeiten zu tun?

- Gehorsam verlangen zieht nicht. Dann werden Kinder störrisch und ich bekomme zu hören, sie seien nicht meine Sklaven.

Strafen *sind meist wirkungslos.*

- Mit Strafen erreiche ich das Gegenteil von dem, was ich erreichen möchte. Strafen reizen vor allem zum Gegenangriff: »Wenn du mich ärgerst, dann ärgere ich dich auch!«
- Dazu kommt, daß Strafen meist aus der Luft gegriffen sind, keinen Zusammenhang mit der »Tat« haben und auch deshalb in der Regel wenig überzeugend auf Kinder wirken.
- Aus Strafaktionen entstehen häufig Machtkämpfe nach dem Motto: »Mal sehen, wer den Ärger auf Dauer länger aushält!« Machtkämpfe führen immer in eine Sackgasse, aus der man nur schwer wieder herausfindet.
- Mit Liebesentzug drohen? »Wenn Ihr mir nicht helft, lasse ich euch das spüren!« Liebesentzug ist eine widerliche Form von Strafe. Eine Strafe, die unglücklich macht. Durch Liebesentzug erreiche ich höchstens, daß sich ein Kind fragt: »Kann ich mich wirklich auf die Liebe meiner Eltern verlassen? Haben sie mich immer lieb oder nur, wenn ich lieb und treu und brav bin?« Und diese Frage sollten Kinder sich nicht stellen müssen.

Wie immer, wenn's Ärger gibt, vertraue ich auch in diesem Fall auf die Vernunft und unser elterliches Beispiel.

- Ich erkläre noch einmal und immer wieder (oft auch

wütend), warum sich auch Kinder in Maßen an der Arbeit zu Hause beteiligen sollten und hoffe (langfristig) auf Einsicht.

Geduld haben ist angesagt. Und aufs gute Vorbild *vertrauen.*

■ Wenn es mir gelingt, meine Einstellung zur Hausarbeit zu verändern, wenn Mutter und Vater alles was anfällt fix wegarbeiten, dann werden die Kinder diese Arbeiten auf Dauer gesehen auch fix und unkompliziert erledigen.

Das leidige Thema Aufräumen

Spielzeug aus Kisten und Kästen liegt verstreut auf dem Boden. Hundert kleine Legosteine zwischen Brotkrumen. Bündelweise zerfledderte Comicseiten und daneben ein zerbröckelter Ratschefummel. Ausgequetschte Klebstofftuben und vergammelte Bananenschalen – ein Saustall, ein Chaos sondergleichen.

Die Kinder beschließen – geschafft vom Spielen – das Aufräumen könne man sich schenken. »Morgen spielen wir weiter!« Das Durcheinander im Kinderzimmer soll uns tagelang erhalten bleiben? Damit bin ich nun wirklich nicht einverstanden. »Kommt nicht in Frage. Ihr räumt auf der Stelle auf!«

Von strikten Anweisungen halten Kinder wenig. Sie wehren sich dagegen. Druck ausüben *siehe auch Seite 157ff.*

Und weil es auf den Abend zugeht und ich gegen Abend schnell genervt auf die Kinder reagiere, setze ich unfreundlicherweise noch eins drauf: »Picobello in Ordnung wird jetzt schleunigst alles gebracht!«

Auf diesen rüden Befehlston reagieren die Kinder erst recht gereizt und sehr einig mit einem Bummelstreik. Äußerst gemächlich gehen sie das Aufräumen an. Langsam wird Baustein für Baustein vom Boden aufgeklaubt. Langsam werfen sie Baustein für Baustein in den dafür vorgesehenen Korb.

»Auf diese Weise seid ihr morgen früh noch nicht fertig!« Mit meiner Drängelei erreiche ich nur, daß die Kinder endgültig auf stur schalten. Nun klappt das Aufräumen erst recht nicht. »Das ist unser Zimmer, darin können wir tun und lassen, was wir wollen!«

Auf der einen Seite Kinder (samt Vater), die Unordnung gelassen hinnehmen, auf der anderen Seite ich mit meiner Angst vor Chaos – wie kommen wir zueinander?

Statt Befehle auszugeben, die eigenen Bedürfnisse erklären.

Im Befehlston und mit Machtkampf läßt sich das Problem sicherlich nicht lösen. Also Schluß mit dem Hickhack. Statt sie anzupfeifen, versuche ich den Kindern zu erklären, warum ich auf ein gewisses Maß an Ordnung dringe, warum mir das so wichtig ist: »Vier Kinder, die keine Ordnung halten, die Ranzen auf der Treppe stehenlassen, die Handschuhe im Schuhregal verstreuen, die Schlafanzüge im Badezimmer verteilen und dergleichen mehr, und dazu zwei Erwachsene, die ebenfalls ihr Zeug rumliegen lassen, verursachen in kürzester Zeit ein Riesendurcheinander. Nichts liegt mehr da, wo es hingehört, keiner findet, was er gerade braucht. Gereizt und mürrisch sind alle laufend mit zeitraubendem Suchen beschäftigt – nach Socken, Handtüchern, Füllern usw.«

Um Verständnis, Nachsicht für die eigenen »Macken« bei den Kindern werben.

Ein Alptraum für mich, daß die ganze Familie – sechs Personen – durch die Wohnung wieselt und ihre Zeit damit vertut, irgendwelchen verlorengegangenen Dingen auf die Spur zu kommen. Dieses ewige Suchen und Nicht-Finden, das ich befürchte, kostet nicht nur Zeit, sondern auch Kraft – Kraft, die ich manchmal nicht habe. Nichts ärgert mich mehr als überflüssige Arbeit.

Alle sind schlecht gelaunt dabei, alle wüßten Besseres mit sich anzufangen. Dazu kommt ein weiterer Aspekt. Mich versetzt der Gedanke in Panik, daß sich unsere vier Kinder mit ihrem gesamten Krempel immer mehr in der Wohnung ausbreiten – bündelweise Comics im Flur, staubige Turnschuhe neben der Butter in der Küche und zerfetztes Malpapier im Wohnzimmer.

Ich habe Angst, daß sie mich verdrängen, daß mir schließlich keine Luft mehr zum Atmen bleibt, ich mich zu Hause nicht mehr wohl fühle. Selbst nach etlichen Jahren als kinderreiche Familie, habe ich noch die Sorge, mit Kind und Kegel nicht fertig zu werden. Ich fürchte, daß mir alles über den Kopf wächst. Mit Ordnung gehe ich gegen diese Furcht an, halte mich fest an dem Gedanken: Liegen die Dinge so einigermaßen an ihrem Platz, behalte ich den Überblick. Dann hat das Ganze System. Dieses System aufrecht zu erhalten, ist mir ein Anliegen.

Auch Mütter haben ihre Ängste und sind froh, wenn die Familie diese Gefühle ernst nimmt. Mehr über Einfühlungsvermögen *auf Seite 186 ff.*

Ordnung ist für mich ein Hilfsmittel, auf das ich bei der Organisation des Familienlebens nicht verzichten mag. Den Kindern ist das aber reichlich viel der Ordnung. »Bißchen übertrieben, die Aufräumerei!« Dabei mitzumachen, das ist ihre Sache nicht. Wir einigen uns auf einen Kompromiß. Ich akzeptiere, daß meine Form von Ordnung nicht das Maß aller Dinge ist. Und die Kinder beharren nicht länger stur auf ihrer Unordnung. Wir einigen uns auf ein Mindestmaß an Ordnung, das wir gemeinsam herstellen. Apfelstrünke gehören in die Mülltüte, getragene Socken in den Wäschekorb, leere, klebrige Gläser in die Küche und Spielzeug in verschiedene Körbe.

Kompromisse können auch Kinder schon schließen.

Damit hat sich die Sache dann aber auch für die Kinder. Für die Feinarbeiten beim Ordnung machen kann ich sie nicht begeistern, und das nehme ich hin. Für die Feinarbeiten fühle ich mich zuständig und verdonnere die Kinder nicht dazu. Ich bin diejenige, die Buntpapier und bemalte Papiere in Mappen sammelt, Plastikfiguren und Blechfiguren auseinander sortiert, Gläser für Tuschwasser ineinander stapelt und Bücher im Regal zurechtrückt.

Hat alles seinen Platz, freue ich mich über das übersichtliche Kinderzimmer. Heimlich vertraue ich darauf, daß die Kinder, wenn ich Ordnung und Klarheit vorgebe, irgendwann selbst darauf aus sind, Ordnung zu halten. Sie nehmen die Strukturen bereits wahr, fangen an zu genießen, daß sie in einigermaßen »luftigen«, aufgeräumten Zimmern leben. »Das Spielen macht mehr Spaß, man findet auf einen Blick, was man braucht«, hat einer unserer Söhne zu meinem Erstaunen vor ein paar Tagen gesagt.

Mehr über das Thema Vorbilder *auf Seite 138 ff.*

10
Auf Gefahren hinweisen und erklären

»Und wie ist das mit der Umweltverschmutzung?«

Gift kannten Kinder früher nur aus den Märchen.

Ich schäle Konstantin einen Apfel. Warum ich ihn schäle? Weil mir die glatte, makellose Haut unheimlich ist. Weiß ich, wieviel Chemie in dieser Apfelschale steckt?

Beim Schälen fällt mir eine Illustration aus einem Märchenbuch ein, das ich als Kind besaß. Glatt und blank lag der vergiftete Apfel in der Hand der bösen Hexe, der Stiefmutter von Schneewittchen. Nichts Übles war dem Apfel anzumerken. Daß man ihm nicht ansehen konnte, wie giftig er war, das hat mich als Kind tief beunruhigt. Damals habe ich mich damit trösten können, daß von harmlos aussehenden, aber vergifteten Äpfeln nur in Märchen die Rede war.

Heute ist in Zeitungen und Zeitschriften, in Rundfunk und Fernsehen laufend die Rede davon: Gift in der Nahrung, Gift im Wasser, Gift in der Luft. Kaum ein Tag ohne Horrormeldungen zum Thema Umweltschäden. Seitdem unsere Kinder Zeitung lesen, Radio hören und im Fernsehen nicht nur die Kinderstunde anschauen, nehmen sie diese Meldungen zur Kenntnis. Sie fragen, was Grenzwerte von Schadstoffen seien und wieso sich Schadstoffe mit Hilfe von Bakterien abbauen ließen.

Aus Angst die Dinge beschönigen. Kinder hören die falschen Töne.

Aus Sorge, daß Kinder angstvoll und mutlos in die Zukunft sehen, neige ich dazu, die Problematik zu beschönigen. Werde ich zum Beispiel nach dem Waldsterben oder den verseuchten Meeren gefragt, dann antworte ich nicht ernsthaft, sondern speise die Kinder mit Ausflüchten ab. So sage ich etwa: »Das ist in den Griff zu kriegen!« Oder auch: »Das Umweltbewußtsein wächst. Was in der Vergangenheit an Fehlern gemacht wurde, wird sich in Zukunft nicht wiederholen!«

Daß ich an meine Sprüche selbst nicht glaube, spüren die Kinder genau. Damit kann ich ihre Ängste nicht aus der

Welt schaffen. Im Gegenteil. Gaukle ich den Kindern mit ein paar hingeworfenen Bemerkungen eine heile Welt vor, fühlen sie sich von mir für dumm verkauft. »Sie nimmt unsere Fragen nicht ernst!« Mit meiner Haltung verstärke ich ihre Nöte. Sie fühlen sich mit ihren berechtigten Fragen alleingelassen. Außerdem werde ich für sie unglaubwürdig, wenn ich sage, was ich gar nicht meine.

Also keine Ausflüchte, kein Beschönigen mehr, sondern statt dessen der Versuch, mit ihnen ehrlicher über die Probleme zu reden.

Ich sage ihnen, daß es nicht ferne, unheimliche Mächte sind, die die Natur zerstören, sondern daß wir alle an dieser Zerstörung beteiligt sind. Ich gebe Beispiele, die verdeutlichen, wie und wo wir die Umwelt durch unser Verhalten belasten.

- Wir kaufen Joghurt in Kunststoffbechern, anstatt Joghurt selbst zu machen und auf diese Weise Müll zu sparen.
- Ich wasche viel zu häufig, verschwende damit kostbares Wasser und verbrauche unnötig Waschmittel.
- Immer noch vergessen wir häufig, mit einem Einkaufskorb loszugehen, und kommen vom Einkaufen mit Plastiktüten zurück.

Nicht resignieren und in Angst verharren.

Die Liste ließe sich noch lange fortführen. Die Kinder und wir Eltern sind uns einig darin, daß wir uns schwer tun, unser gewohnheitsmäßiges Verhalten zu ändern. Aber langsam und allmählich lernen wir es, unser Verhalten zu korrigieren. Und in vielen Familien ändert sich einiges in dieser Richtung. Das ist ein kleiner Hoffnungsschimmer.

Dieser Hoffnungsschimmer ist sicherlich das beste Mittel gegen die Angst, die in den Kindern steckt. Wenn wir gemeinsam und mit Schwung die Umweltprobleme angehen, die sich im Haushalt ergeben – und das sind nicht gerade wenige – dann haben die Kinder das Gefühl, daß wir einiges tun, um die Schäden zu verringern. Müll vermeiden, Müll sortieren, Blattläuse im Garten mit Kaffeesatz bekämpfen und nicht mit der Giftspritze, Kekse selber backen und nicht aufwendig verpackte aus dem Supermarkt mitbringen – das alles sind winzig kleine Erfolgserlebnisse, die sich zu dem Gefühl summieren: Wir sind der Entwicklung nicht ganz und gar ohnmächtig ausgeliefert. Wir können (in Maßen) etwas dagegen tun.

Sich begreifen als ein Teilchen im System Natur.

Um die entstandenen Schäden wahrzunehmen, muß man mit der Natur vertraut sein. Mir ist diese Vertrautheit in etlichen Großstadtjahren abhanden gekommen. Wandere ich zum Beispiel durch Feld, Wald und Wiese, bin ich mit meinen Gedanken beschäftigt. Im Gegensatz zu mir nehmen unsere Kinder beim Wandern vor allem wahr, was um sie herum zu sehen ist. Mit sinnlichem Vergnügen entdecken sie am Wegrand Schnecken, Käfer und anderes Getier, Vogelfedern und angefressene Pilze, gefällte Baumstämme samt ihrer Jahresringe. Nicht ich bringe ihnen bei, was Natur ist, sondern sie zeigen es mir. Sie machen mich auf Zusammenhänge aufmerksam, die mir entgehen. Sie registrieren zum Beispiel, daß im nahegelegenen Wald keine Spuren mehr von Füchsen zu finden sind, seitdem auf der benachbarten Wiese ein Schuppen gebaut wird. Oder sie beobachten, daß sich die Vegetation am Bach verändert hat, nachdem das Moor in der Nähe trockengelegt wurde.

Weil Kinder genau beobachten, nehmen sie viele Umweltzerstörungen wahr, die Erwachsene übersehen.

Die Kinder erleben Natur als Gefüge von Wechselwirkungen, als ein zusammenhängendes System. Weil wir auf dem Land leben, nehmen sie Natur gleich vor der Haustür wahr. Sie beobachten, wie die Schnecken langsam unsere Blumen auffressen, bestimmte Blumensorten, die sie selbst gepflanzt haben, jedoch verschmähen. Sie schauen zu, wie eine Spinne zwischen Fensterladen und Haustür ein Netz spinnt und bemühen sich, das Netz nicht zu zerstören, wenn sie das Haus betreten.

Weil sie sich selbst als ein Teilchen in diesem System begreifen, sind sie darauf aus, die Natur zu erhalten. An

Umweltfragen sind sie nicht nur interessiert, sie sind auch engagiert. Sie denken meistens daran, das Licht auszumachen, wenn sie ein Zimmer verlassen, während ich das häufiger vergesse. Sie achten beim Einkaufen darauf, daß wir umweltfreundliche Produkte in unseren Wagen pakken: »Nicht das knallweiße Klopapier nehmen, sondern das graue!«

Manchmal sind Kinder auch die Lehrer der Erwachsenen.

Nicht ich erziehe die Kinder in Sachen Umwelt, sondern umgekehrt. Sie sind hier schon eher die Experten und gehen streng mit mir um: »Wenn du dich anstrengst, dann ...«. Glücklicherweise sehen sie die Zukunft viel rosiger als wir Erwachsenen, sind fest davon überzeugt, daß nicht nur ich mich anstrengen werde, sondern daß alle mithelfen werden.

Verkehrserziehung: Sich einen Überblick verschaffen

Draußen, an Ort und Stelle, ist die beste Gelegenheit für Verkehrserziehung.

Mappen zur Verkehrserziehung, Spiele zur Verkehrserziehung – rigoros lehnen unsere Kinder ab, was zum Thema Verkehrserziehung auf den Tisch kommt: »Langweilig und ziemlich öde!«

Schon eher sind sie während eines Spazierganges durch die Stadt bereit, sich mit dieser Thematik zu befassen. Ganz nebenbei, ohne erhobenen Zeigefinger und pädagogischen Anspruch ergeben sich hier Situationen, über die wir miteinander reden.

Jakob will beispielsweise auf der Bordsteinkante balancieren. Ich möchte, daß er möglichst weit entfernt von der Bordsteinkante marschiert. »Da bist du geschützter!« Wir sprechen über Auto-, über Mopedfahrer und wie und wo sie Fußgänger gefährden. Julian will schräg, quer über die Straße rennen, schnell noch vor zwei Autos, die sich uns nähern. Ich beharre auf Warten: »In Ruhe nach links schauen. In Ruhe nach rechts schauen, dann zügig die

Straße überqueren. Nicht im Laufschritt und nicht im Schneckentempo.«

Nicht nur Regeln pauken, sondern immer wieder auf Gefahrenpunkte hinweisen.

Und wenn ich die Kinder mit meinem regelgerechten Verhalten, mit meinen Hinweisen auf Verkehrsgefahren noch so nerve, ich bleibe dabei: Doppelt, dreifach, x-mal wiederholt prägen sich die wichtigsten Verhaltensregeln und die wichtigsten Wörter ein: ›Vorsicht‹ und ›Achtung, Halt‹ und ›Gucken‹. Sie leuchten hoffentlich knallrot auf im richtigen Moment, in einer brenzligen Situation nämlich, wenn die Kinder nicht Hand in Hand mit einem Erwachsenen durch das Verkehrsgewühl steuern, sondern sich allein hindurchwühlen. Unverdrossen mache ich unsere Kinder immer wieder auf die klassischen Gefahrenpunkte aufmerksam.

- Auf parkende Autos: »Nie plötzlich zwischen stehenden Autos oder anderen Sichthindernissen auf die Straße treten oder gar rennen, weil ihr – klein wie ihr seid – von Autofahrern übersehen oder gar nicht gesehen werdet.«
- Auf Ampelübergänge und Zebrastreifen: »Sich nie auf die grüne Ampel oder auf den Zebrastreifen als Fußgänger hundertprozentig verlassen. Immer mit dusseligen Autofahrern rechnen, die weder den Ampelübergang noch den Zebrastreifen im Blick haben.«
- Auf die Straße vor der Haustür: »In vertrauter Umgebung fühlt man sich sicher. Weil man sich sicher fühlt, paßt man weniger auf. Man spielt, man bastelt vor sich hin in der Gewißheit, hier ist noch nie etwas passiert und deshalb wird hier nie etwas passieren. Irrtum. Diese Situation ist besonders gefährlich. Zwei Drittel aller Kinder verunglücken dort, wo sie sich sicher fühlen: direkt vor der Haustür.«

Mehr über Modellverhalten *auf Seite 141 ff.*

Weil Kinder nachahmen, was ihnen Erwachsene, vor allem die Eltern vormachen, bin ich ein recht vorbildlicher Fußgänger. So gehe ich zum Beispiel nie über die Straße, wenn die Fußgängerampel noch rot zeigt. Ich laufe auch nicht im Slalom zwischen parkenden und fahrenden Autos über die Straße.

Soziale Erfahrungen *siehe auch Seite 172 ff.*

Eine sinnvolle Verkehrserziehung läßt sich nach meiner Erfahrung während gemeinsamer Autofahrten machen, am besten, wenn ich mit einem Kind allein unterwegs bin und wir ausführlich miteinander reden können.

Autofahrten sind langweilig. Wir vertreiben uns die Langeweile damit, daß wir über das reden, was wir auf der Straße sehen, über andere Verkehrsteilnehmer und ihr Verhalten. Zum Beispiel über Autofahrer, die Kurven schneiden, über Motorradfahrer, die waghalsig überholen, über Fußgänger, die vor sich hindösen und ohne Obacht zu geben über die Straße wandeln.

Verkehrsteilnehmer beobachten – mehr als nur ein Spiel. Dabei schärft sich die Wahrnehmungsfähigkeit *der Kinder.*

Beim Mitfahren interessieren sich die Kinder für das, was sich um sie herum auf der Straße tut, beobachten das Verhalten der Verkehrsteilnehmer, lernen dabei das Verkehrssystem kennen. Sie berichten, was sie sehen und ich kann meinen Kommentar dazu abgeben. Wir beschäftigen uns in unserer Unterhaltung mit den Verkehrsregeln, die das Gewusel um uns herum ordnen.

Weil wir Eltern engagiert bei der Sache sind, weil sie unsere Sorge spüren, lernen die Kinder bereitwillig, was sie wissen müssen. Sie kapieren, daß sie sich zu ihrer Sicherheit im Verkehr anpassen, daß sie sich an die Verkehrsregeln halten müssen.

Regeln lernen, Verkehrsschilder erkennen – das Pensum ist schnell geschafft. Schwieriger ist es, dieses Wissen anzuwenden, den Überblick zu behalten, wenn man sich als Kind allein im Straßenverkehr bewegt.

▪ Zum ersten überschätzen Kinder ihre Fähigkeiten manchmal. Immer warten, immer erst gucken – »Das ist etwas für Anfänger«, meinen sie und begeben sich in Gefahren, die sie nicht richtig einschätzen können: sie flitzen mit dem Fahrrad vom Gehweg auf die Straße oder rennen hundert Meter vor dem Zebrastreifen über die Fahrbahn.

▪ Zum zweiten sind Kinder dem Straßenverkehr entwicklungsbedingt einfach nicht gewachsen. Da hilft kein Verhaltenstraining und kein Erklären. Sie geraten in Verkehrssituationen, die sie überfordern. Ein Großer rennt über die Straße, weil er einschätzen kann, daß er's gerade noch vor zwei Fahrzeugen schafft. Zwei Kleine folgen blindlings ihrem Leithammel, schauen nicht rechts und nicht links, sehen überhaupt nicht, daß zwei Autos kommen.

Kinder sind überfordert im Straßenverkehr.

Kinder spielen Verfolgungsjagd per Fahrrad. Zuerst radeln sie brav wie abgesprochen auf dem Platz vor den Garagen, dann zischen sie im Eifer des Gefechts einfach ab, quer über die Straße.

Durch Verkehrserziehung, durch stetes, wiederholtes Üben ist das Verhalten von Kindern im Straßenverkehr sicherlich wesentlich zu verbessern, aber zu perfekten Verkehrsteilnehmern werden sie nie und nimmer. Solange Auto-, Moped- und Motorradfahrer durch Wohnstraßen rasen, sind Kinder gefährdet. Kann ich sie trotzdem auf der wenig befahrenen Straße hinterm Haus spielen lassen? Sollte ich sie dort nicht spielen lassen? Weil ich sie nicht in den Garten einsperren mag, weil ich sie nicht von morgens bis abends beaufsichtigen kann, lasse ich sie schließlich mit vielen Ermahnungen los. Sie müssen sich an den Straßenverkehr gewöhnen, allein damit zurecht kommen. Ängstlich wie wohl die meisten Eltern warte ich auf sie. Endlich trudeln sie wieder ein. Nichts passiert. Glücklicherweise.

Mehr über das Thema Selbständigkeit *auf Seite 182.*

Mit Feuer spielen strengstens verboten

Ein Alptraum sicherlich nicht nur für mich, sondern für viele Mütter: Die Kinder sind allein zu Hause – was im Grunde kein Problem mehr ist, groß und vernünftig wie sie inzwischen sind – und dann kommen sie wider alle Vernunft plötzlich aus heiterem Himmel auf die Idee, Blödsinn zu machen – zum Beispiel mit Feuer zu spielen.

Gehorsam befehlen – keine gute Idee von Eltern.

Um diesem Alptraum, dieser Situation vorzubeugen, spreche ich ein striktes Verbot aus: »Mit Feuer hantieren ist euch verboten und noch einmal verboten. Hände weg von Streichhölzern und Kerzen!«

Und weil Verbote in Befehlsform Kindern wenig Eindruck machen, versuche ich dem Verbot Nachdruck zu verleihen.

Immer den Sinn eines Verbotes *erklären.*

- Ich komme den Kindern mit Sprüchen wie »Messer, Gabel, Schere, Licht...«, erreiche damit aber recht wenig. Sprüche dringen in das eine Ohr ein und flutschen aus dem anderen gleich wieder hinaus.
- Ich erkläre den Kindern den Sinn des Verbotes: »Feuer gerät schnell außer Kontrolle, ein Windhauch genügt...«. Mit geduldigem Begründen bringe ich Jasper und Julian, die älteren Kinder also, zum Nachdenken. Ihre Phantasie reicht aus, sich mögliche Folgen von Streichholzspielen auszumalen. Jakob und Konstantin, im Kindergarten- und Einschulalter, schalten bei solchen dieser Unterhaltungen leicht auf Durchzug.
- Ich verdeutliche das Verbot mit Hilfe einer Geschichte und bringe die jüngeren Kinder damit schon eher dazu, sich einer Gefahr bewußt zu werden.

Nicht Geschichten à la Struwwelpeter erzähle ich ihnen, Geschichten, die Angst machen – Paulinchen im brennenden Kleid sehe ich heute als Erwachsene noch mit Schrekken an – sondern beispiel- und bildhafte Geschichten, die Wissen vermitteln, zu Fragen anregen und Zusammenhänge aufzeigen.

Manche Grenzen *stehen nicht zur Diskussion, sondern stehen einfach fest.*

So erzähle ich zum Beispiel beim Thema Feuer die Geschichte von einer Feuerwehr namens Karl-August, die ungern Einsätze fährt, weil sie faul und bequem ist und sich laufend über Leute ärgert, die im Umgang mit Feuer nicht aufpassen.

Bilder in der Phantasie der Kinder entstehen lassen – nach meiner Erfahrung kann ich jüngeren Kindern auf diese Weise am ehesten klarmachen, warum ein Verbot sein muß und warum wir Eltern darauf bestehen, daß diese Grenze akzeptiert wird.

Gründlich vertraut gemacht mit Sinn und Zweck des Verbotes, zeigen unsere Kinder sich aus verschiedenen Gründen beeindruckt. Einmal leuchtet ihnen ein, daß aus einer Spielerei mit Feuer schnell ein gefährlicher Brand entstehen kann. Selbst Konstantin mit seinen vier Jahren zeigt Einsicht: »Wenn wir kokeln, kann die Bude abbrennen!« Außerdem sind die Kinder von der Devise *»Streng verboten«* beeindruckt. Weil sie Verbote nur selten zu hören bekommen, sind sie bereit, das Verbot ernst zu nehmen.

Je weniger Verbot, desto eindrucksvoller das einzelne Verbot.

Selbst wenn ich dieses Verbot noch so oft und noch so gut erkläre, selbst wenn die Kinder versprechen, vernünftig zu sein, die Situation bleibt im wahrsten Sinn des Wortes brenzlig. Soviel wir auch reden und erklären, das Verhalten von uns Eltern steht im Widerspruch zu dem, was wir sagen. Wir sind hier ein schlechtes Vorbild, spielen selber mit Feuer, kokeln mit Begeisterung und verlangen dann von den Kindern, daß sie vernünftiger sind als wir. Ich zünde bei jeder Gelegenheit Kerzen an und freue mich an dem warmen Licht. Vater und Söhne hocken gemeinsam vor der offenen Ofentür und schauen vergnügt in die zischenden, lodernden Flammen.

Auch negative Modelle *färben ab. Mehr zum Thema* Vorbild *auf Seite 157 ff.*

Weil wir Großen ihnen laufend vorführen, wie reizvoll diese Spielchen mit dem Feuer sind, sehen auch unsere Kinder diesen Reiz. Es juckt sie in den Fingerspitzen, selbst mal ein Feuerchen zu machen.

Um diese Verlockung zu mildern, lassen wir es zu, daß sie in unsrr Anwesenheit dieses Bedürfnis befriedigen. Wenn sie selbst mit Feuer umgehen, lernen sie auch am ehesten damit umzugehen. Spiele mit Feuer unter Aufsicht von Erwachsenen sind also manchmal erlaubt – zum Beispiel:

- weiches Wachs von einer Kerze pulen und Figuren aus der Knete formen (Julian, 9 Jahre alt),

- ein Hölzchen ins Ofenfeuer werfen und zuschauen, wie es verbrennt (Konstantin, 4 Jahre alt),
- in der Weihnachtszeit die Kerze hinterm Transparent anzünden (Jakob, 6 Jahre alt),
- das Teelicht im Stövchen in Gang setzen, (Julian, 9 Jahre alt),
- ein Lagerfeuer anzünden (Jasper, 11 Jahre alt).

Aber trotz aller Verbote, Begründungen und Geschichten zu ihrer Verdeutlichung, trotz sämtlicher Experimente unter Aufsicht von Erwachsenen, gehe ich auf Nummer sicher und räume Streichhölzer gewissenhaft weg, außer Reichweite von Kindern.

11
Jungen und Mädchen und einiges über den Unterschied

»Mädchen sind lahmer als Jungen!«

Die alten Vorurteile sitzen schon wieder in den jungen Köpfen fest.

Ab und zu kommen Mädchen ins Haus zum Spielen. Meistens gehen sie schnell wieder. Warum bloß? Julian erklärt mir die Sachlage: »Wir wissen nicht viel miteinander anzufangen. Mädchen spielen anders. Was sie interessiert, interessiert mich nicht.« Sicherlich gäbe es ein paar Ausnahmen, aber im Grunde seien Mädchen irgendwie lahmer als Jungen. Und der Meinung seien seine Brüder auch. Mädchen sind lahme Enten, sie sind passiv und Jungen sind aktiv. Die alten Klischees haben auch unsere vier Jungen im Kopf. Gerade das wollten wir Eltern doch verhindern.

Wenn ich noch so engagiert darauf hinweise, daß ich sowohl passive Jungen als auch passive Mädchen, sowohl aktive Jungen als auch aktive Mädchen kenne und alle anderen Behauptungen Vorurteile seien, beharren unsere Söhne auf ihrem Standpunkt: »Mädchen sind nicht so lebhaft wie Jungen!« In ihrer Bewertung schneiden Jungen eindeutig besser ab. Sie sind das starke Geschlecht. In der Erziehung die alten Vorstellungen von den Geschlechterrollen durch neue zu ersetzen, ist schwieriger als erwartet. Zwei Beobachtungen dazu aus unserer Familie.

Allen Erfahrungen zum Trotz beharren Kinder auf ihren Rollenvorstellungen.

Zwar geht der Vater von Jasper, Julian, Jakob und Konstantin morgens aus dem Haus und kehrt erst abends wieder zurück, kümmert sich jedoch trotzdem mehr um seine Familie, als es der traditionellen Männerrolle entspricht. Er setzt sich zum Beispiel für die Belange der Kinder ebenso ein wie ich. (Von A bis Z, vom abendlichen Vorlesen bis zum Zahnarzttermin.) Unsere Söhne schwärmen jedoch für die harten Männer aus Werbung und Fernsehen, für den Marlboro-Cowboy oder Schimanski: immer in action und ziemlich cool drauf.

Ich entspreche als Mutter auch nicht in allem dem alten

Mutti-Bild. Zwar gehe ich nicht täglich aus dem Haus zum Arbeiten, kümmere mich aber dennoch nicht ausschließlich um die Familie. Für Kinder, Mann und Hund bin ich nicht von morgens bis abends zu sprechen, sondern habe meine eigenen Interessen im Kopf und im Terminkalender.

Unsere Söhne halten Frauen trotzdem für ausgesprochen häusliche Wesen, die der Familie gerne zu Diensten sind – so wie die Mütter aus alten Geschichten und neuen Werbespots im Fernsehen.

Die Miterzieher – Medien, Freunde – prägen die Rollenbilder.

Nicht nur Medien prägen die Rollenbilder der Kinder, sondern auch das gesellschaftliche Umfeld, in dem sie leben, Kindergarten und Schule, Freunde und Verwandte. Wir haben einige Erfahrungen in diesem Bereich gemacht:

Im Kindergarten trennen sich beim Spielen die Kinder ganz selbstverständlich. Hier eine Mädchengruppe, dort eine Jungengruppe. Da wird selten gemixt. Die Mädchen verziehen sich in der Regel brav in die Puppen- und Küchenecke, die Jungen in die Bauklotz- und Autoecke. Rollentausch ist nicht gefragt.

Trotz der ablehnenden Haltung meiner Söhne ermuntere ich sie immer wieder, ihre Vorstellungen von Mädchen zu überdenken. Bisher haben sie wenig Lust dazu. Es wird noch eine Weile dauern, bis sie ihre Vorurteile – hoffentlich – begraben.

Doktorspiele: »Wir sind jetzt nicht zu sprechen!«

Doktorspiele müssen sein. Klar, daß Jungen und Mädchen wissen wollen, wie das andere Geschlecht nackt aussieht. Daß es bei Doktorspielen um mehr als bloße Neugier und das Kennenlernen und Experimentieren mit sämtlichen Körperteilen geht, daß dabei die kindliche

Sexualität manchmal an erster Stelle steht, begriff ich erst, als wir selbst Kinder hatten.

Staunend beobachtete ich, wie für unseren Sohn und seine etwa gleichaltrige Cousine Doktorspiele zu einem Ritual, zum Ausdruck ihrer kindlichen Lust und Freude aneinander wurden und wie sich diese Spiele mit der Zeit veränderten.

Doktorspiele haben nicht nur mit Neugier zu tun.

Erste Phase:
Als Drei- bis Vierjährige entdecken die Kinder das Doktorspielen. Treffen sie zusammen, ziehen sie sich alsbald ins Kinderzimmer mit der Parole zurück: »Wir spielen Arzt.« Arzt und Patientin. Oder Ärztin und Patient. Die Rollen werden laufend getauscht. Bauch und Ohren, Knie und Mund, Po und Penis – sämtliche Körperteile, vor allem sämtliche Körperöffnungen, werden gründlichst und unbefangen untersucht.

Wir Eltern mischen uns in das Spiel nicht ein, sagen höchstens: »Kein Spielzeug wie kleine Perlen oder Klötze oder sonst etwas in Ohren oder Nasenlöcher, in Scheide oder Po stecken!«

Wir sind uns einig: Doktorspiele sind normale (Rollen-) Spiele. Vielleicht fällt es uns leicht, gelassen zuzuschauen, weil die Kinder uns mit ihrer Unbefangenheit anstecken. Für sie sind Doktorspiele das Selbstverständlichste auf der Welt, eine ganz natürliche Sache. Kein Grund, ein besonderes Gewese darum zu machen.

Mehr über das Thema Rollen *auf Seite 202 f.*

Zweite Phase:
Aus dem Forschen und Untersuchen entwickelt sich dann ein neues Spiel, das nur noch aus Gewohnheit Doktorspiel genannt wird. Die Kinder kriechen zusammen unter die Decke oder kuscheln sich in einer gemütlichen Ecke aneinander. Sie nehmen die Haut, die Wärme des anderen in sich auf. Sie haben Freude aneinander, genießen den zärtlichen, fröhlichen Umgang miteinander, kichern und brabbeln in einer Tour bei ihren kindlichen »Liebes«-Spielen

Manchmal ist zärtliches Miteinander-Umgehen viel spannender als andere Spiele.

und kommen schließlich in bester Stimmung als ganz dicke Freunde wieder aus ihrer Kuschelecke hervor.

Dritte Phase:

Der erste ›Liebeskummer‹ ist fällig: Die (der) eine hat Lust. Der (die) andere mag nicht mitmachen bei zärtlichen Spielen. Zwischen den Fünf- bis Sechsjährigen ergeben sich daraufhin erotische Spiele und Verhaltensweisen, die uns Eltern überraschen. Solche Spielchen hatten wir nur in der Welt der Erwachsenen vermutet: Da wird umeinander geworben – noch ganz unbefangen und unbewußt. Da wird einander die kalte Schulter gezeigt, zum Beispiel durch gelangweiltes zum Fensterhinausschauen oder Verschanzen hinter Bilderbüchern. Und natürlich geben sich die Spannungen dann auch wieder.

Respektieren, daß Kinder nicht gestört werden möchten – wie bei allen anderen Spielen.

Nicht nur ihre Zärtlichkeit füreinander, ihr Spaß aneinander, sondern auch ihre Intimität wird den Kindern nun wichtig. Deshalb wollen sie ihre Zweisamkeit vor Eltern und Geschwistern abschotten. Die Tür zum Kinderzimmer wird jetzt ausdrücklich zugemacht. »Wir wollen nicht gestört werden!« Und wehe, wenn sich die Geschwister vor der Tür herumdrücken, weil sie neugierig sind, was das Pärchen da drinnen wohl für Geheimnisse miteinander teilen mag, gegen die Tür bollern und sich nicht ausgeschlossen fühlen möchten, dann werden sie verscheucht: »Haut ab! Wir wollen alleine sein!«

Im Schulalter interessieren vor allem die Informationen über Sexualität.

Bevor wir Eltern uns zu fragen beginnen, was aus dieser unbefangenen Kinderliebe auf Dauer werden soll, haben diese ersten Liebesspiele zwischen Cousin und Cousine plötzlich ein Ende. Die beiden halten nichts mehr vom Kuscheln und Kosen und unter die Decke kriechen. Kein Interesse mehr aneinander.

Vierte Phase:

Im Schulalter beschränkt sich ihre Neugier, ihr Spaß an Sexualität auf Sachfragen. Jetzt ist das mehr eine Kopf- als eine Gefühlssache.

In der Erwartung, daß wir Doktorspiele in ähnlicher Weise auch bei den Geschwistern der beiden beobachten würden, erleben wir eine Überraschung: Doktorspiele scheinen nicht für jedes Kind ein spannendes, angenehmes und wichtiges Spiel zu sein. Nur zwei unserer vier Kinder haben ein Interesse daran. Die beiden anderen ziehen ein anderes Spiel mit Gleichaltrigen vor. Mit großem Vergnügen erzählen sie ihren Freunden und Freundinnen »Schweinereien« und »schmutzige« Geschichtchen, über die sich dann alle gemeinsam kaputtlachen können. Sie scheinen mehr Freude an sexuellen Phantasien als am Ausprobieren zu haben. Manchmal gehen mir diese plumpen Eindeutigkeiten auf den Geist und ich fahre dazwischen. »Was soll daran bloß komisch sein?« – statt gelassen zu reagieren, denn es besteht kein Grund, sich aufzuregen. Das alles ist ganz harmlos, kindlich und normal, wie alle anderen Spiele, mit denen sich Kinder aufs Erwachsenwerden vorbereiten. Bloß nicht zu oft einmischen. Die Kinder in Ruhe lassen beim Spielen.

Aufklärung: Ganz nebenbei und zwischendurch

Zum hundertsten Mal will Jakob seine Entstehungsgeschichte hören. Die Geschichte von Zärtlichkeit und Liebe, von Samen und Ei, von Penis und Scheide. Eine spannende Geschichte laut Jakob. Aber eine, die er sich immer noch nicht richtig vorstellen kann. Wir werden sie ihm noch häufiger erzählen müssen.

Über Sexualität *so unbefangen reden wie über jedes andere Thema – nicht einfach für viele Eltern.*

Aufklärung ist nicht das einmalige, umfassende Gespräch: »Mein Kind, nun höre zu!«, Aufklärung ist die Summe unzähliger Gespräche, die sich wiederholen. Gespräche, die zwischendurch mal schnell oder auch ganz in Ruhe stattfinden. Meist ergeben sich diese Gespräche durch Fragen der Kinder. Zum Beispiel stößt Julian beim

Zeitunglesen auf das Thema AIDS, will wissen, wie die Krankheit entsteht. Ich beantworte die Fragen präzise, erkläre die verschiedenen Formen von Sexualität. Beim Frühstück erzählt Jasper von seiner ersten Party, fragt nach unseren ersten Partyerlebnissen. Die bekommt er von seinem Vater (aus Männersicht) und von mir (aus Frauensicht) zu hören. Wir reden über Liebe und Liebeskummer, über erste sexuelle Erfahrungen.

Weil wir ganz selbstverständlich und häufig, weil wir offen und direkt (so offen, wie wir Eltern es vermögen) über Liebe und Sexualität sprechen, ist Aufklärung kein sensationelles Sonder-, sondern ein alltägliches Familienthema für unsere Kinder. Ein interessantes, wichtiges Thema, aus dem sich viele Fragen ergeben. Und sie können sicher sein, daß wir alle Fragen beantworten.

12
Bücher und Fernsehen

Was ist denn nun ein gutes Bilderbuch?

Jede Menge Bilderbücher in den Regalen der Buchhandlung. Den Kindern und mir fällt es schwer, aus dieser Fülle das richtige auszusuchen. Die Bilderbücher, die bei den Kindern hoch im Kurs stehen, sind nicht unbedingt meine Sache, und die Bilderbücher, die mir liegen, kommen bei den Kindern manchmal nicht an.

Erklären, was Kitsch *ist, und dabei scheitern.*

Die Kinder stürzen sich zum Beispiel auf eine Geschichte von einem puschelwuscheligen Kuschelbärchen, von einem Bärchen, das der Zeichner derart verfremdet hat, daß es als Verwandter eines wilden Bären wahrlich kaum noch zu erkennen ist mit seinem seidenweichen Schmusefell und dem kugelroten Schmollmaul. Das unechte Bärchen tapst durch eine ebenso unechte Geschichte. »Eine gekünstelte, gewollt witzige Angelegenheit, schnell dahin gepinselt ohne Sorgfalt!« ist mein Einwand. Das sei meine Sichtweise, sagen die Kinder. Sie sind anderer Meinung und das macht mir auch der Vierjährige schon klar: »Wieso unecht? Das ist doch wurscht. Das Bärchen ist süß!« Basta. Darauf kommt's ihnen an.

Soll ich mich jetzt mit ihnen über Geschmack und Witz streiten, ihnen den Spaß am Bärchen vermiesen? Aber kaufen will ich das Bärchenbuch auch nicht. Wir einigen uns darauf, daß die Kinder das Bärchenbuch vom Sparbüchsengeld bezahlen, falls sie es mit nach Hause nehmen möchten. Ist das nun der Weisheit letzter Schluß? Keine Ahnung. Ich bin mir nicht sicher. Auf jeden Fall wollen sich die Kinder die Sache mit dem eigenen Geld noch einmal überlegen. Das Buch bleibt erst einmal auf dem Ladentisch liegen.

Über Geschmack streiten? Kein bißchen überflüssig. Dabei lernt man, seine Meinung zu vertreten.

Wir finden ein Bilderbuch, das mich begeistert, die Geschichte von einem Maulwurf, der komische Sprüche macht, den der Bilderbuch-Maler so sorgfältig und liebevoll gestrichelt hat, daß das Tierchen eine gelungene Maulwurf-Karikatur ist. Das Tierchen macht sich's tief unter der Erde bequem mit Sofa in der Ecke. Dampfender Kaffeepott auf dem Tisch und die Beine hochgelegt. Dann kommt eine spindeldürre Grille zu Besuch. Die beiden haben ihren Spaß zusammen und ich hab' meinen mit ihnen. »Diese beiden Freunde haben ein kindliches Gemüt, zeigen nicht so ein kindisches Gehabe wie das verkorkste Bärchen«, versuche ich den Kindern zu erklären. Aber das ist nicht der einzige Grund, warum ich das Buch mag. Diese kindlichen Gemüter in Tiergestalt haben mit mir und meinen Sehnsüchten zu tun. Keine Frage, daß diese Maulwurfidylle da unten tief in der Erde reichlich viel Geborgenheit ausstrahlt, trotzdem gefällt mir die heimelige Tierwelt. Hier tut einem keiner was. Ganz schön verführerisch ist dieses nette Bilderbuchleben, ein Leben, das ich mir für Kinder wünsche: heiter und unbeschwert.

Beim Bilderbuch-Aussuchen kann man argumentieren lernen.

Und was sagen die Kinder zu meinem Lieblingsbilderbuch samt Maulwurf und Grille? Daß ich auf dem Holzweg sei, sagen sie. Nichts gegen Maulwurf und Grille. Ganz gemütlich bei ihnen unter der Erde. Aber auf die Dauer zu gemütlich. Ein bißchen langweilig. »Woll'n wir nicht haben. Kannst du dir zum Geburtstag wünschen!«

Also weder Bärchen noch Maulwurf und Grille – was dann?

Wir suchen nach einem Bilderbuch, das das Zeug hat, zum Lieblingsbilderbuch der ganzen Familie zu werden. Wir suchen eine Geschichte, in die man immer tiefer einsteigt: »Wie geht's weiter?«

Während wir in Bilderbüchern blättern, reden wir über die Themen, die Bilder und Geschichten. Jeder gibt seinen Senf dazu: »Das finde ich gut, weil ..., das mag ich, denn ...«. Wir sind uns schließlich einig darin,

- daß wir alle gerne mit Fingern auf Bildern spazierengehen, jedes Fitzelchen ist interessant. Wir lassen die Augen von einer Kleinigkeit zur nächsten schweifen,

■ daß wir Bilder mögen, die gute Laune machen, weil sie leicht und luftig und fröhlich wirken. Manchmal sind auch Bilder aufregend, an die wir uns erst gewöhnen müssen,

■ daß es Bücher gibt, von denen wir uns ungern trennen. Klappen wir sie zu, sind wir traurig, weil wir uns von Gestalten trennen müssen, die wir mögen. Von Figuren, die so witzig sind, wie wir es gern wären. Oder von Typen, die so gute Ideen haben, wie wir gerne hätten. Und wenn es den Wesen im Bilderbuch schlecht ergeht, dann empfinden wir ihren Kummer nach: Nicht anders als bei uns. Ganz bekannte Gefühle.

Bücher gesucht, die man ungern wieder aus der Hand legt.

Warum ich das Thema Bilderbuch wichtig nehme? Bilder haben Macht, vor allem die ersten Bilder. Aus meiner Kindheit erinnere ich mich an die Gefühle, die ich beim Anschauen von ›Peterchens Mondfahrt‹ hatte, an diese Angst, mit der ich Peterchen nachgeschaut habe, als er in der graublauen Nacht verschwindet. Peterchen und seine Bilder haben meiner Kinderseele zu schaffen gemacht.

Gerade weil Kinder heute in einer bilderreichen Zeit leben, suche ich Bilder-Maler, Bilderbuch-Autoren, die sich auf liebevolle, humorvolle Weise um die Gefühle von Kindern kümmern, die in der Lage sind, die Welt der Kinder darzustellen und ihnen Neues vermitteln.

Der notorische Nichtleser

Für Geschichten interessiert sich Julian, solange sie ihm vorgelesen werden, im Fernsehen laufen oder per Kassette abspulen. Geschichten selber lesen? Nein danke! Alle Weihnachtsgeschenke in Buchform bringen nichts außer seinem Kommentar: »Ihr wißt doch, daß ich nicht gerne lese!« Weder *›Karlsson vom Dach‹* ist für ihn so interessant, daß er die Geschichten über ihn läse, noch *›Jan und das Wildpferd Balthasar‹*. Sogar *›Pippi Langstrumpf‹* läßt ihn kalt.

Kinder möchten sich nicht überreden lassen. Das haben sie genauso ungern wie Erwachsene.

»Selbst von Pippi Langstrumpf willst du nichts wissen? Versuch's doch mal. Schau, die Schrift ist ganz groß gedruckt!« Julian will nicht schauen. Pippi bleibt, wo sie ist. Er läßt sich auch keine Pippi Langstrumpf aufdrängen. Das wurmt mich. Ich würde die Sache mit dem Lesen zu gerne in den Griff bekommen. »Es muß dir doch Freude machen zu merken, wie flott und flüssig du inzwischen lesen kannst. Dicke Wälzer voller Abenteuer stehen dir offen. Indianer, Piraten, Großwildjäger – die tollsten Gestalten lernst du in Büchern kennen!«

Abenteuer, tolle Gestalten – alles schön und gut. Das Lesen macht Julian auch durchaus Freude. Jedoch beschränkt sich die Freude auf Schule und Lesestückchen aus dem Schulbuch. Aus Buchstaben Wörter zusammensetzen und aus Wörtern Sätze, das ist Schulkram. Und mit Schulkram hat Julian abends im Bett nichts mehr am Hut. Abends im Bett will er »frei« haben. Jetzt ist keine Arbeitsstunde mehr.

Weder die Lehrerin in der Schule noch wir zu Hause scheinen den richtigen Dreh zu finden, aus dem Nichtleser einen Leser zu machen, der Bücher als Vergnügen und nicht als Belastung empfindet.

Loslassen *heißt die Devise; nur die eigenen Vorstellungen durchzudrücken, wäre falsch. Mehr dazu* *auf Seite 182 f.*

Warum stört es mich eigentlich, daß Julian nicht liest? Ein Kind, das keines der wunderschönen Kinderbücher anrührt, die ich liebe – das paßt mir nicht. Ich habe da andere Vorstellungen. Und deshalb fällt es mir schwer, diesen Lesemuffel in Ruhe zu lassen.

Ein neuer Versuch: »Ich lese dir die ersten Seiten aus ›*Dr. Doolittle und seine Tiere*‹ vor, liest du dann den Rest des Buches?« Von Tricks hält unser Sohn schon gar nichts. Als ich ›*Dr. Doolittle*‹ aus der Hand lege, greift Julian wieder zum heißgeliebten Eisenbahnkatalog und findet beim Blättern darin die Bilder bei weitem spannender als die Texte, oder er studiert die Karten vom Feuerwehrquartett oder er schaut sich seine alten Bilderbücher an.

Selbst wenn sich die »Großen« – Vater, Bruder, Mutter

– lesenderweise im Wohnzimmer versammeln, macht das Julian keine Lust, mitzulesen.

Warum bloß fällt es mir so schwer, diesen Nichtleser Nichtleser sein zu lassen? Was soll das ganze verkrampfte Getue?

Mir fällt es schwer zu akzeptieren, daß eines meiner Kinder ablehnt, was mir selbst wichtig ist. In jeder Buchhandlung, in jeder Bücherei lebe ich auf: 1000 Bücher, die ich gerne lesen würde. Für Geschichten habe ich viel übrig. Dazu kommt eine Beobachtung, die ich selbst gemacht und die eine Lehrerin mir bestätigt hat: Viele Kinder sind heute nicht mehr in der Lage, einen anständigen Satz zu bauen. Schüler dagegen, die lesen, haben in der Regel seltener Schwierigkeiten mit der Sprache.

Keine Lust, sich mit diesem Schnelleser von großem Bruder zu messen. Das Thema Geschwister *auf Seite 177ff.*

Geschichten hin, und Satzbau und Wortschatz her – mein Drängen und Einreden auf unseren lesefaulen Sohn bringt rein gar nichts, sondern stört uns alle gemeinsam. Statt auf ihn einzureden, sollte ich mich vielleicht mehr bemühen herauszufinden, warum Julian Bücher ablehnt. Schließlich wird es mir klar. Ich beobachte zum Beispiel, wie angespannt Julian zuhört, wenn sein älterer Bruder von den Abenteuerbüchern erzählt, die er gerade verschlungen hat. Sehr ausführlich mit sehr vielen Einzelheiten wird davon berichtet. Mit stoischer Miene hört sich Julian die Geschichten an. Nur irgendwann schlägt er die Augen zur Decke. Die Erzählungen scheinen ihn mächtig zu nerven.

Angst vor traurigen und gespenstischen Geschichten.

Dieser große Bruder macht seinem kleinen Bruder den Einstieg in die »Welt der Bücher« nicht gerade leicht. Gegen solch einen Schnell-Leser und Viel-Leser kommt man als Leseanfänger kaum an. Da verläßt einen gleich der Mut. Außerdem erzählt mir Julian, daß er von den meisten Geschichten nichts halte. Er sagt, sie würden ihm Bauchweh machen. Die Vorstellung, abends vorm Einschlafen von Indianerkämpfen, von Hexen oder Banditen zu lesen beunruhige ihn. »Dann kann ich nicht einschlafen aus

Sorge, diese Typen tauchen in meinen Träumen auf!« Und auch den lustigen Büchern traut er nicht ganz. Wer weiß, welche Monster darin auftauchen!

Elterliches Modell *siehe Seite 179ff.*

Julian und ich reden nicht mehr über das Thema Bücher. Ich bin gelassener geworden und warte ab, ob unsere Freude am Lesen sich nicht doch irgendwann auf Julian überträgt. In letzter Zeit fragt Julian häufiger nach der Zeitung. Vielleicht entdeckt er beim Blättern in der Zeitung die Freude am Lesen.

Comics: Wenn Lucky Luke bei uns im Wohnzimmer sitzt

Tacktack, zackzack springt er die Treppe hinab. So cool macht das nur einer: Lucky Luke ist wieder da. Manchmal werden bei uns zu Hause Comic-Helden lebendig.

Färben Comics ab? Oft sprechen Kinder in Sprechblasen.

Lucky Luke schreitet – ratatatang – durch unseren kleinen Garten, als hätte er die große weite Prärie vor sich. Er sucht einen Kumpel. »Jipiee, saludos amigos!« Er findet drei Gefolgsleute, die – klaro, klaro – auf der Stelle bereit sind, den alten Lucky Luke auf der Suche nach irgendwelchen Schurken zu begleiten. Als alte Comic-Hasen wissen die drei Gefolgsleute sofort, was Sache ist: »Hey, hey – wo sind die Pferde?« Das Spiel kommt an. Mit Freuden spielen unsere Kinder die Abenteuer nach, die sie aus Comics kennen. Sie schwingen sich auf ihre Drahtesel und ab gehen die Gäule. Wenn die Kinder extra zum Laden an der Ecke radeln und ihr Taschengeld in Hefte umsetzen, wenn sie die Hefte, kaum wieder zu Hause, gleich gierig verschlingen, wenn sie anschließend die alten Comics wieder hervorkramen und alle noch einmal lesen, dann ist ein typischer Comic-Tag.

Mit Comic-Lesen gegen schlechte Laune angehen.

Auch Tage, an denen nichts so läuft, wie es sich die Kinder wünschen, neigen dazu, Comic-Tage zu werden,

Tage, an denen sie Ärger in der Schule haben, Tage, die langweilig sind, weil die Freunde keine Zeit haben.

Beim Betrachten von Bildergeschichten kann man wunderbar abschalten. Asterix und seine Mannen und auch andere Comic-Helden bringen jeden zum Lachen. Spannend und bunt sind die Comics, leicht zu lesen, leicht zu verstehen.

Wenn sie pfundweise Comics gelesen haben, neigen unsere Kinder dazu, mit mir in Sprechblasen zu reden, mit genau den Kürzeln, die sie aus ihren heißgeliebten Heftchen abgeguckt haben.

Steht zum Beispiel eine Schale mit heißer Suppe auf dem Tisch, so heißt es: »Schnüffschnüff – ein prima Süppchen!« Fliegt eine Tür ins Schloß, bekomme ich zu hören: »Krawumm, zack, boing – die war zu!«

Zur sprachlichen Entwicklung tragen Comics sicherlich nicht bei. Manchmal befürchte ich, daß sich unsere Kinder, beeinflußt durch ihre Heftchen, das Sprechen in vollständigen Sätzen ganz abgewöhnen und sich nur noch mit Satzfetzen begnügen.

Beobachte ich unseren Jüngsten im Umgang mit Comics – und er ist ein begeisterter Comic-»leser« – so denke ich, er wird den Sinn des Lesenlernens kaum einsehen. Wieso auch? Die von den Brüdern abgestaubten Hefte versteht er, auch ohne lesen zu können.

Auch die Bewegungen der Comic- und Zeichentrickhelden werden nachgeahmt.

Nicht nur die Sprache, auch das Verhalten unserer Kinder wird durch Comics beeinflußt. Der coole Gang von Lucky Luke und Konsorten wird imitiert und – leider – auch das lässig flotte Zuhauen mancher Comictypen: Boing – stell ich dir ein Beinchen, fliegst du – doing – auf die Nase.

Daß ich mit den vielen Keilereien in den Heften nichts anfangen könne, sage ich, als mich die Kinder nach meiner Meinung zu ihren Lieblingscomics befragen (Asterix, Lucky Luke, Tim und Struppi usw.) Daß ich aber den Witz und die Gags in den Comics durchaus gern hätte.

Und manchmal gebe ich meinen Kommentar auch ungefragt dazu ab.

Auf die Dauer wird unseren Kindern das reine Comic-Lesen zu langweilig. Entweder werden die Bilderhefte wieder durch Bücher ersetzt oder sie funktionieren die Comics um, und das tun sie verhältnismäßig häufig.

Comic-Helden regen auch die Phantasie an. Ihre Abenteuer werden umgemünzt, erweitert, nachgespielt.

Mit Hingabe spielen sie die Abenteuer ihrer Helden nach. Entweder in Großformat, dann stellt jedes Kind eine andere Figur aus einem Comic dar. Auf diese Weise poltert dann schon mal Lucky Luke die Treppe hinab oder Asterix springt durchs Kinderzimmer. Oder in Kleinformat, dann übernehmen Minifiguren (zum Beispiel Playmobil) die Rollen der Comicfiguren.

Beim Zuschauen staune ich darüber, wie genau die Kinder ihre Comic-Helden kennen, wie gut sie ihre Abenteuer im Kopf haben. Perfekt stellen sie die Bildergeschichten selbst oder mit Spielzeug nach. Sie variieren die Geschichten, bringen eigene Ideen ins Spiel, sind mit viel Phantasie bei der Sache. Bilderbücher oder auch Geschichtenbücher spielen sie nur selten mit der gleichen Intensität nach.

Gute Comics, schlechte Comics – auch Kinder sehen Qualitätsunterschiede.

Weil sie sich beim Spielen gründlich mit ihren Lieblingscomics beschäftigen, weil sie die verschiedenen Figuren so genau kennen, entwickeln sie ein Gespür für Qualität von Comics. Mit Asterix läßt sich zum Beispiel etwas anfangen. Der ewige Krawall mit den Römern gibt genug Stoff zum Spielen her. Und auch die Sache mit Lucky Luke und seinen Gefolgsleuten ist nicht übel. Außerdem sind auch Comic-Illustrationen gut oder schlecht, so daß die Kinder ein Gespür für die Qualitätsunterschiede von Zeichnungen entwickeln. Die Comics von der seichten Sorte mit den lahmen Geschichten kann man nicht weiterspinnen. Die Kinder machen schnell selbst die Erfahrung: »Manche Comics sind einfach zu blöd!« Das alles bedeutet, daß Kinder anhand von Comics eine wichtige Erfahrung machen: sie lernen Gutes von Schlechtem unterscheiden.

Weltreise per Knopfdruck im Fernsehen

Dank Fernsehen kennen sich Kinder heute früh aus in Sachen Weltgeschehen.

»Das Schiff mit zehn Segeln verläßt den Hafen ...«, Jakob läßt sich gerne Geschichten von mir erzählen. Am liebsten Abenteuergeschichten. Deshalb dümpelt mein Schiff auch nicht vor der Küste entlang, sondern ich lasse es in fremde Gefilde segeln, hinauf bis ins Nordmeer. Mitten im Packeis erleide ich Schiffbruch mit meiner Geschichte. Sie stimmte vorne und hinten nicht, meint Jakob. Und was das überhaupt für ein Segler sei mit zehn Segeln. Was ich vom Eismeer erzählt hätte, würde auch nicht der Wirklichkeit entsprechen.

Ich kenne mich wirklich nicht gut aus im Eismeer. Irrtum, wenn ich dachte, ein Erstkläßler nähme kleine Ungenauigkeiten noch nicht wahr.

Jakob kennt sich unter Segelschiffen und auch im Eismeer besser aus. Im Fernsehen hat er Filme darüber gesehen. Deshalb erzählt er die Geschichte nun weiter. Ich erfahre genau, was die Filmemacher im Fernsehen vorgeführt haben.

Der Horizont erweitert sich.

Die Erfahrungen eines Schulanfängers beschränkten sich früher in der Regel auf die nähere Umgebung: auf Familie und Wohnung, auf Häuserblock und Straße, auf Dorf und Stadtteil. Ergänzt wurde das Bild durch das, was die Erwachsenen von der Welt zu erzählen wußten, durch ein paar Bücher, die vorgelesen, ein paar Bilder, die gemeinsam angeschaut wurden.

Inzwischen hat sich der Horizont eines Schulanfängers wesentlich erweitert. Zum Beispiel durch Ferienreisen, vor allem jedoch durch das Fernsehen. Dank dieses Apparates können sich Kinder heute nachmittags im Himalaya umschauen und abends in der Wüste Gobi. Da viele Kinder viele Stunden vor dem Fernseher verbringen, haben sie das Gefühl, die Welt schon zu kennen. Beim Sehen der Tagesschau machen sie einen Schwenk einmal um die Erdkugel. Sie meinen, alle Geheimnisse zu kennen, die diese Welt birgt. In die letzten Winkel sind sie per Fernsehkamera vorgedrungen. Ein Knopfdruck genügt und wieder flimmern neue, aufregende Bilder über die Mattscheibe.

Weil sie Fernsehbilder aus den letzten Winkeln der Erde kennen, meinen Kinder, die Welt zu verstehen.

Mit Bildern können alle Kinder etwas anfangen – auch schon die Kleinen. Um die Bildersprache zu verstehen, braucht man keine Unterweisung, keinen Erwachsenen als Vermittler, der erklärt, worum es geht. Daß sie nicht verstehen, was da gezeigt wird, merken sie kaum.

Das Fernsehen scheint den Informationsvorsprung verringert zu haben, den Erwachsene den Kindern voraus hatten. Heute ist es Eltern auch nur noch bedingt möglich, Einfluß zu nehmen, mit welchen Informationen ihre Kinder in Berührung kommen. Sie können nicht mehr filtern, vorsortieren. Je mehr Programme das Fernsehen bietet, desto einfacher ist es für Kinder, sich das Wissen, das sie interessiert selbst zu verschaffen. Irgendein Programm – meist ein Erwachsenenprogramm – findet sich immer, das neugierig macht. Wenn die Eltern versuchen, den Fernsehkonsum zu regulieren, zum Beispiel das Anschauen einer bestimmten Show verbieten, dann sieht man sich das Spektakel beim nächsten Mal eben bei einem Freund an. Dessen Eltern haben sich nicht so.

Cool und ziemlich welterfahren fühlen sich viele Acht-, Neun- und Zehnjährige heute bereits. Aus ihrer Sicht gibt's auf der Welt nicht mehr viel, was sie noch nicht in Supertierfilmen, herrlichen Landschaftsaufnahmen, in Familienserien und Actionreißern gesehen hätten.

Geschichten erzählt, vorgelesen zu bekommen, zählt manchmal doch noch mehr als Bilder anzugucken im Fernsehen.

Zwar fasziniert Kinder die Perfektion vieler Fernsehsendungen, manche registrieren irgendwann jedoch auch, daß diese tollen Filme der eigenen Phantasie nicht mehr viel Raum lassen, weniger Raum als Geschichten, die ihnen erzählt werden. So stellt Jakob schließlich fest, daß es doch etwas langweilig sei, wenn der Froschkönig für Millionen Kinder gleich aussähe – der Froschkönig aus dem Fernsehen. Und er erklärt mir: »Wenn du den Froschkönig erzählst, dann klingt das nach dir. Du hast eigene Wörter!« Wenn ich das Märchen erzähle, scheint er sich wohler zu fühlen als vor dem Fernseher. Er sitzt auf meinem Schoß, läßt sich beim Erzählen nicht nur von meiner Hand streicheln, sondern auch von meiner Stimme und malt in seiner Phantasie das Märchen nach seinem Gusto aus.

Mehr über Nähe *auf Seite 202 ff.*

Wenn die Kinder zuviel vor der Glotze sitzen

An manchen Nachmittagen hat der Fernsehapparat eine große Anziehungskraft für die Kinder. Selbst bei schönstem Sommerwetter setzen sie sich davor. Gebannt starren sie in den Kasten, angespannt und aufgeregt, mal ein Lacher, sonst rühren sie sich kaum. Eine triste Angelegenheit aus meiner Sicht: »Das Programm interessiert euch doch kaum!« Es sind meist gar nicht die Werbewichtel oder Krimitypen oder Zeichentrickmäuse, die die Kinder magnetisch anziehen, sondern das Flimmern, das Nichtstun-Müssen, das Abschlaffen vor der Glotze, was ihnen oft reizvoll erscheint. Weil sie sich langweilen, weil der Alltag oft fade ist, geraten unsere Kinder vor die Glotze.

Abschlaffen vor der Kiste. Nichts tun. Das macht den Reiz manchmal aus.

Beispielsweise kommen die Großen schlecht gelaunt aus der Schule. »War alles mies heute!« Weil sie zornig sind, schnappen sie sich ihre kleinen Brüder und lassen Dampf ab. Gleich nach dem Mittagessen fliegen die Fetzen. Ist der Streit geschlichtet, sind Schularbeiten angesagt. Zäh zieht sich das Hausaufgaben machen hin. Zäh zieht sich der ganze Nachmittag hin. Von allein kommen die Kinder nicht in Schwung. Lesen – keine Lust. Spielen – keine Lust. Allgemeine Lustlosigkeit macht sich breit. Schließlich kreuzen die Kinder bei mir mit der Feststellung auf: »Wir wissen nicht, was wir machen sollen!«

Manche Tage schleppen sich so hin. Dann scheint Fernsehen die Rettung zu sein.

Gehe ich auf Ihr Lamento nicht ein – und oft tue ich das

nicht, weil auch ich unter Lustlosigkeit leide – dann ist für die Kinder die nächste Station der Fernsehapparat. Das ist die Rettung, ein prima Mittel gegen Langeweile. Damit kann man sich schnellstens trösten: Knopf an, Programm läuft. Ein eigenes Programm muß man sich nicht mehr machen.

Fernsehen als Beruhigungsmittel für lebhafte Kinder?

Obwohl ich die Kinder ungern vor der Glotze hängen sehe, bin ich manchmal doch froh, sie dort zu wissen, wenn ihre Laune mies ist. Dort sind sie erst einmal beschäftigt, sie bleiben friedlich. Es gibt noch eine andere Situation, die sich ebenso häufig bei uns abspielt und zum Fernsehen führt. Gegen Abend drehen die Kinder noch einmal auf. Treppe rauf und runter – hintereinander her mit Getöse. Und dann quer über alle Betten. Im Getümmel werden die Kleinen immer irgendwann von den Großen über den Haufen gerannt. Und auf der Stelle geht ihr fröhliches Quietschen in ohrenbetäubendes Kreischen über. Nicht auszuhalten für eine Mutter, die sich nach ihrem Feierabend sehnt. Weil ich zu müde bin, mich jetzt noch mit den Kindern auseinanderzusetzen, greife ich zum Allheilmittel Fernseher. Es wirkt – fast – immer. Der Fernsehapparat ist eine Zauberkiste. Damit kann ich die Kinder ruhig stellen. Kaum flimmert die Kiste, ist aller Streit vergessen. Wie die Lämmchen hocken unsere Kinder brav vor dem Apparat und schauen friedlich zu, was sich da tut.

Das Fazit aus den beiden Vorgängen: Der Fernseher wird sehr schnell und leichtfertig als Seelentröster mißbraucht. Als Betäubungsmittel für gelangweilte Kinder. Oder als Beruhigungsmittel für streitende Kinder. Sitzen die Kinder allzu häufig vor dem Fernseher, versuche ich etwas gegen die ewige Fernseherei zu unternehmen. Nur was? Wie lotse ich die Kinder weg von dem Apparat?

Sicherlich nicht dadurch, daß ich das Programm nach dem Motto kritisiere: »Was schaut Ihr euch für einen Mist an!« Kritisiere ich sie selbst, indem ich ihre Fernsehbegeisterung madig mache – »ihr seid lahme Heinis, daß ihr den ganzen Nachmittag vor dem Fernseher hockt!« – erreiche ich nichts. Die Kinder schalten auf stur. Es wird weitergeguckt. Wenn ich über die Fernsehgewohnheiten unserer Kinder schimpfe, wirke ich nicht gerade überzeugend. Einmal, weil auch ich mich abends gerne vor den Fernseher setze und mir ebenfalls durchaus blödsinnige Programme anschaue, um mich zu entspannen. Was ich mir gestatte, kann ich den Kindern nicht verbieten. Andererseits kann ich ihnen das Fernsehen nicht ausreden wollen, nachdem es mir gerade erst noch sehr recht war zum Ruhigstellen der Kinder. Mehr Chancen habe ich, wenn ich das Fernsehen nicht mies, sondern uninteressant mache, indem ich ein attraktives Gegenprogramm aufstelle und den Kindern nicht ausweiche, wenn sie sagen: »Mami, wir wissen nicht, was wir machen sollen!«, oder wenn sie sich streiten. Einige Beispiele für ein Gegenprogramm, mit dem ich die Kinder vom Fernseher wegzulotsen versuche:

Das Fernsehen als Beruhigungsmittel zu benutzen und es anschließend mies zu machen, wird nicht akzeptiert: »Das ist keine klare Sache!«

- Ich stelle ihnen Wettspiele in Aussicht, die wir auf einem gemeinsamen Gang machen könnten, stecke Wegzehrung ein, einen Tennisball und ein Stück Schnur. Daraus läßt sich einiges an Spielen machen.
- Ich schlage Schokoladenkuchenbacken vor. Der Vorschlag zieht immer, weil's dabei Teig zu schlecken gibt.
- Die Kinder dürfen bestimmen, was ich zusammen mit ihnen machen soll.

An Ideen für Ablenkungsmanöver mangelt es uns also nicht, mehr schon an der Tatkraft, diese Ideen auch wirklich umzusetzen. In der Praxis bleibt es dann leider aus Bequemlichkeit häufig beim Fernsehen. Immerhin mache ich regelmäßig den Versuch, die Fernsehgewohnheiten der Kinder zu steuern, weg vom zufälligen und wahllosen Durchschalten zur gezielten Programmauswahl.

Fernsehen kommt der Bequemlichkeit – von Kindern und Eltern – entgegen.

- Wir schauen gemeinsam das Programmheft durch und kreuzen die Sendungen an, die von Interesse sind.
- Ich bemühe mich, die ausgewählten Sendungen zusam-

men mit den Kindern, vor allem mit den jüngeren anzuschauen (was nicht immer klappt).

▪ Wir verabreden, daß pro Tag höchstens eine halbe Stunde Fernsehen ansteht. Wird die halbe Stunde nicht genutzt, was glücklicherweise auch oft vorkommt, wird sie gutgeschrieben. Gesammelt werden die halben Stunden jedoch nur bis zum Ende der Woche. Und auch nicht immer abgegessen.

Noch haben die Kinder meist keine Schwierigkeiten, sich auf die gleichen Sendungen zu einigen. Denn darauf bestehe ich. Sucht sich jeder sein eigenes Programm zusammen, läuft der Kasten täglich stundenlang und das möchten wir gerne vermeiden.

Nach dem Krimi wird Krawall gemacht

Statt des Kinderprogramms das der Erwachsenen anschauen – das macht mehr Jux.

Die Spannung ist kaum auszuhalten. Die Kinder krallen sich auf dem Sofa fest, halten die Luft an und starren auf den schnieken Ganoven, der seine Kanone zieht. Schießt er nun oder schießt er nicht?

Ausgerechnet in diesem Moment komme ich dazu. Und natürlich muß ich mit Fragen stören. Was das denn für ein Spektakel sei in dem Kasten? Das habe doch nichts mit Kinderprogramm zu tun, mit der Gummibärenbande oder der schnellsten Maus von Mexiko. Wieso sie das Vorabendprogramm sähen und nicht wie verabredet die Kindersendung?

Irgendein unverständliches Gemurmel bekomme ich als Antwort zu hören. Und dann resoluter: »Jetzt geh'!« Nur der Älteste ist schon diplomatischer: »Ist nicht schlimm der Film. Nur ein bißchen Action. Später können wir reden.«

Reden worüber? Soll ich zum ich weiß nicht wievielten Male erklären, warum ich dagegen bin, daß vier-, sieben-, neun- und elfjährige Kinder eine Schießerei nach der anderen per Bildschirm miterleben? Soll ich das ewig gleiche Gegenargument der Kinder einmal mehr zur Kenntnis nehmen: »Alle dürfen solche Actionfilme sehen. Alle reden in der Schule darüber. Wenn wir nie mitreden können, nehmen uns die anderen nicht für voll!« Lasse ich mich jetzt mitten im Geschehen – einer kapert gerade einen Hubschrauber – auf die alte, leidige Diskussion ein, habe ich gleich verloren, erreiche nichts als einen dicken Krach.

Eltern sind es oft leid, immer den »Spaßverderber« zu machen.

Weil ich müde bin, weil ich wenig Lust auf einen Krach habe, bestehe ich nicht darauf, daß – wie ursprünglich vereinbart – auf Kinderprogramm umgeschaltet oder der Kasten ganz abgeschaltet wird, sondern setze mich zu den Kindern aufs Sofa. Nun gucken wir alle traulich vereint, friedlich wie selten, zusammen in die Röhre: »Was hat der vor mit dem Hubschrauber?«

Damit wäre der Versuch, die Kleinen und die Großen beim Fernsehen zu trennen oder nur das Kinderprogramm zu gestatten, in der Praxis heute gescheitert.

Die Kinder haben recht: Spannend ist der Film wirklich – so aufregend, daß ich nicht mehr hinschauen mag, was sich da auf dem Bildschirm tut. Die Kinder verfolgen Knallereien und Schießereien gebannt. Sie sind gar nicht mehr bei mir – hier auf dem Sofa. Sie sind mitten im Geschehen da draußen im rauhen Texas. Sie schießen mit. Sie schlagen zu. Sie kreischen: »Vorsicht!« Und verfolgt der Held ein paar Gangster per Hubschrauber, dann gehen sie mit an Bord und fliegen mit.

Wer nicht in die Glotze schaut, sondern die Kinder anguckt beim Fernsehen, sieht, welche Programme ungeeignet sind für sie.

Obwohl die Kleinen dem Krimi nicht ganz folgen können, weil er inhaltlich zu schwierig für sie ist, regen sie sich – so ist mein Eindruck – ebenso auf wie die Großen, die genau wissen, worum's geht. Die Kinder zittern mit. Vor Nervosität kauen sie an den Nägeln. Offenkundig geschieht hier auf dem Sofa, was Wissenschaftler längst erforscht haben: Durch das Fernsehen werden die Gefühle der Kinder eher angesprochen als ihr Verstand. Kein

Buch, keine Kassette, keine Geschichte, die ich erzähle, regt sie emotionell so stark an wie die Bilder im Fernsehen.

Mit welchen Gefühlen schauen Kinder sich das Treiben von brutalen Gangstern und ebenso brutalen Detektiven eigentlich an? Wie ordnen sie diese Schreckensbilder von Mord und Totschlag ein, die sie teilweise noch nicht einmal verstehen? Prallt das alles an ihnen ab oder wirkt es sich schädigend auf sie aus?

Über die Wirkung von Medieninhalten streiten Pädagogen und Psychologen, Kommunikationsforscher und Soziologen. Die Frage, ob die Botschaften der Massenmedien, ob zum Beispiel Gewalt oder Sexualität im Fernsehen, auf das Bewußtsein von Menschen, auf ihr Verhalten einwirken, ist wissenschaftlich nicht eindeutig geklärt.

Innerlich abschalten vor dem Fernseher?

Festgestellt wurde, daß grausame Darstellungen Angst auslösen können – Angst, die kaum auszuhalten ist. Deshalb lassen Kinder diese Angst nicht an sich herankommen. Laut Wissenschaft haben sie die Gabe, innerlich abzuschalten, wenn der Horror überhand nimmt. Dann schauen sie sich die Bilder zwar noch an, nehmen jedoch nicht mehr wahr, was sich in dem Film abspielt. Sie verdrängen, was sie sehen.

Kaum hat der Film ein Ende, kaum sind die Gangster verschwunden, ist es mit dem Frieden auf unserem Sofa vorbei. Jetzt verwandeln sich unsere Kinder in Gangster. Nun sind sie in Action. Ruhelos streifen sie durch die Wohnung, scheinen dann plötzlich die heißesten Szenen aus dem Film nachspielen zu müssen. Die geballt konsumierten Schlägereien reagieren sie dadurch ab, daß sie ebenfalls aufeinander einprügeln.

Nur in Einzelfällen soll eine direkte Beziehung zwischen den per Fernsehen erlebten Aggressionen und der Aggressivität bestehen, die Kinder nach dem Anschauen von Action-Reißern zeigen. Unsere Kinder scheinen zu diesen von Wissenschaftlern beschriebenen Einzelfällen zu gehören. Nach dem Krimi, nach dem Western flippen sie nicht nur manchmal, sondern regelmäßig aus – um so wüster und wilder reagieren sie, je schlechter ihre Stimmung, je gereizter sie schon vor dem Einschalten des Fernsehers waren.

Krimis und Western zeigen Wirkung: Die Kinder sind ganz durcheinander.

Beim Fernsehen müssen Kinder stillsitzen. Wehe, wenn sie dauernd vor Aufregung aufspringen oder herumzappeln, weil sie die Spannung nicht ertragen können, dann gibt's Ärger mit den anderen, die sich den Film oder die Sendung ebenfalls anschauen. Stillsitzen aber ist eine Strapaze für Kinder. Es widerspricht ihrem Grundbedürfnis und ihrer Freude an Bewegung. Kaum ist der Apparat wieder ausgeschaltet, wird dieses Bedürfnis doppelt und dreifach spürbar. Nun muß an Bewegung nachgeholt werden, was in der vergangenen Stunde vor der Glotze versäumt wurde. Unsere Kinder zetteln in dieser Situation die Tobespiele an, die ich nicht mehr komisch finden kann: Trampolinspringen auf dem Sofa, Verfolgungsjagden immer rund um den Tisch und dergleichen mehr.

Daraufhin scheuche ich unsere Kinder gerne nach draußen. Wenn sie im Garten herumfetzen, können sie die Nachwehen einer Fernsehstunde auf harmlose Art und Weise wieder loswerden.

Nicht zu nachgiebig sein beim Fernsehen: sich durchsetzen bei den Kindern, daß sie bestimmte Sendungen nicht anschauen!

Wieder einmal nehme ich mir anschließend vor, strikter darauf zu achten, daß die Kinder nicht »aus Versehen« in Sendungen hineingeraten, die sie überfordern, deren Inhalte und Bilder sie nicht verdauen. Um die Diskussion mit den Kindern, welcher Film ja, welcher Film nein, komme ich nicht herum. Und wenn ich noch so ungern ›Nein‹ sage, in puncto Fernsehen sollte ich es häufiger tun.

Statt Fußball spielen Video gucken

Die Frau kauert hinter Gitterstäben auf Steinfußboden. Sie zittert vor Entsetzen, flieht in die äußerste Ecke ihrer Zelle, sieht wie zwei große, mit schwarzem Fell behaarte Pranken durch die Stäbe greifen – Pranken, die nach ihr greifen.«

Mehr zum Thema Grenzen ziehen *auf Seite 179ff.*

Ein Horrorfilm wird mir beschrieben, ein Film voll brutaler Gewalt. Ein Film, den unser Sohn heute Nachmittag per Video erlebt hat.

Auf einem Hocker in der Küche sitzend erzählt er mir zappelig vor Aufregung das Opus in allen Einzelheiten, berichtet, wie das Monster die Frau malträtiert und vergewaltigt hat.

Entsetzt und wütend höre ich mir diese Beschreibung an. Wütend nicht auf meinen Sohn, der sich so etwas anschaut, sondern wütend, daß solche Machwerke an Kinder geraten. »Wie und wo bist du an solch einen Film gekommen?«

Ein neues Spiel: Videos suchen, die Erwachsene versteckt haben.

Auf ganz alltägliche Art und Weise? Die Vorgeschichte klingt nach harmlosem Dummer-Jungen-Streich: Vier Jungen finden sich zufällig auf einem Spielplatz zusammen. Sie toben eine Weile, dann wird ihnen das Spielen langweilig. Viel zu heiß heute. Was läßt sich sonst anfangen mit einem langweiligen Feriennachmittag? Video gukken. Bei einem der Kinder zu Hause. Da ist sturmfreie Bude. Weder Vater noch Mutter sind in Sicht. Und außerdem ist von einem Video die Rede, das in der Wohnung versteckt sein soll und das eigentlich nur für Erwachsene gedacht ist.

Der Reiz des Verbotenen macht die Sache für manchen doppelt spannend.

Kein »normales« Video, sondern ein geheimnisvolles? Der Reiz des Verbotenen lockt die vier Jungen. Man könnte versuchen, diese Kassette aufzuspüren. Alle Bedenken werden zur Seite geschoben. Sie machen sich auf die Suche nach dem Band und finden es schließlich ganz unten in einer Kommode.

An dieser Stelle der Geschichte habe er ein schlechtes Gewissen bekommen, ein ungutes Gefühl, berichtet mir unser Sohn. »Da wollte ich eigentlich nicht länger mitmachen!« Nur ließen die anderen ihn nicht einfach laufen. »Hast wohl Angst vor dem Film? Kannst keine Härte ertragen? Bist du ein Feigling?« Feigling läßt sich keiner gerne nennen. Also blieben die vier zusammen und schauten sich gemeinsam den Videofilm an über ein gewalttätiges Monster, das eine Frau auf widerliche Weise quält. »Scheußlich war das«, wird mir erklärt.

Nun ist die ganze Geschichte raus – erzählt mit allem Drum und Dran. Ich bin nicht nur entsetzt und aufgeregt, sondern fühle mich vor allem unsicher. Wie soll ich auf diese Geschichte reagieren?

Kann man Schrecken, Abscheu und Furcht »wegreden«?

Jetzt bin ich mit Reden an der Reihe. Zuerst sage ich, was mich froh macht in diesem Moment: »Daß ich erfahre, was du heute Nachmittag erlebt hast. Daß du die Geschichte nicht für dich behältst, sondern sie erzählst. Dann kann ich darauf eingehen. Wir können miteinander darüber reden.«

Zuerst sprechen wir über das Thema Gewalt, über Mitleid und Trauer, über Angst und Verzweiflung, über das, was wir empfinden, wenn wir mit solch einem Film, mit Gewalt in Berührung kommen. Wir überlegen gemeinsam, warum Brutalität entsteht, was Gefühlskälte ist und warum manche Kinder, manche Erwachsene von Killerstorys und Metzeleien fasziniert sind.

Das Thema Sexualität kommt zur Sprache. Wir reden über Vergewaltigung, darüber, daß in diesem Monsterfilm eine verkorkste Sexualität gezeigt wird, eine, die an Angst und Aggression statt an Freude gekoppelt ist. Ich versuche, Sexualität so zu beschreiben, wie ich sie sehe.

Am Ende unseres Gesprächs sind wir uns einig: Videos mit Horrorgeschichten anschauen ist kein ganz normales Nachmittagsvergnügen. Filme dieser Art sind tabu. Und was ist, wenn demnächst wieder ein paar Kumpel aufkreuzen und einen Horrorfilm auf dem heimischen Bildschirm vorführen wollen?

Soziale Erfahrungen *siehe Seite 186 ff.*

Wir reden über Gruppenzwänge, über Druck, den Freunde ausüben können und daß es schwierig ist, sich diesem Druck zu entziehen. Das Neinsagen muß man erst lernen. »Aber ich denke, das werde ich schon schaffen«, meint unser Sohn. Ich bin da voller Vertrauen, und das sage ich ihm auch.

Es bleibt viel Unsicherheit: Habe ich mich als Mutter richtig verhalten?

Ich mache mir noch lange Gedanken über diese Geschichte. Gerne würde ich wissen, ob das Gespräch über Gewalt, über Sexualität, über Gruppenzwänge dem Kind geholfen hat, die Bilder aus dem Film wieder loszuwerden. Ein paar Tage später frage ich noch einmal nach dem Monsterfilm. »Längst vergessen«, behauptet unser Sohn. Wirklich vergessen oder verdrängt und zur Seite geschoben?

13
Zank und Streitereien

Macht euren Zank alleine aus!

Die letzte Salamischeibe ist verputzt, das Abendbrot beendet. Die Kinder verziehen sich in ihre Gefilde. »Noch eine Runde wollen wir spielen!« Nur zu. Ich habe nichts dagegen, trinke meinen Tee in Ruhe aus.

Frust stellt sich ein: Statt der ersehnten Ruhe macht sich Streß breit.

Als hätten unsere Söhne zum Abendbrot Kribbelwasser getrunken, so quirlen sie herum – Treppe rauf, Treppe runter, übereinander, untereinander, kreuz und quer über den Flur. Was noch nach Spaß klingt, kann jede Minute umkippen. Diese Art von Quietschen, diese Art von Kreischen endet immer in einer Katastrophe aus Heulen und Wutgebrüll.

Gar nicht mehr entspannt, sondern angespannt lausche ich, was sich da oben im ersten Stock tut. Und weil sich Erwartungen in der Regel auch erfüllen, entwickelt sich prompt zwischen den Kindern der lautstarke Streit, den ich erwarte, seitdem sie vom Abendbrottisch aufgestanden sind. »Ich hab's ja gewußt. Jetzt ist Rambozambo!« Das spielerische Raufen und Balgen ist umgeschlagen in eine üble Klopperei: ein falscher Fußtritt, ein falscher Stoß mit dem Ellenbogen und das Geschrei ist rießengroß.

Abends wird regelmäßig die Hackordnung unter den Geschwistern neu festgelegt. Mehr über Geschwister *auf Seite 179 ff.*

Eine Weile schaffe ich's, so zu tun, als hörte ich nichts. Äußerlich scheinbar unberührt durch das Getöse, trinke ich meinen Tee. Innerlich bin ich längst auf 180: »Warum schon wieder Geschrei? Warum schon wieder Zoff?«

Anstatt in stoischer Ruhe auf meinem Stuhl sitzen zu bleiben – so gelassen, wie der Vater dieser zänkischen Brut das kann – und einfach das Lärmen zu überhören, springe ich auf und sause in die falsche Richtung: die Treppe hinauf ins Kinderzimmer.

Nicht etwa, weil ich nachschauen will, ob Kind und Kegel zu Bruch gehen – an der Art des Geschreis höre ich, daß dies nicht der Fall ist – sondern, weil ich meiner Wut

Luft machen will: »Warum geratet ihr euch schon wieder in die Wolle? Kann man nicht einmal seine Ruhe haben? Immer Krakelen, immer Getöse! Ein bißchen mehr Frieden wäre ein Segen!« Ich schreie nicht weniger als die Kinder in ihrem Zorn. So hat denn die erste Explosion eine zweite ausgelöst. Aus dem kleinen Streit zwischen den Kindern ist ein großer Familienstreit geworden.

Wer schreit, hat sein Pulver schon verschossen: Niemand hört mehr richtig zu.

Alle Kinder reden jetzt gleichzeitig auf mich ein: »Der hat angefangen, denn ...«; »Das war nicht so, sondern anders ...«; »Ich habe überhaupt nichts gemacht ...«; »Wenn mich einer schlägt, schlage ich zurück ...«.

Nur zum Dampf ablassen hinein zu den Kindern?

Wenn ich hier schon auftauche, wenn ich mich schon einmischen muß in ihre Angelegenheiten, soll ich jetzt wenigstens Richterin spielen und sagen, wer der Bösewicht ist.

Ich kann aber nicht Recht sprechen, denn schließlich habe ich das Entstehen des Streites, den Ablauf des Streites gar nicht verfolgt. Keine Ahnung, worum es bei diesem Zank eigentlich geht.

Und außerdem mag ich nicht richten und einen Schuldspruch fällen. Deshalb erteile ich den Kindern eine Absage: »Eure Streitereien müßt ihr selber regeln!«

Plötzlich sind sich unsere vier Söhne wieder ganz einig. »Warum bist du überhaupt gekommen?«

Warum ich gekommen bin? Weil ich meine Wut loswerden will, weil mich die vier mit ihrem Gekreische und Geheule beim Plausch mit ihrem Vater gestört haben? Weil der Zank an meinen Nerven zerrt – an Nerven, die abends nicht mehr viel Krach aushalten? Will ich durch meine Brüllerei das Gezanke noch verstärken?

Wenn sich die Eltern aus dem Streit raushalten, gibt sich die Zankerei zwischen den Kindern meist schnell wieder.

Hier, zwischen meinen aufgebrachten wüsten Kindern, die mit Wucht aufeinander einkloppen möchten, bin ich fehl am Platz. Ich bin vorhin wirklich in die falsche Richtung gestürmt – Treppe hinauf, Richtung Kinder. Hätte ich nur rechtzeitig die Kurve gekratzt und wäre in die richtige Richtung gerannt: hinaus aus der Haustür.

Ein paarmal ist es mir bisher gelungen, in einer vergleichbaren Situation die Haustür von außen hinter mir zuzumachen und vor dem Zank unserer Kinder zu fliehen, den ich in ihrer Nähe nicht aushalte, ohne mich schließlich doch einzumischen. Bereits nach den ersten paar Schritten, nach zweimal tief Durchatmen, hatte ich mich etwas entspannt, hatte ich genug Abstand zu dem häuslichen Krach. Und das Unbehagen – sie werden sich doch nicht die Köpfe einschlagen? – habe ich gleich wieder weggewischt: »Sie werden sich nicht ernsthaft verletzen. Da bin ich mir sicher!«

Nach einer Viertelstunde Fußmarsch durch die frische Luft kam ich erholt nach Hause und konnte jetzt in Ruhe mit unseren Söhnen über ihren Streit reden. Daß ich beobachtet habe, wie grob sie sich manchmal mit Fäusten bearbeiten – gröber als in vergangenen Zeiten. Daß sie sehr schnell zuschlagen und nicht mehr so oft miteinander sprechen.

Das Vertragen bringt wieder die Nähe, *nach der sich alle sehnen.*

An Versöhnung war und ist uns allen immer schnell gelegen. Lange miteinander verzankt zu sein, das hält keiner aus. Nicht nur ich gehe auf die Streithanseln von Kindern wieder zu, ebenso häufig signalisieren sie zuerst: »Nun ist alles wieder in Ordnung!« Dann atmen wir alle erleichtert auf.

Schimpfwörter: Von Affenarsch bis blöde Sau

Was Eltern für üble Schimpfwörter halten, ist für Kinder oft ganz normale Umgangssprache.

Ein Reißverschluß vom Anorak klemmt. Das sei echt Scheiße, meint Julian. Gleichzeitig betitelt Jakob Konstantin als das allergrößte Arschloch aller Zeiten, weil Konstantin ihm die Mütze vom Kopf gezogen hat.

Von diesem alles andere als gepflegten Umgangston unserer Kinder halten wir Eltern wenig und reagieren mehr oder weniger gereizt – wie wohl die meisten Eltern –

auf das reichhaltige Repertoire an Schimpfwörtern, das unsere Söhne mit Freude benutzen.

Jasper, Julian, Jakob und Konstantin verstehen unsere Aversion gegen Kraftausdrücke nicht ganz. Sie sagen, dieses Sich-Aufregen darüber sei typisch für Leute, die keine Ahnung davon hätten, was heute so liefe, in der Schule und überall. »Dort reden alle so wie wir. Arschloch sagen oder Affenarsch, das ist ganz normal. Was regt ihr euch auf? Nun habt euch nicht so!«

Selbst auf die Gefahr hin, endgültig in die Reihe der kreuzbraven, reichlich betulichen Altvorderen eingereiht zu werden, die keinen blassen Schimmer mehr haben, was eigentlich Sache ist in der Schule und sonstwo, beharren wir auf unserem Standpunkt: »Wir wollen keine Schimpfwörter hören. Das müßt ihr respektieren!« Und wir begründen unsere Meinung: »Wer Schimpfwörter benutzt, zeigt, daß er sich nicht auf faire Weise mit Hilfe von Argumenten auseinandersetzen kann. Den anderen niederzumachen, ihm Grobheiten an den Kopf zu werfen und damit seine Würde zu verletzen, ist wahrlich kein Kunststück.«

Was in der Schule üblich ist, muß zu Hause noch lange nicht gelten. Da gibt's ganz eigene Regeln.

Zum ich-weiß-nicht-wievielten Male machen wir den Vorschlag, daß wir alle gemeinsam auf das Benutzen von Schimpfwörtern verzichten. Ein brauchbarer Vorschlag? Ob etwas daraus wird?

Solange sich die Streitigkeiten der Kinder in Grenzen halten, die Wut das Faß noch nicht zum Überlaufen bringt, klappt es mit den guten Vorsätzen noch so einigermaßen. Aber wehe, wenn sich die Streitereien steigern. Sofort und auf der Stelle sind unsere elterlichen Empfindlichkeiten und Vorschläge total vergessen und es hagelt wieder Wörter wie »Arschgeige« und »Scheißkerl«.

Was tun? Sich damit abfinden? Oder große Strafgerichte androhen und vielleicht sogar durchführen, wenn das rüde Gemotze kein Ende hat?

Ein Riesentheater um jedes Schimpfwort wollen wir

nicht machen. Deshalb beschränken wir uns darauf, regelmäßig und stur bei allen Schimpfwörtern, die wir hören, zu wiederholen, daß uns diese Wörter stören und wir sie nicht hören mögen. Auf die Dauer fallen wir unseren Kindern mit dieser Penetranz hoffentlich so auf die Nerven, daß die Begeisterung für Kraftausdrücke nachläßt.

Unermüdlich wiederholen, daß bestimmte Schimpfwörter und warum sie tabu sind.

Außerdem haben wir ein Erziehungsmittel zur Hand, das zwar nicht kurzfristig, jedoch langfristig Erfolg verspricht: Nicht ewig und für alle Zeiten ist für Kinder der Umgangston das Maß aller Dinge, der in der Schule, der unter den Freunden herrscht. Auf Dauer gesehen werden sie sich mehr am elterlichen Vorbild orientieren. Wenn wir heute weitgehend auf Schimpfworte verzichten, werden sie später auch ohne diese Wörter in ihren Auseinandersetzungen auskommen.

Schon schwerer fällt es mir, auf dieses Langzeitprogramm zu vertrauen, wenn mich zum Beispiel Konstantin – Zunge raus, Kinn kühn gen Himmel gereckt – als »blöde Ziege« bezeichnet, aus welchem Grund und Ärger auch immer. Zähneknirschend, dennoch einigermaßen gelassen, buche ich diese Attacke als den Versuch eines Vierjährigen ab, mich auf die Palme zu bringen. Er will testen, ob das gelingt: »Mal sehen, wie weit ich gehen kann!« »Blöde Ziege!« Das aber geht zu weit: »Das läßt du lieber!« Merkt Konstantin, daß es ihm nicht gelingt, mich auf die Palme zu bringen, verliert das (Macht-)Spiel seinen Reiz. Es wird langweilig. Und mit langweiligen Spielen muß man sich nicht länger beschäftigen.

Mehr über das elterliche Modell *auf Seite 189 ff.*

Was aber, wenn mir Jasper mit seinen elf Jahren an den Kopf schmeißt, ich sei eine »saudumme Gans«? Muß ich bei einem Elfjährigen nicht härter durchgreifen?

Ebenso wie sein kleiner Bruder will auch Jasper erforschen, ob die Grenzen eigentlich immer noch existieren, die bisher Gültigkeit hatten: »Mal ausprobieren, was passiert, wenn ich ›saudumme Gans‹ sage!« Wenn nichts passiert außer einem Hinweis von mir, daß ich nicht als

Grenzen setzen *und konsequent und geduldig auf die Existenz dieser Grenzen verweisen. Mehr dazu auf Seite 240 f.*

›saudumme Gans‹ bezeichnet werden möchte, wenn ich mich nicht herausfordern lasse, dann verliert die Provokation ihren Reiz und greift nicht.

Sowohl kleinere als auch größere Kinder wollen ihren Eltern ab und zu zeigen, wie stark sie sich fühlen. Kraftausdrücke sind ein probates Mittel zum Zweck. Lasse ich mich auf diese Machtkämpfe nicht ein, verlieren die Ausdrücke ihre Kraft – sie verpuffen und werden uninteressant.

Wenn Mütter dauernd was zu meckern haben

Schatten um die Augen. Blaß um die Nase sitzt Jasper beim Abendbrot. Er schnieft und schnupft und hustet. Er fühlt sich elend, murmelt etwas von beginnendem Halsweh.

Elfjährige reagieren allergisch auf mütterliche Ratschläge. Sie wollen selbst entscheiden. Selbständigkeit *siehe auch Seite 189 ff.*

Mein Standardangebot für Erkältungen – Rotlicht und Kamillendämpfe – wird wie immer abgelehnt. Jasper hat keine Zeit »für so etwas«. Er will schließlich zum Fußballtraining.

Jetzt Fußballtraining? Davon halte ich nichts. Unvernünftiger geht's nun wahrlich nicht. »Es nieselt. Und es sieht nach noch mehr Regen aus«, gebe ich zu bedenken. Und daß Regen und Schwitzen beim Fußballspielen und eine Erkältung eine vielleicht doch nicht so gelungene Kombination seien. Nur vorsichtig geäußerte Bedenken haben überhaupt eine Chance, erhört zu werden, denn Elfjährige haben sehr schnell das Gefühl, man mische sich unnötig in ihre Angelegenheiten ein. Meine Argumente werden als die typischen, überflüssigen Sorgen einer betulichen Mutter abgeschmettert. Natürlich ohne Regenjacke, nur im Jogginganzug will Jasper los.

Gerade erst hat er eine fiebrige Grippe hinter sich gebracht. Außerdem steht eine Wochenendunternehmung auf dem Plan, auf die wir uns alle freuen. Es wäre wirklich nicht passend, wenn Jasper jetzt krank würde. »Könntest du dich nicht schonen? Wäre und würde und könnte – was morgen und übermorgen sein könnte, interessiert heute doch nicht. Vom Vernünftigsein halten Elfjährige gar nichts. Jasper holt die Tasche mit den Fußballschuhen aus seinem Zimmer.

Heranwachsende wissen genau, was sie wollen (und müssen): eigene Erfahrungen machen.

Was mache ich nun? Mit der dicken Erkältung im Regen Fußball spielen – der größte Blödsinn aus meiner Sicht. Aber meine Sicht interessiert unseren Sohn nicht besonders. Er beharrt auf seinem Standpunkt. Argumenten ist er nicht zugänglich. Stelle ich mich jetzt also quer, komme ihm mit meiner Verantwortung, mit so etwas wie Erziehungsgewalt? Danach ist mir nicht.

Bevor Jasper in den Regen hinaus geht, sage ich ihm noch einmal, daß ich von dem Unternehmen Fußball heute nichts halte. Zähle ihm noch einmal die Gründe auf, die dagegen sprechen. Und dann lasse ich ihn ziehen. Wütend schaue ich ihm nach. Unbelehrbar in diesem Alter. Und gleichzeitig bin ich amüsiert, weil ich mich noch genau daran erinnere, wie nachdrücklich ich selbst in vergleichbarem Alter darauf bestand, meine eigenen Erfahrungen zu machen.

Druck machen zwecklos. Die einzige Möglichkeit heißt: loslassen. *Mehr dazu auf* *Seite 189ff.*

Was tun, wenn der Große den Kleinen verhaut?

Welch friedliches Bild im Kinderzimmer. Zwei Brüder sitzen einig am Tisch und malen.

Kaum habe ich das Zimmer verlassen, höre ich die Art von Dialog, die zu fürchten ich gelernt habe: »Den Stift brauch ich jetzt! Der gehört mir!«

»Ich habe ihn aber gefunden. Das ist jetzt meiner!«

»Den habe ich geschenkt bekommen!«

»Aber ich habe ihn mir geholt!«

Ich ahne, was folgt, Geschrei, Geschrei von der üblen Sorte. Schrill, hoch und eindeutig Konstantins Stimme. Dieses Geschrei bedeutet, die beiden prügeln sich.

Soll ich kehrt machen – eingreifen? Soll ich das Geschrei ignorieren – nicht eingreifen? Es gibt eine Tonlage, eine Sorte von Geschrei, die zu hören ich kaum aushalte. Bei dieser Tonlage muß ich einfach nachschauen, was im Kinderzimmer vor sich geht.

Ein klassischer Fehler, den viele Eltern machen: Das ältere Kind wird zuerst ausgeschimpft.

Im Kinderzimmer liegt Konstantin flach auf dem Boden. Jakob sitzt rittlings auf ihm und drischt auf Konstantin ein. Ich hab's doch gewußt!

Konstantin japst (extra dramatisch) nach Luft: »Mami, hilf mir!« und »Auauau!« Und noch einmal (extra laut und jammervoll): »Au!« Jakob geht sofort in Verteidigungsposition, als er mich sieht: »Ich hau nicht zu doll! Konstantin hat angefangen!« Jakob weiß genau, was jetzt kommt.

Es kommt nämlich immer das Gleiche. Ich mache immer wieder den Fehler, mir automatisch den Älteren vorzuknöpfen, ausschließlich mit ihm zu schimpfen: »Wie kannst du nur... du als Älterer... den viel Jüngeren, den viel Schwächeren... und einfach draufhauen mit Kraft!«

Nicht zum ersten Mal macht mich eins meiner Kinder darauf aufmerksam, daß ich ungerecht bin, mit meiner Meinung falsch liege. »Von wegen der Kleinste ist auch immer der Schwächste!« Wütend beschreibt mir Jakob die unfairen Tricks, die üblen Haken, die Konstantin beim Kämpfen anwendet. »Er kratzt und kneift und flutscht überall durch!« Natürlich bestreitet Konstantin diese Schilderung.

Glücklicherweise zeigen Kinder ihren Eltern heute oft, daß sie sich verrannt haben.

Jakob ist stinkwütend. Nicht nur auf Konstantin, weil er immer den Kleinen, den Hilflosen spielt, wenn ich nahe, sondern vor allem auf mich, weil ich wieder einmal in diese Falle getappt bin. »Immer fällst du auf Konstantins Babygetue herein! Immer schimpfst du mit den Großen. Du weißt doch überhaupt nicht, was eigentlich los war! Du warst nicht von Anfang an dabei!«

Was mache ich nun? Vielleicht hat Jakob recht und Konstantin kann sich wirklich gegen seinen älteren Bruder durchsetzen, obwohl er ein paar Jahre jünger, ein paar Pfunde leichter ist. Vielleicht hat Konstantin recht mit seiner Behauptung, er hätte Null Chancen gegen den soviel Älteren.

Das Bild alleine – Konstantin liegt unten, Jakob sitzt auf ihm – sagt auch nicht viel aus. Sekunden vorher kann die Situation anders ausgesehen haben.

Da ich Ursache und Beginn der Keilerei nicht miterlebt habe, kann ich nicht beurteilen, wer recht hat.

Natürlich wollen die beiden mir den Fall noch einmal im Detail vortragen:

Einen Streit unter Kindern gerecht zu beurteilen, ist schier unmöglich für Eltern. Mehr über Geschwister *auf Seite 186 ff.*

»Konstantin hat meinen Stift geklaut, den Stift, den ich zum Geburtstag geschenkt bekommen habe!«

»Jakob hat mir einfach den Stift weggenommen, den ich gefunden habe!«

Je intensiver die Kinder auf mich einreden, desto verworrener wird das Bild: Kein Mensch kann hier sagen, was wirklich passiert ist.

Nachdem beide auf mich eingeredet haben, ist eine Predigt fällig: Wieso diese Klopperei denn überhaupt sein müsse. Wieso man sich denn nicht im Gespräch einigen könne. Wieso ...

Je länger ich auf die beiden einrede, desto enger rücken sie zusammen. Und plötzlich sind sie sich wieder absolut einig darin, daß ich wirklich vom Mond sei mit dieser Meinung, man könne alles im Gespräch bereinigen. Die beiden wissen es besser: ab und zu geht's einfach nicht ohne Prügelei.

Konflikte lassen sich durch Miteinander-Reden bereinigen – eine Botschaft, die Kinder (noch) nicht recht glauben.

Auch wenn ich das nicht einsehen will, bin ich erst einmal zufrieden: Jakob und Konstantin sind wieder im reinen miteinander. Bis zum nächsten Mal. Aber eines will ich Jakob noch sagen: »Du hast in einem Punkt ganz und gar recht. Wenn ich mich in einen Zank von euch einmische, sollte ich wirklich nicht automatisch das ältere Kind ansprechen und das jüngere immer in Schutz nehmen.«

Und still für mich beschließe ich: Weil ich die Situation meist nicht beurteilen kann, sollte ich mich nur im Notfall einmischen, und wenn der Jüngste noch so jammert und hilflos tut. Er kommt schon zurecht mit den Älteren. Zu grob werden sie nicht mit ihm umspringen.

Aber mir ist gleichzeitig klar, daß das, was ich für einen Notfall halte, aus der Sicht anderer noch lange keiner ist. Ich werde immer dazu neigen, den Kleinsten ein bißchen mehr in Schutz zu nehmen als die anderen.

»Jetzt lügt er, weil er recht haben will!«

Manchmal kommt Haß auf die jüngeren Geschwister auf bei den Großen: Was die einem alles vermasseln.

Wer hat es bloß gewagt, die sorgfältig aufgepappten Aufkleber von Jaspers Schreibtischplatte abzureißen? Etliche Portraits von stolzen Fußballhelden sind zerkratzt – schlimmer noch – sind teilweise von der Schreibtischplatte abgepult worden. »Wer war das?« Empört sucht Jasper nach einem Schuldigen und natürlich hat er seinen jüngsten Bruder in Verdacht. »Das war garantiert Konstantin!«

Der kleine Bruder geht in Deckung, weiß von nichts und tut betont harmlos. »Was ist mit mir? Was willst du von mir?« Von schlechtem Gewissen keine Spur.

Konstantin wird von Jasper ins Verhör genommen. Das erwartete Geständnis aber bleibt aus. Wortreich, steif und fest behauptet Konstantin, nie würde er das Zimmer des großen Bruders betreten in dessen Abwesenheit. Nie würde er sich an Jaspers Schreibtisch zu schaffen machen, und wie Jasper überhaupt dazu käme, ausgerechnet ihn zu verdächtigen.

Nach der erfolglosen Befragung seines kleinsten Bruders knöpft sich Jasper die anderen vor. Fehlanzeige. Jakob und Julian schwören hoch und heilig: »Wir sind's nicht gewesen!«

Jasper kocht vor Wut. Erst der Ärger mit den abgepulten Fußballbildern und nun das noch: Keiner will zugeben, die Hände dabei im Spiel gehabt zu haben. Dabei weiß er nur zu genau, daß die jüngeren Brüder überall in seinen Sachen herumschnüffeln. In Schubladen, die sie nichts angehen. In Schulranzen, die sie nichts angehen. Behaupten einfach, sie wüßten von nichts. Jasper staucht seine Brüder zusammen: »Einer lügt. Oder mehrere lügen!«

Wenn sich die älteren Geschwister als Moralisten aufspielen, können das die jüngeren schon gar nicht vertragen.

Lügen, nicht die Wahrheit sagen – diese Anklage lassen sich die drei nicht gefallen. »Das ist ein Hammer!« beschwert sich Jakob. Und dann reden alle durcheinander: Keiner würde hier lügen. Weiß der Geier, wer da am Schreibtisch sein Unwesen getrieben haben könnte. Alle trompeten im Gleichklang in ein Horn: »Wir waren's nicht!«

Weil Jasper nicht weiter weiß, bittet er mich, ihn zu unterstützen. Kommissarin soll ich spielen, ein Geständnis der Übeltäter erreichen. »Frag' du sie. Frag' du, wer hier lügt!«

Das Thema Lügen kommt zum ersten Mal aufs Tapet. Wie reagiere ich am besten auf Lügen?

Bei ihren Querelen machen Geschwister wichtige soziale Erfahrungen. *Siehe Seite 253 ff.*

- Das Verhör fortsetzen, wie es Jasper von mir erwartet, soll ich Druck machen, bis einer gesteht?
- Den Kindern eine Moralpredigt halten?
- Oder mich – trotz Jaspers Bitte um Hilfe – raushalten aus dem Konflikt?

Ich entscheide mich für eine vierte Möglichkeit, rede erst einmal mit Jasper! »Die anderen kommen später dran!«

Im Gespräch versuchen wir gemeinsam dahinter zu kommen, warum ein Bruder allein oder vielleicht auch mehrere Brüder zusammen Jaspers heißgeliebte Fußballbilder abgerissen oder abgepult haben: Aus Langeweile und nur so zum Spaß oder aus Zerstörungswut?

Verständnis wekken für die Gefühle der jüngeren Geschwister. Mehr zum Thema Einfühlungsvermögen *auf Seite 195 f.*

Meine Vermutung: Das hat mit Wut zu tun. Ich erkläre Jasper, wie die Geschichte zustande gekommen sein könnte: Es ist nicht einfach für Jüngere, einen Älteren über sich zu haben, der tausend Dinge besser zu wissen, besser zu können meint, der seine Überlegenheit und seine Stärke auch gerne zeigt.

Bei Auseinandersetzungen hat man als Kleiner wenig Chancen. Weder durch Fäuste noch durch Worte läßt sich der Große beeindrucken. Da ist es schon einfacher, einem großen Bruder heimlich eins auszuwischen – etwa, indem man Aufkleber demoliert, die ihm lieb und teuer sind. Mit dieser Attacke kann man ihn treffen.

Ich meine auch zu wissen, warum die Kleineren auf den Größeren im Moment nicht besonders gut zu sprechen sind und weise Jasper auf meine Beobachtungen hin: »Je älter du wirst, desto häufiger erziehst du an deinen Brüdern herum: Ihre Frisuren sind dir zum Beispiel nicht genehm. Viel zu brav seien sie, sagst du ihnen. Die Witze, die sie erzählen, sind aus deiner Sicht langweilig und fade. Ihre Spiele seien kindisch und doof, meckerst du. Dabei hattest du selbst noch vor kurzem Freude an gerade diesen Spielen.

Häufen sich deine Erziehungsversuche, steigert sich damit ganz schnell die Wut und der Frust deiner Brüder. Dann wehren sie sich – zum Beispiel, indem sie deine Aufkleber abpulen oder abreißen.«

Eltern müssen manchmal Vermittler spielen zwischen den Geschwistern.

Alles einleuchtend. Mag ja tatsächlich so gewesen sein, meint Jasper. »Aber sie können doch jetzt wenigstens zugeben, daß sie alle zusammen oder einer von ihnen für diese Übeltat verantwortlich sind. Lügen – das ist unheimlich feige!«

Noch einmal versuche ich, Verständnis für die jüngeren Brüder zu wecken: »Sie fürchten sich vor deinen Wutanfällen, wollen sich mit Hilfe einer Lüge in Sicherheit bringen. Das zeigt dir, wie klein, wie unterlegen sie sich fühlen. Und jetzt – hinterher – eine Lüge zuzugeben, erfordert eine doppelte Portion Mumm!«

»Mag ja stimmen, was du erzählst«, sagt Jasper und zeigt einen Hauch Verständnis dafür, daß sich seine Brüder an den Aufklebern ausgetobt haben, aber daß sie ihre Schandtat nicht zugeben, das geht zu weit. Jasper besteht darauf, ich solle mir die drei vorknöpfen, sie verhören, den oder die Schuldigen finden und gehörig bestrafen.

Nicht Angst und Wut verstärken, sondern abbauen.

Streng durchgreifen – ich halte nicht viel von Jaspers Vorschlag. Mit Verhören und Strafen erreiche ich wenig. Damit verstärke ich ihre Angst höchstens noch. Und das Gegenteil will ich erreichen: Die Furcht vor dem mächtigen großen Bruder abbauen und damit heimliche Zerstörungsaktionen und Lügen überflüssig machen. Nach meiner Erfahrung erreiche ich das am ehesten, wenn ich mit den dreien so über ihren großen Bruder rede, wie ich bisher mit ihm über seine kleinen Brüder gesprochen habe. Verständnis für den, für die anderen will ich mit diesen Gesprächen wecken. Und natürlich sage ich im Laufe des Gesprächs, daß ich von Lügen nichts halte, und warum das so ist. Und Strafe? Nein, Strafe muß nicht sein.

»Ich kann nicht mehr – jetzt setzt es was!«

Es eilt. Bald machen die Läden zu. Ich muß mich sputen, wenn aus den Einkäufen noch etwas werden soll. Vielleicht könnte Jasper mitkommen, mir helfen bei den Besorgungen.

Der Drang nach Selbständigkeit *ist wichtiger als Hilfsbereitschaft zeigen. Mehr über* selbständig werden *auf Seite 199 ff.*

Jasper könnte, Jasper will aber nicht mitkommen. Jasper will in seinem Zimmer sitzen und Michael Jackson hören. Will tun und lassen dürfen, was er will. Ich soll ihn bitte in Ruhe lassen. »Keine Lust mitzufahren!« ruft er und – zack – ist seine Zimmertür wieder zu.

Keine Lust. Ich habe auch keine Lust, jetzt abzudampfen. Zu nichts habe ich im Augenblick Lust. Nach etlichen schlafgestörten Nächten – die Kinder hatten Windpocken – fühle ich mich ausgelaugt und müde.

Und weil ich kraftlos und unlustig bin, habe ich das Gefühl, daß sich nichts als Arbeit vor mir auftürmt. Nichts als Alltagskram. Von Wäsche zusammenlegen bis Knöpfe annähen. Nicht den kleinsten Lichtschimmer kann ich im Augenblick sehen. Dazu bin ich nicht in der Lage.

Ausgerechnet jetzt kommen Julian, Jakob und Konstantin mit Extrawünschen:

Manchmal empfinden Mütter ihre Kinder als die reinsten Blutsauger.

»Mami, weißt du, wo mein gelber Pulli ist?«

»Mami, hast du ein Stück Draht für mich?«

»Mami, die Birne in meiner Nachttischlampe ist durchgebrannt!«

Mami, Mami, Mami – »Ich habe das Gefühl, ihr verfolgt mich!« Ich versuche, die Kinder abzuwimmeln: »Laßt mich bitte, bitte jetzt in Ruhe!« Denkste. Tun sie nicht. Sie können nicht einsehen, warum ich gereizt und ungeduldig reagiere. »Was hast du bloß?«

Angespannt, nervös krame ich Geldbeutel und Einkaufskorb zusammen, pfeife diesen widerborstigen Jasper herbei: »Du kommst mit. Ich brauche deine Hilfe!«

Nach etlichen weiteren Ermahnungen – »Beeil dich!« und »Wir müssen los!« – prallen Jasper und ich im Flur schließlich aufeinander. Beide gereizt. Beide empört, stocksauer auf den anderen. Jasper ist zornig, weil ich ihn mit Macht zwingen will, daß er zum Einkaufen mitkommt. Ich bin zornig, weil er mir nicht helfen mag. Jasper fügt sich nicht. Er grinst mich an – provokativ, frech (aus meiner Sicht) und sagt: »Ich komme nicht!«

Wenn Eltern sich wie Machthaber aufführen, werden Kinder sauer.

Druck ausüben *siehe Seite 249 ff.*

Kribbelig von Kopf bis Fuß, gerate ich über diesen grinsenden, sich verweigernden Sohn in Rage wie selten. Hilflos, weil ich nicht weiter weiß, aufgeregt und wütend, knallt mir die Sicherung raus. Ich schlage zu. Mache genau das, was ich wirklich nie tun wollte. Was ich unmöglich finde. Jasper bekommt ein, zwei Schläge auf den Po. Die Schläge tun uns beiden weh. Jasper weint. Nicht weil die Schläge ihn verletzt haben, sondern weil er sich mir ausgeliefert fühlt. Weil ich seine Würde verletzt habe. Am liebsten würde er zurückschlagen.

Mir ist nicht weniger nach Weinen zumute. Ich kann Jaspers Blick kaum aushalten. Sofort nehme ich ihn in die Arme – heilfroh, daß er die Umarmung zuläßt. Von Wut keine Spur mehr. Mir tut es nur leid, daß ich die Beherrschung verloren habe.

Ganz egal, welche Mucken ein Kind macht, Gewalt, eine Tracht Prügel kann nie ein geeignetes Erziehungsmittel sein. Schläge demütigen, denn Schläge treffen die Selbstachtung. Jasper und ich sitzen Minuten später auf der Treppe und sagen kein Wort. Trotzdem wissen wir beide: Böse sind wir nicht mehr miteinander. Der Dampf ist abgelassen. Mich beschäftigen verschiedene Fragen, ich mache mir Vorwürfe: Wird sich Jasper an diese erniedrigende Szene immer erinnern oder kann er sie vergessen? (Ich habe die einzige Tracht Prügel, die ich als Kind bekam, in Erinnerung behalten.) Was empfindet Jasper in diesem Moment? Was kann ich jetzt, im Nachhinein, tun, um die Demütigung zu mildern? Wird sich solch eine Szene beim nächsten Konflikt wiederholen, wird mir erneut die Hand ausrutschen? Plötzlich rede ich mit Jasper über diese Gedanken. Darüber,

Ein mieses Gefühl: Einiges an Schuldgefühlen bleibt übrig.

- daß Schlagen, daß Gewalt kein Erziehungs-, sondern ein Erniedrigungsmittel sei,
- daß ich unglücklich bin, ihn geschlagen zu haben und Schlagen wirklich nicht für eine geeignete Reaktion halte,
- daß ich wenig glaubwürdig bin, wenn ich Kindern einerseits friedliches Verhalten predige, andererseits selbst zuschlage, wenn sich Schwierigkeiten ergeben,
- daß nicht Jaspers Eigensinn, sondern meine schlechte Verfassung, meine Überforderung den Adrenalinspiegel zum Überlaufen gebracht hat,

Die Gefühle nicht hinunterwürgen und schnell vergessen, sondern darüber reden, das hilft ein bißchen.

- daß mich Jaspers Verhalten gereizt hat und warum ich in Wut über sein Verhalten geraten bin.

Schließlich versöhnen wir uns und Jasper tröstet mich. So schlimm sei das mit den zwei Schlägen auf den Po nun auch wieder nicht gewesen. Er habe mich ja wirklich gereizt. Trotzdem, ich bin anderer Meinung: das mit den Schlägen sollte nicht wieder vorkommen. Das ist nicht so einfach entschuldbar.

Wenn Eltern sich vor den Kindern streiten

Wie im Theater sitzen Julian, Jasper, Jakob und Konstantin vor uns auf dem Sofa – einer neben dem anderen, und schauen zu, hören zu, wie sich ihre Eltern streiten.

Daß sie nicht allein sind, wenn die Eltern streiten, tut den Kindern gut. Mehr über Geschwister *auf Seite 203 ff.*

Ganz harmlos hat der Zank begonnen. Um eine (wieder einmal) vergessene Besorgung geht es dabei, eine dieser berühmten Kleinigkeiten, die Lawinen ins Rollen bringen. Nicht ganz so harmlos setzt sich der Streit fort: Wir Eltern giften uns an, wir schäumen vor Wut und werden immer gereizter, immer lauter. Wir machen das, was wir in dieser Weise nie vor den Kindern tun wollten. Wir schimpfen, wir streiten uns auf Teufel komm raus.

Je wüster unser Streit, desto enger rücken unsere Kinder zusammen. Die vier beobachten sehr genau, was vor sich geht. Sie verfolgen unsere Mimik, unsere Gestik und versuchen unsere aufgeregte Zeichensprache zu deuten: »Sind die Eltern sehr böse oder nur ein bißchen böse aufeinander?« Sie nehmen jede Nuance in unseren Stimmen wahr, hören jedes Wörtchen, das wir uns gegenseitig an den Kopf werfen, und geben flüsternd ihren Kommentar dazu ab: »Die sind stocksauer – so wie sie miteinander reden!«

Konstantin und Jakob können sich noch keinen rechten Reim darauf machen, was sich hier eigentlich abspielt.

»Warum flippen die beiden aus?« Jasper und Julian können unsere elterlichen Streitereien schon eher einschätzen. Mit ihren elf und neun Jahren haben sie ein feines Gespür dafür, was zwischen ihren Eltern vor sich geht. Sie beruhigen ihre kleinen Brüder, nehmen sie unter ihre Fittiche: »Das Gezeter hat bald ein Ende!«, das wissen sie aus Erfahrung.

Seismographisch nehmen Kinder auf, was sich zwischen ihren Eltern tut.

Die Kinder bilden in diesem Moment eine seltene Einheit, eine Front gegen die Eltern, die hier vor ihnen dieses Mordstheater aufführen. Sie sind sich in der Beurteilung des Vorgangs sehr einig: »Die spinnen total!«

Nachdem sie ihre kleinen Brüder beruhigt haben, reden Jasper und Julian ein ernsthaftes Wort mit ihren wütenden Eltern: »Hört endlich auf! Wir mögen das nicht länger mitansehen. Ist ja gräßlich dieser Zank!« Und: »Nun vertragt euch bloß wieder!« Sie machen das, was wir Eltern sonst tun, wenn sie sich mit ihren Geschwistern streiten: Sie reden uns gut zu.

Manchmal sagen auch die Kinder den Eltern, wo's langgeht.

So souverän sich die Großen und unter ihrem Schutz auch die Kleinen auf dem Sofa geben, unser Streit prallt nicht einfach ab an ihnen. Er bedrückt, er verunsichert sie. Auch wenn sie aus Erfahrung wissen, daß sich die Wogen schnell wieder glätten, daß wir Eltern uns meist fix wieder versöhnen, bleibt doch ein bißchen Angst: »Und was ist, wenn sich die beiden gar nicht mehr vertragen?«

Und noch etwas bringt Unsicherheit: Die Kinder bemühen sich, die Haltung, die Argumente jedes Elternteils während dieses Streites zu verstehen. Einer kann nur recht haben – wer hat recht bei dieser Auseinandersetzung? Zu wem sollen wir halten – lieber zur Mutter oder lieber zum Vater?

Ich habe den Eindruck, unsere Kinder wollen gar nicht wissen, wer hier recht hat. Eigentlich möchten sie weder zum einen noch zum anderen halten, sondern zu beiden. Sie wünschen sich nur eins: Der Streit soll endlich ein Ende haben.

Kein Elternstreit geht spurlos an Kindern vorüber. Sie geraten unter Druck, sind verunsichert.

Und schließlich hat er das auch. Erschöpft sitzen sich Vater und Mutter gegenüber. Die Kinder atmen erleichtert auf: Nun werden sie sich vertragen. Alles wieder in Ordnung. Ihnen fällt ein ziemlich großer Stein vom Herzen.

Es ist längst noch nicht alles wieder in der Reihe, denn jetzt ist es mit dem Frieden unter unseren Kindern vorbei. Ein Reizwort hier, ein Reizwort da und kleine Fußtritte. Unsere Kinder beginnen mit der Streiterei dort, wo wir aufgehört haben. Sie zanken sich, was das Zeug hält. Der Zank artet bald in eine Klopperei aus.

Mit schlechtem Gewissen betrachte ich diese aggressiven Kinder. Kein Wunder, daß jetzt die Fetzen fliegen. Wie ein überhitzter Dampfkessel kommen mir unsere Kinder vor. Sie müssen den Druck loswerden, unter dem sie stehen. Mit Gewalt kommt jetzt das wieder heraus, was sie vorhin einstecken mußten, was sie verunsichert, überfordert hat.

Mit der Zeit gibt sich auch dieser Streit. Nach den Eltern beruhigen sich nun auch die Kinder wieder.

Später sprechen wir Eltern noch einmal über unseren Krach und sind uns einig darin, daß sich solch ein Streit – allen guten Vorsätzen zum Trotz – nicht immer vor den Kinder vermeiden läßt und bis zum Abend aufschieben läßt, wenn die vier im Bett sind.

Wut läßt sich nicht immer auf den Abend verschieben.

Sich zum Streiten hinter eine künstliche Barriere zurückziehen zwischen Kinder- und Erwachsenenwelt, zum Beispiel hinter verschlossene Türen, macht die Spannungen auch nicht erträglicher. Denn daß hinter den verschlossenen Türen einiges nicht stimmt, spüren Kinder genau – selbst kleine Kinder. Sie nehmen mehr wahr, als ich manchmal wahrhaben möchte. Nach meiner Erfahrung sind sie Meister darin, mit feinsten Antennen die Kratzer und Risse in den Beziehungen der verschiedenen Familienmitglieder zu orten.

Machen wir ein Geheimnis aus jedem Ehekrach, beschönigen wir unsere ehelichen Disharmonien, erreichen wir damit wohl das Gegenteil von dem, was wir uns wünschen. Die Kinder werden erst recht hellhörig. Ihre Sorgen verstärken sich, denn Geheimniskrämerei macht mißtrauisch. »Warum sagen uns die Eltern nicht, was los ist?« Keiner läßt sich gerne aussperren.

Geheimniskrämerei mögen Kinder nicht. Fürchterlich, nicht zu wissen, was eigentlich los ist.

Lassen wir sie jedoch teilnehmen an unseren Ehekrächen – und das sind ganz normale Auseinandersetzungen, mal leiser, mal lauter – machen sie eine wichtige Erfahrung: Sie erleben mit, daß es nicht nur zwischen Kindern kracht, sondern auch zwischen Erwachsenen und daß die gleichen Nichtigkeiten zum Krach führen wie bei Kindern. Erstaunlicherweise verhalten sich die Erwachsenen beim Streiten auch kein bißchen vernünftiger als Kinder. Ebenso unbeherrscht können sie sein, ebenso laut und manchmal noch kindischer als Kinder.

»Wollen wir uns wieder vertragen?«

Wir haben Krach miteinander – Julian und ich. Wer macht Schluß mit dem Streit? Wer macht den ersten Schritt auf den anderen zu? Julian nimmt mich in die Arme und sagt den erlösenden Zauberspruch: »Wir wollen uns wieder vertragen!« Dann rutscht er auf meinen Schoß und will den Streit mit mir noch einmal ausführlichst besprechen. Über den Zorn, den er vorhin auf mich hatte, über seine Gefühle möchte er mit mir reden: »Solch eine Stinkwut wie vorhin hatte ich selten auf dich! Ich wußte nicht, wohin mit meiner Wut!« Erschrocken über die Intensität seiner Empfindungen, müht sich Julian, sie mir zu beschreiben. Nicht einfach, das in Worte zu fassen, was sich da drinnen – »im Bauch«, sagt Julian – an Gefühlen angesammelt hat.

Lernen, seine Gefühle in Worte zu fassen.

Froh darüber, daß Julian nicht nur genau wahrnimmt, was in ihm vorgeht, sondern darauf aus ist, das was ihn bedrückt auch auszusprechen, ermuntere ich ihn zu diesem Gespräch. Stelle Fragen. Hake nach. Versuche mich in die Nöte des Neunjährigen einzufühlen. Zum Beispiel sage ich ihm, daß ich dieses Durcheinander ganz verschiedener Gefühle kenne: Wut, schlechtes Gewissen, Ohnmacht und Aggression. »Dann bin ich ganz kribbelig. Bekomme nichts mehr auf die Reihe!« Und ich sage Julian, daß die meisten Erwachsenen nicht weniger Schwierigkeiten haben als Kinder, sich zu beherrschen und das innere Chaos zu ordnen: »Oft schaffe ich das überhaupt nicht und explodiere bei jeder Kleinigkeit!«

Mehr zum Thema Einfühlungsvermögen *auf Seite 203 ff.*

Julian und ich sind uns am Ende unseres Gesprächs darüber einig, daß es Kindern und Eltern gleichermaßen schwer fällt, bei Auseinandersetzungen die Ruhe zu bewahren. Daß dies etwas ist, was man lernen muß – im Streiten, im Diskutieren, im Umgang miteinander.

14
Vom Kleinsten, der immer hinterherhinkt

An- und ausziehen: »Das kannst du alleine!«

Viel bequemer, manchmal unselbständig zu bleiben. Selbständigkeit *siehe Seite 210ff.*

Mir wird ein Schuh vor die Nase gehalten. Zuschnallen soll ich den Schuh. Konstantin hält nichts vom Selbermachen. In puncto Selbständigkeit zeigt er keinen Ehrgeiz. Sein Standpunkt: Warum die Finger krümmen, warum sich bücken, wenn im Hintergrund eine Mutter parat steht, die bisher die Schuhe zugeschnallt hat, den Anorak gesucht und ihm die Mütze aufgesetzt hat. Konstantin streckt Fuß samt Schuh in die Luft und macht keinerlei Anstalten, aktiv zu werden.

Ich kapituliere: »Gib schon her. Mach ich's eben noch einmal. Aber zum letzten Mal!« Einmal hin, einmal her, und schon sind die Schuhe zugeschnallt. Soll ich dem Jungen noch einmal zeigen, wie's gemacht wird? Lieber nicht. Jetzt nicht, wir haben es eilig. Das Lernen wird auf morgen verschoben.

Eine helfende Hand, die ihm lästige, alltägliche Verrichtungen abnimmt, hat Konstantin noch nie abgeschüttelt. Wenn er nur lang genug nölt und herumhampelt, wartet und nichts tut, findet sich immer einer fürs Hosenknopfverschließen und Gürtelzuschnallen, Reißverschlußhochziehen und Sockenanziehen. Selbst ist der Mann, das ist kein Wahlspruch für Konstantin. Allein zurecht kommen ist anfangs mühsam. Und vom Abmühen hält er gar nichts.

Unselbständige Kinder lassen sich leichter von ihren Eltern gängeln.

Warum machen wir mit bei diesem Spiel? Warum erziehen wir den Jungen nicht zu mehr Selbständigkeit in Alltagsdingen? Warum lege ich ihm zum Beispiel immer noch die Klamotten raus, obwohl er selbst weiß, wo er sie finden kann? Die Liste meiner überflüssigen Dienstleistungen ließe sich beliebig fortsetzen.

Ich bemuttere Konstantin, weil dieses Verhalten nicht nur für ihn, sondern auch für mich äußerst bequem ist.

Helfe ich ihm in die Gummistiefel, ist das Schuhanziehen in Sekunden erledigt und wir können losmarschieren. Knöpfe ich ihm das Hemd zu, sieht er adrett und ordentlich aus. Knöpft er es selbst zu, dauert die Chose doppelt so lange und ich muß noch einmal »nach«-knöpfen.

Ein Kind zur Selbständigkeit zu erziehen strengt an – jedenfalls zu Beginn des Lernprozesses:

- Man muß sich Zeit nehmen,
- geduldig warten können,
- erklären und die Erklärung wiederholen,
- gut zureden und Mut machen.

Erziehung zur Selbständigkeit setzt viel Geduld voraus.

Weil ich alltags viel um die Ohren habe, verschiebe ich dieses Erziehungskapitel immer wieder auf morgen. Erledige ich die praktischen Dinge – von Handschuhe suchen bis Taschentuch einstecken – schnell selbst, sind wir in kürzester Zeit startklar. Warte ich dagegen darauf, bis Konstantin selbst in die Gänge kommt, vergeht kostbare Zeit. Mit Wonne zögert er das Sockenhochziehen hinaus und das Hemd-in-die-Hose-Stecken.

Vor allem aus Bequemlichkeit also sind Konstantin und ich ein eingespieltes Team mit festen Rollen. Weil der Vierjährige immer wieder die Erfahrung macht, daß ich einspringe, wenn's schwierig oder anstrengend wird, denkt er nicht daran, Schwierigkeiten allein anzugehen und Anstrengungen zu bewältigen. Er beharrt auf seiner Unselbständigkeit. Weil Konstantin noch so unselbständig ist, muß ich ihm hier noch helfen und da noch helfen, denn sonst kommt er nicht zurecht.

Der Wunschtraum aller kleinen Kinder: Eltern, die auf Kommando paratstehen.

Wenn aus Konstantin kein Muttersöhnchen werden soll, das noch zu Schulzeiten an meinem Rockzipfel hängt, wird es höchste Zeit, daß wir aus diesem verflixten Kreislauf ausscheren. Und darüber spreche ich mit ihm: »Du brauchst niemanden, der dir laufend zu Diensten ist, dich an- und auszieht, umhegt und pflegt, als seiest du ein zartes kleines Blümchen, sondern dir muß gezeigt werden, wie du das alles alleine schaffst.«

Konstantin liebt keine Veränderungen, und vor allem keine unbequemen. Daß nun ein anderer Wind wehen soll, mag er nicht glauben. Nun trödelt er extra und ruft dauernd nach mir. Ich liege gereizt auf der Lauer, um dann plötzlich ungeduldig aus meinem Eck zu fahren: »Beeil dich. Zieh dich endlich an!«

Nur mit Mühe lerne ich, in meiner Ecke hocken zu bleiben, wenn Konstantin nach mir kräht.

Als er merkt, daß es mir ernst ist, daß ich nicht mehr rund um die Uhr für ihn verfügbar bin, gibt sich das Mamirufen und Drängeln mit der Zeit. Je häufiger es Konstantin gelingt, mit einem Problem ohne fremde Hilfe fertig zu werden, desto munterer ist er bei der Sache: Er zieht Pullover und Regenmantel allein an, er sucht seine Schuhe und kämmt sich allein.

Die Kreativität von Kindern zeigt sich beim Lösen von Problemen. Kreativität *siehe Seite 209ff.*

Er genießt seine Erfolgserlebnisse. Und sucht nach neuen Lösungen von Problemen, wenn die alten nicht klappen. Versucht er zum Beispiel, ohne Erfolg einen Gürtel durch enge Hosenlaschen zu zerren, läßt er den Gürtel weg und krempelt einfach den Hosenbund um. Nicht nur Konstantin, sondern auch ich lerne dazu. Ein Kind zur Selbständigkeit zu erziehen, wird anstrengend, wenn ich oberlehrerhaft alles vormache, doppelt und dreifach erkläre, wenn ich auf Perfektion aus bin, dem Kind keinen Spielraum lasse für eigene Versuche und sofort eingreife, wenn beim Ausprobieren etwas schief läuft. Oder wenn das Ergebnis des Experimentes zu wünschen übrig läßt.

Kann ein Kind dagegen in aller Ruhe seine Erfahrungen machen, lasse ich es zum Beispiel beim Anziehen schlampen, dann erleben wir zusammen bessere Zeiten. Kein Druck, kein Streß. Und irgendwann klappt das Anziehen und dergleichen schließlich, auch wenn es am Anfang noch nicht ganz so adrett und perfekt ist. Dafür gewinnen wir beide – Mutter und Kind – ein Stück Selbständigkeit. Wir werden unabhängiger voneinander.

Ein Riesenbaby von vier Jahren

Eine Superrolle für viele: noch einmal Baby spielen. Mehr zum Thema Rollen *auf Seite 226ff.*

Einerseits bin ich froh, daß die Kinder aus dem Gröbsten raus sind. Nicht schlecht, daß ich nachts mein Bett wieder für mich alleine habe (jedenfalls meistens), keine Windelpakete mehr ins Haus schleppen muß und die Breiwirtschaft ein Ende hat.

Andererseits ist da ein Eckchen in mir – allen anders lautenden Beteuerungen zum Trotz – in dem ich Gelüste nach einem Baby hege und pflege. Winzige, zerbrechliche, hilflose Wesen sind Babys. Von dem Wunsch nach solch einem Wesen trenne ich mich zu meiner eigenen Überraschung nur schwer. Und deshalb spiele ich – wider alle Vernunft – mit unserem jüngsten Sohn manchmal Baby: nehme ihn auf den Schoß wie ein Baby, wiege ihn in meinen Armen wie ein Baby und trage ihn im Zimmer umher wie ein Baby. Der Vierjährige läßt sich diese Spielereien gerne gefallen, schnurrt wie ein Kätzchen und macht sich ganz klein. Er hat sofort spitz bekommen, was läuft: »Wer zart und schwach ist, wird umsorgt!« Mit Freuden geht er auf mein Spielchen ein und mimt Baby, indem er eine Schnute zieht, Kulleraugen macht und lispelt, weil er das für besonders babyhaft hält. Zu unserem Schrecken hört Konstantin mit dem Spielchen nicht mehr auf. Nach einer Weile findet sein Gehabe keiner mehr komisch.

Das Kleinkindhafte genießen – und das Zusammensein. Siehe auch Seite 209ff.

Ich versuche dem Spiel ein Ende zu machen: »Sei wieder vernünftig. Das war doch nicht ernst gemeint. Nur ein Spaß ...« Ich erreiche nichts mit meiner Erklärung. Konstantin ruft weiter mit piepsiger Stimme »Maaamaaa«, fühlt sich wohl in der Rolle eines Winzlings und fällt damit dem Rest der Familie ziemlich auf die Nerven. Ich verlege mich aufs Bitten: »Dieses affige Lispeln, diese spitze runde Schnute, hört sich blöd an, sieht blöd aus. Laß das doch bitte!«

Je häufiger ich ihn bitte, je häufiger seine Brüder ihn als albernen Affen bezeichnen, je häufiger sein Vater die

Augen gen Decke schlägt, desto reizvoller wird das Spielchen für Konstantin. Er baut es aus. Die Sache ist höchst interessant für ihn: Er steht im Mittelpunkt des Geschehens und genießt es von Herzen. Deshalb denkt er überhaupt nicht daran, das Spiel zu beenden.

Nicht einfach, eingefahrenes Verhalten zu korrigieren.

Was tun? Ich rede nicht länger mit ihm, sondern mit seinen Brüdern: »Geht nicht auf seine Albernheiten ein. Wenn wir ihn alle naselang darauf ansprechen, steigert sich das Vergnügen für ihn. Er erreicht damit sein Ziel, im Mittelpunkt zu stehen und beachtet zu werden. Und das gefällt ihm!«

Also versuchen wir alle, Konstantins Vorstellung zu ignorieren, was nicht nur uns Eltern, sondern auch seinen Geschwistern schwer fällt. Am liebsten würden seine Brüder ihm eine knallen – »Dann wäre Schluß!«. Wieder einmal weise ich darauf hin, daß sich durch Zuhauen Probleme – in diesem Fall besser gesagt ein Problemchen – nicht beseitigen lassen. Ich mache uns Mut: »Wenn wir auf das Spielchen nicht eingehen, verliert es an Reiz. Es wird langweilig. Und ein langweiliges Spiel stellt Konstantin schließlich ein!«

Glücklicherweise habe ich recht mit meiner Voraussage: Konstantin hört mit dem Babygetue auf. Und ich nehme mir vor, nicht mehr Baby mit ihm zu spielen, weil dieses zunächst so schöne Spiel schnell außer Kontrolle gerät.

Immer hinterher, oft außen vor

Konstantin ist dauernd in Bewegung. Selbst wenn er sich der Länge nach auf den Teppich ausstreckt und mit seinen Spielautos auf dem Teppichmuster entlang fährt, liegt er auf der Lauer. Er beobachtet, was sich bei seinen Brüdern tut: Sind sie mit den Schularbeiten endlich am Ende oder etwa immer noch nicht? Was knistern sie

Das Hauptinteresse des Jüngsten: den Anschluß an die älteren Geschwister nicht zu verpassen.

plötzlich in der Küche herum? Warum verziehen sie sich ins Wohnzimmer und schließen die Tür hinter sich?

Sofort ist Konstantin auf den Beinen und geht nachschauen. Ein Alptraum für ihn, ein schrecklicher Gedanke, daß sich bei den Großen Wesentliches ereignen könnte und er bekäme es nicht mit. Selten nur schaltet er ab. Meistens sind seine Antennen – sensible, hochempfindliche Antennen – auf Empfang geschaltet und auf die Geschwister ausgerichtet. Dauernd ist der Jüngste in Alarmbereitschaft, immer auf Beobachtungsposten, und das strengt ihn an.

Ob der Jüngste das Gefühl, immer hinterher zu hecheln, jemals wieder los wird?

Oft mißlingt es ihm, sich den großen Brüdern anzuschließen. Sie nehmen ihn nur flüchtig wahr, lächeln ihm gerade noch gönnerhaft freundlich zu, um gleich anschließend mit Freunden und Fahrrädern abzuschwirren – ohne ihn. »Nehmt mich mit. Wartet!« Rufen hilft nicht. Die Brüder sind längst über alle Berge.

Aber manchmal hat er Glück. Dann gelingt es ihm, sich in ein Spiel der Großen einzuschummeln. Ganz mächtig strengt er sich an, will mit ihnen Schritt halten. Er baut wie sie Flugzeuge aus dem Technikbaukasten. Scheitert er an der Vorlage, jammert er: »Ich komm' nicht zurecht. Helft mir!« Oder er fummelt mit ihnen an der Eisenbahnanlage. Schafft er es nicht, die Schienen ineinanderzustecken, bittet er um Beistand: »Ihr müßt mir zeigen, wie's geht!« Oder er läßt wie sie Ritter zum Kampf antreten, dabei kracht die Ritterburg im Hintergrund zusammen und er meint: »So gut wie ihr kann ich nicht bauen!«

Mehr über Geschwister *auf Seite 214 ff.*

Nachdem sie dem Kleinen x-mal erklärt, gezeigt haben wie dies oder das funktioniert, erschöpft sich die Geduld der Großen: Fürchterlich, dieser kleine Bruder, der immer und überall auftaucht, der immer mitmachen will! Und erneut lassen sie ihn stehen, rennen ohne ihn davon.

Sehr häufig fühlt sich Konstantin aus dem Kreis der Geschwister ausgeschlossen. So lieb sie ihn auch haben, für voll mögen sie ihn partout nicht nehmen. Und das wurmt den Kleinsten. Finger im Mund, Finger am Ohr schießt er wütend mit der Fußspitze Steinchen durch den Garten oder verzieht sich mit Kuscheltier im Arm auf sein Bett oder will wie zu Babyzeiten auf meinen Arm.

Daß Enttäuschung in Wut umschlägt, verstehen die älteren Brüder nicht.

Später zeigt er den Geschwistern seine Enttäuschung auf eine Weise, für die sie wenig Verständnis haben. Ausgesprochen biestig ärgert er sie: Er versteckt »Wertgegenstände« wie Kassetten, Radiergummis, Lieblingsfilzstifte, Sparbüchsenschlüssel, Aufgabenhefte usw., er kreischt besonders intensiv, wenn seine Brüder über den Schularbeiten brüten, er albert beim Abendessen mit seinem Müsli herum, pustet zu unser aller Mißvergnügen Haferflocken über den Tisch.

Später beim Gute-Nacht-Sagen klagt mir Konstantin sein Leid: »Keiner mag mich. Alle rennen weg vor mir. Nie darf ich mitspielen!« Mein Hinweis darauf, daß er mit seinen vier Jahren doch gar nicht mehr so klein sei, und daß er in letzter Zeit etliche Zentimeter gewachsen sei, beeindruckt ihn in diesem Moment nicht. Das Ziel, das er mit aller Macht anstrebt, will einfach nicht näher rücken: Groß wie die Brüder möchte er sein, damit sie ihn endlich für voll nehmen!

Hilfsbereitschaft läßt sich wecken. *Mehr über* Einfühlungsvermögen *auf Seite 259ff.*

Ich schildere den Brüdern Konstantins Sorgen, versuche Verständnis für seinen Kummer zu wecken: »Ihr seid nun mal die Großen für ihn. Er vergleicht sich nur mit euch, nicht mit seinen Freunden, nicht mit den Kindern aus dem Kindergarten. Nur was ihr von ihm haltet, zählt für ihn. Er will unbedingt in den Kreis der Großen aufgenommen werden.«

Konstantins Geschwister lassen sich sensibilisieren für die Kümmernisse ihres kleinen Bruders, machen sich Gedanken darüber, wie das Dilemma zu beseitigen sein könnte und haben eine Superidee:

Sie stellen eine Art Trainingsprogramm für ihn auf, damit er fix groß und stark wird:

- Liegestütze üben, »damit er Muckis bekommt!«

Jeder freut sich über Anerkennung. *Siehe Seite 230ff.*

- Radfahren lernen, »damit er wagemutig mit uns draußen herumkurven kann«.
- Versteckenspiel im Dunkeln, »damit er mutiger wird!«

Groß und stark soll er werden – schön und gut. Aber ob er das Training durchhalten kann? Ich habe meine Zweifel: »Ihr überfordert ihn. Wenn er euer Pensum nicht schafft, ist er doppelt unleidlich und aggressiv!«

Auf eine andere Möglichkeit weise ich Konstantins große Brüder hin: »Ihr laßt ihn so sein, wie er ist. Zeigt ihm lieber häufiger, sagt ihm häufiger, daß ihr ihn lieb habt!«

15
Vom Schmusen und vom Trösten

Kribbelkribbelkrabbel vom Finger bis zum Zeh

Konstantin liegt nackt auf dem Bauch, den Kopf im Kissen vergraben. Sein Vater streichelt ihm den Rükken. Konstantin gibt seinem Vater genaue Streichelanweisungen: »Mehr auf der anderen Seite vom Rücken!« »Jetzt im Nacken!« »Ein bißchen auf der Schulter kratzen!« Sein Vater massiert ihm den Rücken, krault den Nacken. Nun bin ich an der Reihe, wiederhole das Spiel von A bis Z.

Kleine Zärtlichkeiten, schnell zwischendurch mal, genießen kleine Kinder. Das macht sie sicher: Meine Eltern haben mich lieb.

Schließlich wechseln wir uns mit dem Streicheln ab und unser Sohn hat ein Mordsvergnügen daran, herauszufinden, wer ihn in diesem Moment gerade streichelt. Vater? Oder Mutter?

Konstantin entspannt sich während des Spiels, wird faul und wohlig müde. Mit Haut und Seele genießt er diese Schmuseviertelstunde, die wohligen Gefühle und Empfindungen von der Fingerspitze bis zum großen Zeh. Das Spiel soll kein Ende haben.

Julian und Jakob lassen sich auf Schmusespiele nicht mehr mit der Freude und Wonne ein wie der kleine Bruder. Schuljungen krabbeln seltener auf Mutters oder Vaters Schoß. Sie haben andere Dinge als Schmusen im Kopf. Fußballspielen müssen sie. Sich mit den anderen aus der Klasse treffen. Und mit ihren Fahrrädern herumkurven. Immer haben sie etwas vor. Immer sind sie in Eile.

Schmusen ist ein Zaubermittel, das auch größere Kinder noch oft brauchen.

Oft lasse ich mich von ihrem Tun und Treiben anstekken, verliere die ruhigen, zärtlichen Spiele mit den Kindern aus den Augen. Wir vergessen vor lauter Beschäftigtsein das Schmusen.

Wenn die Stimmung in der Familie mies wird, gereizt, wenn die Kinder unausgeglichen und unleidlich werden, besinnen wir uns auf das Zaubermittel Schmusen. Plötzlich ist das Bedürfnis danach auch bei den robusten Rabauken, den Größeren wieder da. Instinktiv scheinen sie zu wissen, was wir jetzt alle gemeinsam brauchen: kuscheln und auf dem Schoß sitzen, streicheln und sich in den Arm nehmen.

Mehr zum Thema Nähe *auf Seite 212 ff.*

Auf Wärme, auf intensiven Hautkontakt sind nicht nur Babys angewiesen, um sich körperlich und seelisch gesund zu entwickeln, die größeren Kinder brauchen Zärtlichkeiten ebenso dringend. Auch wenn sie so tun, als sei das ganz unwichtig für sie.

Kaum hat sich Julian oder Jakob auf meinem Schoß zusammengekringelt, kaum habe ich ihnen ihre schlechte Laune weggekitzelt oder davongepustet, schnurren sie wieder, sind ausgeglichener als vorher.

Das Gefühl von Geborgenheit ist wichtig fürs Selbstwertgefühl.

Schmusen ist mehr als nur Zuwendung. Durch das Schmusen, durch die Erfahrung von Liebe und Zärtlichkeit entsteht die Basis, auf der sich eine gesunde Persönlichkeit entwickeln kann. Kinder, die unbeschwerte, fröhliche Liebe erfahren, nehmen mit Hilfe ihrer Sinne sich selbst wahr. Je liebevoller sie in der Familie umsorgt werden, desto positiver erleben sie sich selbst. Mit jedem Kuß wächst die Gewißheit: Was ich zu spüren bekomme, hat mit mir zu tun. Ich kann darauf vertrauen, daß ich geliebt werde. Auf diese Weise entsteht Selbstwertgefühl.

Statt schmusen eine geheime Zeichensprache

Wichtiger Hinweis aufs selbständig werden*: Die Eltern werden auf Distanz gehalten.*

Die Tür ist zu, sie ist jetzt oft verschlossen. Früher stand sie Tag und Nacht offen. Wehe, wenn sie einer geschlossen hätte. Heute braucht Jasper die Tür als Barriere zwischen der eigenen Person und den Geschwistern und den Eltern. Mit seinen elf Jahren hat er ein großes Bedürfnis, sich von uns abzugrenzen. »Schließlich bin ich kein kleiner Sohnematz mehr!«, bekommen wir in letzter Zeit häufig zu hören, Jasper pocht auf sein reifes Alter von fast zwölf Jahren. Nun hat das ein Ende mit der Kindheit – aus seiner Sicht gesehen. Die ersten Vorwehen der Pubertät kündigen sich an.

Am Sonntagmorgen nehme ich besonders sensibel wahr, wenn seine Tür ins Schloß fällt. Jasper kommt nicht mehr mit seinen Brüdern zu uns Eltern ins Bett, sondern zieht sich in sein eigenes zurück. »Ich will lesen!« Und dabei soll ihn bitte keiner stören.

Kraulen und streicheln, kuscheln auf meinem Schoß, das kommt für ihn nicht mehr in Frage.

Es scheint sich der Zeitpunkt anzukündigen, der mir von Eltern älterer Kinder oft beschrieben wird: »Mit elf, zwölf Jahren sind die Kinder plötzlich weg, sind dauernd mit Freunden unterwegs. Und hocken sie mal zu Hause, sind sie mit ihren Gedanken weit weg. Alles andere wird auf einmal wichtiger als die Familie. Ganz schnell wünscht man sich als Vater oder Mutter die Zeiten zurück, als die Kinder noch wackelig auf den Beinen standen oder nachts ins Elternbett kamen – Kopfkissen unterm Arm.«

Selbständig werden – *siehe auch Seite 222 ff.*

Noch trauere ich den vergangenen (Klein-)Kinderzeiten nicht nach und werde es hoffentlich auch nie tun. Im Gegenteil. Fasziniert beobachte ich, in welch rasantem Tempo sich unser Ältester von uns Eltern abnabelt. Die alten Zärtlichkeitsrituale, über Jahre gepflegt, schafft er rigoros ab: Keine Küßchen mehr. Höchstens noch schnell ein Küßchen zur Begrüßung und zum Abschied. Kein Abrubbeln mehr nach dem Baden. Das wird alles alleine erledigt.

Beim Reden ergibt sich eine neue Vertrautheit.

Das seien kindliche Albernheiten, meint der fast Zwölfjährige. Für solche Spiele sei er endgültig zu groß. »Ich bin schließlich kein Muttersöhnchen!«

Kaum sind die alten Rituale abgeschafft, ergeben sich ganz von selbst, ganz spielerisch neue »Umgangsformen«. Wir entdecken neue Gemeinsamkeiten, haben Freude an den gleichen Dingen, Geschichten, Gedanken und reagieren mit ähnlichen Gefühlen auf das, was wir erleben. Was ich immer erreichen wollte, wird langsam Wirklichkeit. Wir gehen partnerschaftlicher miteinander um als früher. Ich bin nicht länger die Mutter, die alles richtet, weiß und

An Mini-Signalen erkennen, was der andere fühlt und denkt.

kann, sondern schrumpfe auf mein Normalmaß zusammen. Jasper richtet, weiß und kann in immer mehr Bereichen ebensoviel, oft bereits mehr als ich.

Zwischen Jasper und uns Eltern entwickelt sich eine neue Form von Zärtlichkeit, eine Zärtlichkeit mit Distanz, die sich in einer Zeichensprache äußert, die nur wir verstehen. Wir lächeln uns verständig an, und jede Nuance dieses Lächelns hat seine eigene Bedeutung. Häufig verständigen wir uns nur durch Blicke, durch kleine Gesten, die wir auch ohne Worte deuten können.

Neugierig nehme ich diese versteckten Zeichen wahr. Weil wir uns gut verstehen, ergibt sich wieder die Nähe, die intensive, liebevolle Vertrautheit, die nicht nur Kinder, sondern auch Erwachsene brauchen.

Manchmal habe ich große Sehnsucht nach den vergangenen Schmusezeiten, dann nehme ich unseren großen Sohn einfach wieder in die Arme. Ziemlich gelassen läßt er diese Attacken über sich ergehen – so nach dem Motto: Mütter scheinen das manchmal zu brauchen. Stimmt genau. Und große Jungen vielleicht auch, selbst wenn sie es nicht zugeben.

Vom Weinen: Wenn die Tränen strömen

Mütter (Väter?) haben ihre Erfahrungen: Sie können das Weinen deuten.

Die Schluchzer überschlagen sich. Tränennaß das ganze Gesicht läuft Jakob auf mich zu, schnieft, fängt beim Rennen die Tränen mit der Zunge auf. Er ist ein einziges Bild des Jammers.

Weinen kann nach Trauer klingen oder nach Trotz, nach Wut oder Schmerz, nach Verzweiflung oder Angst. Nach Gefühlen, die weh tun. Höre ich, sehe ich eins unserer Kinder weinen, erkenne ich am Tonfall der Schluchzer, am Ausdruck des tränenüberströmten Gesichts, was hinter dem Kummer steckt. Jede kleine Nuance nehme ich wahr.

Jakobs Weinen heißt: »Ich weiß nicht mehr ein noch aus vor Wut!« Seine Schluchzer sind ein Hilferuf: »Ich werde allein damit nicht fertig!«

Ich gehe in die Knie, damit sein Gesicht und mein Gesicht auf einer Höhe sind, baue aus meinen Armen einen Ring, eine dicke Mauer um ihn und gebe Jakob damit ein Gefühl von Sicherheit. Das, was ihn zum Weinen gebracht hat, bleibt draußen. Ich küsse eine Menge salziger Tränen weg, nehme Jakob auf die Knie, streichle ihn sanft, wiege den Sechsjährigen wie in alten Zeiten, beruhige ihn, ohne viel Worte zu machen. Die Erklärungen über das, was war, haben Zeit, sie kommen später.

Manchmal muß man in Ruhe weinen dürfen.

Streicheln nützt mehr als Beschwörungsformeln wie »Nicht weinen« oder »Trockne die Tränen!« Floskeln wie »Nicht weinen, trockne die Tränen« können mißverstanden werden als Aufforderung: »Reiß dich zusammen!« Gerade das ist nicht gemeint.

Weinen hat eine befreiende Wirkung. Der Kummer fließt in Strömen von Tränen davon.

Jakob ist lange mit Weinen beschäftigt. Inzwischen überschlagen sich seine Hickser nicht mehr, nur ab und zu ist noch ein Schluchzen zu vernehmen. Endlich versiegen die Tränen, Jakob hat sich ausgeweint.

Erst jetzt frage ich ihn, was eigentlich los war: »Warum mußtest du weinen?« Jakob erzählt eins der üblichen Dramen, die sich unter Geschwistern halt abspielen. Einer hat dem anderen dies und das abgejagt.

Miteinander reden. Sich Zeit für einander nehmen – das taugt als Trost.

Ohne mich in die Streitereien einzumischen, rede ich ausführlich mit Jakob über die Schwierigkeit, in der Geschwisterreihe in der Mitte angesiedelt zu sein: »Zwei Brüder oben, die dauernd bestimmen wollen, wo's lang geht. Ein Bruder unten, der dir ewig auf den Fersen ist und dich nicht in Frieden läßt!« Ich zeige Verständnis für Jakobs Kummer mit diesen Brüdern. Und ich erzähle ihm, wie es in meiner Familie zuging, als ich noch ein Kind war: »Ich hatte zwei jüngere Brüder. Das war einfacher für mich!« Im Laufe des Gesprächs hellt sich Jakobs Miene wieder auf.

Mehr über Zuwendung und Nähe *auf Seite 216 ff.*

Wenn's ums Trösten geht, sind die meisten Mütter unentbehrlich. Im Aufspüren von Kummer, im Heilen von Kummer, im Besprechen von Kummer sind Mütter einmalig. Sie verfügen in der Regel über die Sensibilität, die im Umgang mit Kindern Wunder wirkt. Mütter wissen genau, was ihr Kind braucht, um seinen Kummer schnell zu überwinden: jede Menge Zärtlichkeit und das Gefühl, hier ist jemand, der mich versteht, der sich für meine Belange interessiert.

Das Schönste für mich am Trösten: kaum sind die Tränen getrocknet, stehen Kinder strahlend, putzmunter wieder auf den Beinen: »Alles wieder in Ordnung! Nichts mehr da vom Kloß im Hals!«

Badewasser als Beruhigungsmittel

Kleines Ablenkungsmanöver mit großer Wirkung: Das Toben hat ein Ende.

Vom Wohnzimmer auf den Flur. Vom Flur wieder ins Wohnzimmer. Immer rund herum die wilde Jagd, immer im Kreis laufen und laut quietschen dabei und laut kreischen. Jakob und Konstantin, sechs und vier Jahre alt, flitzen um die Wette durch die Wohnung, bis die Wände wackeln und die Köpfe glühen.

Das Treiben schaue ich mir noch ziemlich gelassen an. Ganz schön munter diese Kinder, sie bersten geradezu vor Kraft. Nach einer Weile jedoch brummt mir der Schädel, ich halte das Getobe nicht mehr aus. Jetzt muß etwas geschehen, sonst gibt's Krawall. »Wie wär's mit einer Abkühlung der erhitzten Gemüter im Badewasser?« Ich lasse das Wasser schon mal ein.

Einigermaßen bereitwillig steigen die Kinder in die Wanne. Hier könnte man ja eine Wasserschlacht machen, wenn ... Wenn diese Mutter nicht abgeschlafft auf einem Höckerchen neben der Wanne säße und um ein kleines bißchen Ruhe bitten würde. Mir steht der Sinn nach sanftem Geplätscher und Geplauder, nach einem geruhsamen Ausklang des Tages. Vielleicht lassen sich die Kinder dafür begeistern, wenn ich mit ihnen kleine Spielchen mit Wasser, Wärme und Haut mache.

Zehen zählen
Ich nehme Jakobs Fuß in die Hand und beschäftige mich mit seinen Zehen. Streichle die Zehen. Biege sie ein bißchen auseinander. Zähle sie von links nach rechts und von rechts nach links. Zum Schluß kitzle ich sie.

Beim Spielen entspannen sich die Kinder. Eine gute Vorbereitung aufs Schlafengehen.

Schaumgeister
Die Kinder liegen wieder lang ausgestreckt in der Wanne. Wie Inseln heben sie ihre Bäuche aus dem Wasser. Mit Seifenschaum male ich ihnen Gesichter darauf, Punkt-Punkt-Komma-Strich ... Dann wischen wir zusammen »die Geister« ab.

Wassermann
Ich mache aus meiner Hand einen Wassermann: Ich balle sie zur Faust und stelle sie auf zwei Beine (Mittelfinger und Zeigefinger). Der Wassermann wandert auf dem Boden der Wanne entlang. Er klettert auf Konstantins rechten Fuß, läuft über seinen Unterschenkel in Richtung Knie. Der Wassermann macht eine lange Unterwasserwanderung, geht von einem Kind zum anderen.

Einseifen
Die Kinder seifen sich gegenseitig ein und waschen den Seifenschaum anschließend wieder ab. Beim Einseifen fahren sie mit der Seife spazieren, sie fahren kreuz und quer über den Körper: von der Nasenspitze bis zum großen Zeh und zurück wieder rauf bis zum Bauchnabel.

Knubbelrubbel
Ich mache Unterwassermassage, nehme Jakobs Bein in die Hände und rubble es erst kräftig, dann sanft mit meiner Hand ab, dann drücke ich es erst kräftig und dann wieder sanft. Danach ist Konstantin an der Reihe. Er möchte

Eitel Harmonie zwischen den Geschwistern, und das genießen sie auch. Mehr dazu auf Seite 229 f.

lieber, daß ich seinen Bauch unter Wasser streichle. Zum Schluß kitzle ich beide. Fühlt sich das Kitzeln unter Wasser anders an als über Wasser?

Wellenbad

Auf Kommando pusten wir alle gemeinsam ins Wasser. Wir blasen erst mit halber Kraft und gleich danach mit voller. Wir schauen zu, wie sich das Wasser kräuselt.

Wasserstraßen

Ich tunke meinen Zeigefinger ins Wasser und zeichne mit dem feuchten Finger Konstantins Augenbrauen nach, seine Nase und seinen Mund. Dazu erzähle ich Nonsens: »Wie kohlrabenschwarz sind diese Augen!« (Dabei sind sie blau). Wir denken uns zusammen Unsinn aus.

Und wenn die Spielchen auch nur Minuten dauern: Diese Minuten verbessern das Familienklima.

Während des Spielens entspannen wir uns. Ich freue mich, daß ich ohne Ermahnen, ohne Schimpfen mein Ziel erreicht habe. Die Kinder sind zur Ruhe gekommen.

Hausmittel gegen Zipperlein: Die Wärmflasche

Der Hals tut weh. Der Kopf schmerzt. »Nicht so schlimm, aber lästig!« Wenn ich unseren Sohn anschaue, vermute ich, daß seine Seele mehr schmerzt als Hals und Kopf. Jakob ist heute nicht gut beieinander. Nichts läuft so, wie er es sich wünscht: Die Schule war blöd, das Spielen mit den Freunden war blöd.

Mißmutig hängt Jakob am Eßtisch und stochert lustlos im Kartoffelbrei. Jakob will ins Bett.

Verwöhnt werden – eine Medizin mit großer Wirkung.

Kaum im Bett, ruft er nach mir. Ich möchte bitte dies und das richten. Diese Aufforderung bedeutet: Nun bin ich krank. Nun bin ich die Hauptperson. Nun möchte ich bitte bitte verwöhnt werden.

Ist eins unserer Kinder krank, verläuft das Verwöhnen nach dem immer gleichen Ritual. Ich mache erst einmal eine Wärmflasche. Die lindert sicherlich weder Halsweh noch Kopfweh, sie hilft jedoch meistens gegen den Seelenschmerz. Das Kind hat das Gefühl, hier kümmert sich einer um mich, macht sich Gedanken. Und dieses Gefühl tut gut: Meistens geht's mit Wärmflasche gleich wieder besser. Ich setze mich ans Bett, wenn eben möglich; halte Händchen und mache ein ›Interview‹, zum Thema Schule (oder Kindergarten), Geschwister oder Freunde. Meistens lassen sich die Kinder ganz gerne interviewen, anregen, von sich selbst zu erzählen. Gegen bloßes Ausfragen haben sie jedoch einiges einzuwenden. Ich suche »Trostpflaster« zusammen, Spiele und Spielzeuge, die sich nebenbei und ohne großen Aufwand machen lassen und Kindern über Fieber, über juckenden Ausschlag, über das Im-Bett-liegen-Müssen hinweghelfen:

Die Nähe *von Eltern und Geschwistern ist jetzt gefragt. Mehr über* Zuwendung *auf Seite 224 ff.*

Herr Pünktchen

Herrn Pünktchen mit ein paar Strichen auf ein Blatt Papier zeichnen samt einem Eimer, den er in der Hand hält. Herr Pünktchen will dem kranken Kind seine Pöckchen abkaufen (Windpocken, Masern, Röteln usw.). Also werden die Punkte auf der Haut erst einmal gezählt und Punkte gleicher Anzahl in den Eimer gezeichnet. Zum Schluß wird abgerechnet. Herr Pünktchen zahlt für jeden Punkt auf der Haut einen Pfennig. Aus den Pfennigen kann man einen Turm bauen.

Spiele gegen Langeweile für große und kleine Kinder.

Textsalat

Ein Tablett umdrehen und auf die Rückseite mit Klebestreifen eine Zeitungsseite aufkleben. In dem Spiel wird aus Textabschnitten, Sätzen und Satzteilen, die auf der Seite zu finden sind, eine neue Geschichte zusammengeschrieben. Damit sind Schulkinder längere Zeit beschäftigt.

Der Fieberfipsi

So tun, als sei das Fieberthermometer kein Gegenstand, sondern eine Person. Eine Person zum Beispiel, die nicht die geringste Lust hat, ihre Arbeit zu tun, die fürchterlich meckert, daß sie Fieber messen soll, und lieber abhauen möchte. Das Fieberthermometer tanzt auf der Bettdecke herum, versteckt sich, bevor es sich endlich einfangen läßt und mit seiner Arbeit beginnt. Mit Hilfe dieses Theaters lassen sich kleine Kinder die Angst vorm Fiebermessen nehmen.

Der Erbsenkönig

Auf dem Teller zwischen Gemüse, Kartoffeln und Fleisch eine Erbse verstecken (oder eine Mandel, Nuß, Linse). Wird sie beim Essen entdeckt, gibt's für die Erbse eine Belohnung. Zum Beispiel eine witzige Zeichnung (aus einer Zeitung ausgeschnitten), eine Süßigkeit als Nachtisch oder einen Gutschein für eine Unternehmung, die nach überstandener Krankheit stattfinden soll.

Kleine Überraschungen mit großer Wirkung.

Der Briefkasten

Einen Kasten neben das Krankenbett stellen, einen Briefkasten. Sich gegenseitig Briefchen schreiben und die Briefe in dem Kasten deponieren.

Die Pfennigrutsche

Noch einmal ein Tablett präparieren: Viele kurvenreiche Streifen aus Papier schneiden. Aus den Streifen eine Straße auf das Tablett legen. Die Straße mit Klebestreifen auf dem Tablett festkleben. Einen Pfennig oder Groschen oder Knopf auf die Straße legen. Nun das Tablett so vorsichtig hin- und herkippen, daß die Münze oder der Knopf über die Straße rutscht – von einem Ende des Tabletts zum anderen.

Der Eisberg

Mit Kugelschreiber einen Minibrief auf ein Miniblatt Papier schreiben. Den Brief zusammenfalten, mit Klebeband an den Rand eines Joghurtbechers heften. Den Becher mit Wasser füllen und ins Tiefkühlfach stellen. Später den Eisklumpen aus dem Becher lösen und dem kranken Kind in einer Schüssel servieren. Gespannt wartet das Kind darauf, daß der Eisberg taut und es den Brief lesen kann.

16
Und wenn sie dann schlafen ...

Trödelmanöver vor dem Schlafengehen

Ins Bett gehen steht an. Und vorher baden, Haare waschen, Nägel schneiden und dergleichen mehr. Was ich vorhabe, hat Konstantin noch lange nicht vor. Auch mit Hilfe von aufmunternden Worten läßt er sich nicht aus seiner Legoecke locken. Stur bleibt er hocken.

Konstantin ist unzufrieden mit dem Tag, mit sich, mit den Legosteinen, mit mir und vor allem mit meinem Ansinnen, er solle sich Richtung Badewanne trollen. Macht er einfach nicht. Als ich erneut aufkreuze und ihn mit Engelszungen zu überreden versuche, wirft er mit Legosteinen nach mir. Daß mir das nicht paßt, sage ich laut und deutlich, rege mich jedoch nicht weiter darüber auf. Und weil seine Attacken nichts bringen, stellt Konstantin sie ein. Ich versuch's wieder mit reden: »Das Wasser in der Wanne wird kalt. Komm bitte!«

Sich nicht provozieren lassen. Frechheiten möglichst gelassen hinnehmen.

Nichts da. Konstantin ist noch nicht fertig mit mir. Ich bekomme seine Wut erneut zu spüren. »Immer störst du mich, wenn ich gerade spiele. Hau ab!« Und er sagt, ich sei eine alte Tucke. Obwohl er wütend ist, obwohl ich langsam die Wut kriege, muß ich grinsen, denn Konstantin sieht sehr witzig aus, wie er schmollend in der Ecke hockt.

Daß ich in dieser Situation feixe, gefällt ihm überhaupt nicht. Nun wird er erst recht sauer, hat das Gefühl, ich mache mich lustig über ihn. So war das nicht gemeint mit meiner Grinserei. Ich sage ihm, warum ich lachen muß. Und daß ich heute nicht die geringste Lust auf einen Streit hätte. »Ich bin viel zu gut gelaunt für einen Zank!«

Ob er jetzt kommt? Er kommt nicht. Konstantin spielt jetzt den ganz kleinen Jungen. Er nölt herum und will kein bißchen vernünftig sein. Ausnahmsweise gelingt es ihm heute mal nicht, mich zu nerven, obwohl er es mit allen Mitteln darauf anlegt. Ich bleibe gelassen. Und freue mich

Ein Triumph: sich nicht einlassen auf Kindergenerve. Humor bewahren.

über dieses Gefühl. Ein herrliches Gefühl, die Ruhe zu behalten. Aber damit kommen wir auch nicht weiter.

Weiter komme ich mit Humor. Ich lache Konstantin an, sehe ihm in die Augen. »Komm schon. Nimm die Sache nicht zu ernst!« Und dann knurre ich ihn an wie ein Hund.

Mit gerunzelter Stirn und unwirschem Blick beobachtet mich unser Sohn. Er verzieht keine Miene.

Ich belle wie ein großer Hund. Ich kläffe wie ein kleiner Pinscher. Hunden kann Konstantin nicht widerstehen. Seine Miene heitert sich auf.

Weil ich ein Hund bin, läßt er sich von mir zur Badewanne dirigieren. Mit dem Baden ist er jetzt selbstverständlich einverstanden.

Manchmal kommt selbst ein Trick bei Kindern gut an.

Ein paar Minuten später sitzt Konstantin in der Wanne – mopsfidel und bereit, sich die Haare waschen zu lassen. Wir haben jetzt die Rollen getauscht. Nicht ich bin ein Hund, sondern Konstantin ist nun einer. Ich wasche dem Hund die Ohren, kraule ihm den Nacken.

Später im Bett spielt Konstantin noch eine Weile Hund mit sich selbst. Und auch ich halte Selbstgespräche. Hätte ich häufiger die Fähigkeit, in brenzligen Situationen den Hanswurst zu machen, ließen sich die meisten Zankereien vermeiden. Nicht an guten Einfällen, Spaß mit den Kindern zu machen, mangelt es mir, sondern an der Kraft, mit Humor auf die Kinder und auf Mätzchen einzugehen. Das hilfreiche Lachen stellt sich nicht immer auf Kommando ein, und wenn ich's noch so gut gebrauchen könnte.

Dank Babysitter ein Stück Freiheit: einige Stunden Zeit, ohne sich einstellen zu müssen auf die Bedürfnisse von Kindern.

Heute abend kommt der Babysitter

Du kannst jetzt gehen!« Loswerden wollen mich unsere Kinder. Dem Babysitter, der gerade gekommen ist, möchten sie sich zuwenden. Das ist nun bei weitem spannender, als mit mir hier zwischen Tür und Angel herumzuschwatzen.

So mache ich ganz schnell die Haustür hinter mir zu. Mit großem Genuß mache ich sie zu, lasse Kind und Kegel gerne für ein paar Stunden zurück.

Abende mit Babysitter sind bei der Familie beliebt. Bei den Kindern stehen sie hoch im Kurs.

- Babysitter bringen Abwechslung in ihr Abendprogramm und haben interessante Neuigkeiten aus der Welt der Sechzehn-, Siebzehnjährigen zu berichten, über neue Filme, neue Musikgruppen und dergleichen mehr.
- Babysitter sind wie Freunde. Seit Jahren schon kommen die gleichen Mädchen zu uns und sind vertraut mit den Kindern.
- Babysitter drücken abends schon eher mal ein Auge zu als Eltern, schauen nicht ganz so pünktlich auf die Uhr, um die Kinder gen Bett zu scheuchen und lassen manchmal – allen Absprachen zum Trotz – eben doch eine Extraportion Fernsehen zu (was wir wissen und tolerieren, weil's Spaß macht).

Und auch Kinder freuen sich, wenn sie mal frei haben von ihren Eltern.

- Babysitter thronen als »Nachtwächter« auf dem Sofa und bewachen den Schlaf der Kinder so zuverlässig, daß die Kinder keinerlei Angst haben müssen, wenn die Eltern außer Haus sind.

Bei uns Eltern sind Babysitter mindestens ebenso beliebt.

- Wir können uns dank ihrer Anwesenheit für ein paar Stunden von den Kindern frei machen, können mal nicht im Familienverbund, sondern als Paar auftreten und genießen das sehr.
- Wir wissen, daß die Kinder zu Hause gut versorgt sind und können uns deshalb ruhigen Gewissens, entspannt und guter Dinge auf den Abend freuen.

Warum ein Babysitter? Schlafen die Kinder nicht durch?

Und wenn sie normalerweise noch so tief und fest schlafen, wenn sie auch monatelang durchschlafen, so rechne ich als etwas ängstliche Mutter doch immer damit, daß dieser Rhythmus irgendwann einmal durchbrochen wird. Eins unserer Kinder wacht nachts plötzlich auf, krümmt sich vor Bauchweh und fühlt sich krank, obwohl es abends putzmunter im Bett verschwunden ist. Wenn jetzt keiner kommt, niemand da ist zum Trösten und Streicheln, zum Beruhigen und Mutmachen, dann ist das Elend doppelt groß. Ein Babysitter ist jetzt eine große Hilfe: er tröstet, strahlt Sicherheit aus, denn er weiß, was zu tun ist. Für den Notfall haben wir eine Telefonnummer hinterlassen, unter der wir zu erreichen sind. Falls wir im Kino oder Theater sitzen, sind Nachbarn oder Freunde zu erreichen, die weiterhelfen können.

Abends allein zu Hause bleiben, ist Teil von Erziehung zur Selbständigkeit. *Siehe Seite 232 ff.*

Die Babysitterzeiten nähern sich langsam dem Ende. Bald ist Jasper alt genug, um diese Rolle zu übernehmen. Zusammen mit unserem Hund traut er sich das zu, hat er bereits angekündigt. »Wie ein Telefon funktioniert, weiß ich auch. Und meine Brüder kann ich auch trösten, wenn sie aufwachen!«

Kommt kein Babysitter mehr ins Haus, heißt das: Wir haben keine kleinen Kinder mehr, sondern große, die inzwischen ziemlich selbständig geworden sind.

Vor dem Einschlafen: Geschichten vorlesen

Noch schnell die Wäsche wegräumen. Noch schnell das Badezimmer aufräumen. Noch schnell den Kindern Gute Nacht sagen. Dann endlich ist Schluß für heute.

Schnell den Kindern Gute Nacht sagen – ich habe die Rechnung ohne Konstantin gemacht. Buch unterm Arm kommt er anmarschiert: »Du liest vor!« Ausrufezeichen.

Ich habe keine Lust zum Vorlesen. Deshalb will ich Konstantin abwimmeln: »Ist schon spät. Ihr müßt auch mal früher schlafen!« Mit einem Blick macht mir Konstantin klar, daß er meine Ausflüchte durchschaut. Ihm kann ich nichts vormachen.

Was nun? Vorlesen? Nicht vorlesen? Ich gebe mir selbst einen Stoß. Wenn's also sein muß, ein Kapitel »Bullerbü«. Als ich Konstantin das Vorlesen ankündige, geht die Sonne in seinem Gesicht auf.

Beim Vorlesen rücken alle zusammen, freuen sich über die gemütliche Stimmung. *Mehr über* Zuwendung *auf Seite 232 ff.*

Kaum sitze ich, Buch auf den Knien, an Konstantins Bettkante, schlüpfen Julian und Jakob auch noch unter Konstantins Bettdecke. Nun wird's gemütlich. »Die Kinder aus Bullerbü ...«

Um die Kinder aus Bullerbü geht's beim Vorlesen eigentlich weniger als um die Atmosphäre beim Vorlesen. Die Kinder genießen:

- daß sie zusammen mit den Geschwistern unter einer Decke stecken,
- daß ich entspannt bei ihnen sitze, mich ihnen zuwende.

Langsam schalten wir ab, gewinnen Abstand zum Tagesgeschehen. Während ich vorlese, freue ich mich an den friedlichen, schläfrigen Gesichtern der drei, an ihrem Wohlbehagen und ihrer Freude an der harmonischen Situation.

Während ich vorlese entsteht in meinem Kopf eine angenehme Leere. Alle Hektik gibt sich. Ich erhole mich beim Vorlesen.

Als ich das Buch zuschlage – »genug für heute« – ergibt sich ein kurzes Gespräch zwischen den Kindern über »Bullerbü« und Astrid Lindgren, über »Karlsson vom Dach« und weitere Lindgren-Bücher. »Karlsson vom Dach« hat Jakob im Regal in der Schulbibliothek entdeckt. Ob das ähnlich gut sei wie »Bullerbü«? Ob er das Buch mal ausleihen solle?

Mit dem Vorlesen verbessert sich nicht nur das Familienklima, sondern auf diese Weise lernen die Kinder ganz nebenbei und ohne großen Aufwand ein paar Kinderbuchklassiker kennen (wenn sie schon nicht auf die Idee kommen, sie selber lesen zu wollen wie etwa Julian). Vorlesen regt nicht nur zum Zuhören an, sondern kann auch die Neugier auf neue Bücher wecken.

Vorlesen regt Interesse an Büchern an.

Hochzufrieden verziehen sich Jakob und Julian nach dem Vorlesen und Reden in ihre Betten, und Konstantin ist nun ganz bereit, das Licht zu löschen.

Ganz spontan ergeben sich wieder die alten Rollenklischees – aller Einsicht zum Trotz.

Nicht minder zufrieden sage ich den Kindern Gute Nacht und nehme mir einmal mehr vor, das Vorlesen und Geschichten erzählen nicht aus Bequemlichkeit ausfallen zu lassen, denn das Vorlesen ist ein Wundermittel sowohl für Kinder als auch für Erwachsene: Es schafft Nähe. Danach fühlen wir uns meistens sehr wohl.

Geschichten erzählen: Helden sind immer männlich

Von Jimmy soll ich erzählen. Jimmy ist ein Junge, der in der Phantasie von Jasper, Julian, Jakob und Konstantin eine große Rolle spielt. Und auch in meiner, denn Jimmy und seine Abenteuer sind ein Produkt meiner Phantasie.

Wenn ich mir Geschichten ausdenke, was Jimmy erlebt auf seiner Farm im Wilden Westen, dann rede ich einfach darauf los. Ganz spontan, ohne großes Nachdenken entwickeln sich die Geschichten, und darin sind immer die Männer die Helden:

- Starke Männer, die verhindern, daß Farmland an die Eisenbahngesellschaft verkauft wird.
- Starke Männer, die Feuer bekämpfen.
- Starke Männer, die Pumas jagen.
- Starke Männer, die Bären fangen.

Der starken Männer kein Ende in meinen Geschichten. Und was machen die Frauen? Die Frauen warten zu Hause auf die starken Männer. Sie nehmen nicht teil an den Abenteuern.

Daß ich unseren Kindern beim Erzählen unbewußt wieder die alten Rollenbilder vermittle, überrascht mich, entspricht das doch so gar nicht meinen Vorstellungen. Ich will doch Männer erziehen, die Frauen ebenso ernst nehmen wie sich selbst. Aber das scheint schwieriger zu sein als gedacht. Unmerklich tauchen jede Menge Klischees in meinen Geschichten auf. Wenn's ernst wird, holt mein Jimmy zum Beispiel seinen Vater und nicht seine Mutter zu Hilfe.

Nachdem mir klar wird, wie festgelegt ich auf die alten Rollenbilder bin, versuche ich mich zu korrigieren.

Wenn ich jetzt von Jimmy erzähle, erfinde ich eine Freundin dazu. Und diese Freundin nimmt selbstverständlich an sämtlichen Abenteuern teil und ist kein bißchen zaghafter als Jimmy. Aber wenn ich nicht aufpasse, beim Erzählen, stürmt Jimmy, wenn's brenzlig wird, doch wieder voran in meinen Geschichten.

Die alten Geschlechtsrollenbilder sitzen fest. Sie lassen sich nicht so schnell korrigieren, wie ich mir das vorgestellt habe. Immer wieder vermittle ich sie unseren Söhnen, wenn ich mit ihnen spiele, mit ihnen rede. Und damit befinde ich mich in Gesellschaft vieler Mütter. Einer amerikanischen Untersuchung zufolge prägt das Gros der Mütter die Söhne nach den traditionellen Vorstellungen, obwohl – danach befragt – die meisten Mütter das weit von sich weisen. Was also tun dagegen? Nicht ganz so unkontrolliert und spontan loslegen beim Erzählen, erst einmal nachdenken über das, was ich von mir geben will? Dadurch werden meine Geschichten nicht besser. Die Spontaneität ist das Salz beim Geschichtenerfinden.

Miteinander reden über die alten Vorurteile.

Erwische ich mich dabei, daß ich die alten Rollenklischees in meinen Geschichten wieder aufwärme, dann rede ich nicht weiter, sondern korrigiere zusammen mit den Kindern das Bild, das ich ausmale: »Stop, halt – Mutter nicht immer ab in die Küche, sondern aufs Pferd und zusammen mit Jimmy quer durch die Prärie!« Dann lachen wir über unsere gemeinsamen Anstrengungen. Und ganz nebenbei werden die Kinder auf das Problem aufmerksam, wie schwierig es ist, trotz besseren Wissens gegen überkommene Traditionen ankämpfen zu wollen.

Vor dem Einschlafen: Angst, daß die Räuber kommen

An Dunkelmännern und Geistergestalten machen sich Ängste fest.

Die Räuber kommen. Sie kraspeln auf dem Balkon herum und werden jeden Moment an die Balkontür pochen. In Wirklichkeit schleichen natürlich keine Räuber über den Balkon, sie treiben ihr Unwesen nur in Julians Phantasie. Aber das macht die Sache nicht weniger bedrohlich für ihn.

Die Räuber sind alte Bekannte für Julian. Alle paar Wochen, manchmal auch alle paar Tage tauchen sie auf. In den Halbschlaf, kurz vor dem tiefen, festen Einschlafen, schleichen sie sich gemeinerweise ein. Und dann ist es vorbei mit dem Schlafen. Hellwach vor Angst sitzt Julian jetzt in seinem Bett. Der Schrecken ist riesengroß. Er ruft nach mir. Ich soll ihm beistehen, soll dafür sorgen, daß die Räubergeschichte ein Ende hat und er wieder einschlafen kann. Nur, wie mache ich das?

Mit den Ängsten von Kindern richtig umgehen – wie macht man das? Viele Eltern fühlen sich davon überfordert.

Vorsichtig von mir durch ein paar Fragen ermuntert, erzählt Julian, was da eigentlich in seinem Kopf vor sich geht: »Ich sehe dunkle Schatten ums Haus huschen und höre Holz knistern. Das klingt, als würde jemand auf den Balkon klettern!«

Ich neige dazu, die Räuberpistole auf eine rationale Ebene heben zu wollen und komme Julian mit Vernunft: »Überleg' mal, auf dem Balkon knackt das Holz nicht, weil sich dort dunkle Gestalten zu schaffen machen, sondern weil das Holz arbeitet!«

Dann führe ich unseren »Wach«-Hund ins Feld, der längst gebellt hätte, wenn sich im Garten was regen würde und verweise darauf, daß schließlich wir Eltern als Wächter im Wohnzimmer säßen.

Das Reden ist wenig hilfreich. Daß in Wirklichkeit keine Ganoven auf dem Balkon lauern, weiß er auch. Aber in seiner Phantasie sind diese Schreckgestalten vorhanden und darum nicht weniger furchteinflößend. Sie lassen sich nicht einfach mit ein bißchen Vernunft und reden vertreiben.

Zuhören können – eine Fähigkeit, die Eltern brauchen.

Sicherlich helfe ich Julian mehr, wenn ich weniger auf ihn einrede und stattdessen mehr zuhöre, was er zu sagen hat. Und schließlich sagt Julian auch, daß er Angst hat, und versucht seine Ängste zu beschreiben. Ganz verschiedene Ängste scheinen sich an dieser Räubergeschichte festzumachen:

- Angst, daß einer der Krimis aus dem Fernsehen doch mal Wirklichkeit werden könnte.
- Angst vor der Dunkelheit und dem Alleinsein im Zimmer, vor der Nacht, die ewig lang erscheint.
- Angst vor der Stille, die manchmal unterbrochen wird durch unheimliche Geräusche, etwa ein harmloses Knakken, das plötzlich größtes Gewicht erhält.

Julian erzählt, daß er die Gedanken an die Räuber nicht wieder los wird, wenn er in seinem Bett liegt. Daß er sich hin- und herdreht und darauf wartet, daß sie verschwinden. »Sie kommen aber immer wieder!« Und daß er Bauchweh hat vor Angst.

Lernen, allein mit der Angst fertigzuwerden.

Ich streichle seinen Bauch. Langsam entspannt sich der Neunjährige. Die Räuber machen sich davon. Schmusen wirkt Wunder gegen Ängste. Nähe und Wärme sind immer ein Heilmittel.

Nach fünf Schmuseminuten fühlt sich Julian stark genug, um allein mit seinen Ängsten fertig zu werden. »Die geben sich schon wieder. Du kannst mich ja nicht immer beschützen.«

»Wir wollen zusammen einschlafen!«

Konstantin in der Mitte, Jakob rechts, Julian links – so liegen die drei zusammen im Bett und erzählen sich alle Geheimnisse der Welt.

Eine Sternstunde unter Geschwistern. Sie kuscheln sich aneinander, freuen sich an der Nähe, der Wärme der anderen und vergessen bei allen wohligen Gefühlen völlig, sich darüber zu streiten, wer den besten Platz unter der Decke erwischt hat.

Eine Freude für Mütter und Väter: friedlich vereinte Geschwister.

Ich stehe vor der Tür, nicht um zu lauschen, was das für Geheimnisse sein könnten, die sich die Kinder zuflüstern, sondern um das harmonische Bild in mich aufzunehmen – die Eintracht zwischen den Brüdern.

Wenn die Geschwister vertraut und fröhlich miteinander flüstern und lachen, wenn sie sich gegenseitig allerlei Geschichten ins Ohr wispern, die sie im Kopf haben, dann sind das auch Sternstunden für Mütter und Väter, die aufatmend feststellen: Sie mögen sich doch – und wenn sie tagsüber noch so erbittert streiten.

Nicht nur den Kindern vermittelt diese abendliche Flüsterstunde im Bett viel Selbstsicherheit (»Nicht nur meine Eltern, sondern auch meine Geschwister haben mich lieb!«) sondern auch Mütter und Väter bekommen hier die Bestätigung, die sie ab und an brauchen: »Die Atmosphäre stimmt.«

Mehr zum Thema Geschwister *auf Seite 256 ff.*

Setzen die Kinder dann am nächsten Morgen ihre Streitigkeiten fort und das geschieht bestimmt, da die Rangordnung zwischen den Geschwistern ständig neu ausgehandelt wird und das Thema Eifersucht auch immer präsent ist, dann schaffe ich es vielleicht, gelassen zu bleiben, weil ich mich an das harmonische Bild erinnere, das ich jetzt sehe und wovon ich dann zehre.

Briefwechsel mit den Kindern per Hauspost

Kein gelungener Tag heute. Mit einer Mutter, die mit sich selbst nicht klarkommt, können Kinder wenig anfangen. Sie sind sich einig wie selten: »Blöd, wenn sie so rummuffelt!«

Aber auch wirklich alles geht mir heute auf den Geist. Das Wetter. Die Wohnung. Der Hund. Und natürlich Mann und Kinder. Ungeduldig und angespannt wie ich bin, fühle ich mich nicht in der Lage, auf die berechtigten Bedürfnisse der Kinder einigermaßen freundlich einzugehen. Alles ist zäh. Alles ist mir lästig:

Manchmal haben Mütter nicht die geringste Lust zu funktionieren. Dann nerven sie ihre Kinder mit schlechter Laune.

- Schon wieder die Kinder zum Händewaschen ermahnen.
- Schon wieder Marmeladenbrote schmieren.
- Schon wieder in ein Rechenheft schauen.

Im Laufe des Tages prasselt einiges von meiner schlechten Laune auf die Kinder nieder – eine blöde Ermahnung reiht sich an die andere: »Eure Hefte könnten auch weniger schlampig aussehen!« »Eure Schuhe könntet ihr auch mal wieder putzen!« Gegen Abend endlich höre ich damit auf. Die Kinder holen tief Luft. Der Affentanz ist vorbei.

Als ich ihnen Gute Nacht sage, habe ich bessere Laune und – ein verteufelt schlechtes Gewissen: »Tut mir leid, daß ich euch heute dauernd zusammengestaucht habe. Ich weiß selbst nicht warum!«

Die Gute-Nacht-Küsse, die ich von den Kindern bekomme, sind nicht von der sehr herzlichen, sondern von der zurückhaltenden, vorsichtigen Art.

Als die Kinder längst schlafen, laufe ich bedrückt im Zimmer herum. Ich habe ein mieses Gefühl in der Magengrube, wenn ich an den vergangenen Tag denke. Und ich habe das Bedürfnis, es den Kindern noch einmal zu sagen.

Da sie schlafen und ich nicht mit ihnen reden kann, schreibe ich ihnen Briefe. Jedem Kind schreibe ich seinen eigenen Brief und sage auf diese Weise noch einmal, daß ich es wirklich alles andere als gut finde, wenn ich meine schlechte Laune an ihnen abreagiere und sie piesacke.

Nach vollbrachter Tat fühle ich mich wieder wohler. Die Briefe lege ich den Kindern ans Bett. Sie kommen an. Grinsend lesen die Kinder, was ich geschrieben habe und sind sich einig: »Nun tickt sie wieder richtig!«

Per Schreib-Spiel sich die Freude aneinander mitteilen.

Aus dieser Briefaktion entwickelt sich ein Briefwechsel zwischen Jasper, Julian und mir. Es entsteht ein Spiel, das uns allen eine Weile Freude macht: Per Brief teilen wir uns mit, was wir im Alltag oft auszusprechen vergessen. Zum Beispiel, daß wir miteinander ganz zufrieden sind, daß wir gut finden, was jemand gemacht hat.

Inzwischen ist die Aktion natürlich längst wieder eingeschlafen. Mit Freude lese ich aber ab und zu noch, was sich in meiner Schreibtischschublade angesammelt hat. Zum Beispiel:

»Liebe Mami,
Wier haben beslosen,
das wir zank dov finden!«

Nachts krabbeln sie ins Elternbett

Besuche im Elternbett sind erlaubt.

Der beste Platz ist mitten im Bett. Der beste Platz in meinem Bett ist oft von einem selig, tief und fest schlafenden Kind besetzt. Ich schlafe nicht ganz so selig, tief und fest daneben auf der Ritze. Wie ich dahin komme? Keine Ahnung. Irgendwann mitten in der Nacht wache ich auf, suche im Dunkeln unter der Decke herum, finde einen kleinen Fuß und taste mich weiter vor. Das Kind, das ich entdecke, fühlt sich nach Jakob an. Jakob muß sich heimlich, still und leise in mein Bett geschlichen haben, ohne einen Mucks zu machen.

Alle paar Nächte nistet sich ein Kind bei uns im Elternbett ein. Jakob oder Konstantin oder Julian schleichen sich in unser Bett. Jasper macht nicht mehr mit: »Da habe ich keinen Platz!« Elfjährige brauchen diese nächtlichen Stippvisiten bei den Eltern nicht mehr.

Zeigen unsere Söhne uns Eltern ihre Zuneigung tagsüber gleichmäßig verteilt, so ziehen sie nachts eindeutig meine Nähe vor. Nachts haben Mütter ganz offenbar einen Bonus.

Warum Kinder nachts wandern (müssen), leuchtet auch Erwachsenen ein.

Aus ganz verschiedenen Gründen verlassen unsere Kinder nachts ihr Bett:

- Sie kommen, weil sie aufwachen und nicht gleich wieder einschlafen können. Nächtliches Aufwachen ist in den ersten Lebensjahren keine Schlafstörung, sondern ein Normalzustand, erklären die Schlafforscher.
- Sie kommen, weil ihnen das Alleinschlafen in ihrem Bett nicht gefällt. Sie sehnen sich nach Gesellschaft.
- Sie kommen, weil sie Kummer haben, einen Kummer, der nachts plötzlich riesig groß vor ihnen steht und sie viel mehr bedrückt als bei Tageslicht.
- Sie kommen, weil sie einen wichtigen Entwicklungsschritt gerade getan oder noch vor sich haben und ganz aufgeregt sind. (Die Einschulung steht zum Beispiel bevor oder die erste selbständige Reise ist gerade geschafft.)
- Sie schlagen sich mit Ängsten herum. Plötzlich scheinen Gespenster durchs Zimmer zu schleichen und unheimliche Geräusche ertönen im Haus. Oder böse Träume schleichen sich ein.
- Sie kommen, weil sie einen blöden Tag vor sich haben.
- Sie kommen, weil sie tagsüber zu wenig von den Eltern hatten.

Das Elternbett als Trutzburg gegen Ängste und Sorgen.

Das Elternbett ist die Rettung, egal aus welcher Not. Es ist ein warmes Nest, das vor allen Unbillen schützt, ein Nest, in das man sich verkriechen kann. Hier ist man vor bösen Träumen und Geistern, vor unheimlichen Ängsten und Geräuschen sicher.

Weil Kinder – nicht nur die kleinen Kinder, sondern auch noch die älteren – ein großes Bedürfnis nach Körper-, nach Hautkontakt haben, sind sie satt und zufrieden, sobald dieses Bedürfnis befriedigt ist. Selig und entspannt schlafen sie im Elternbett weiter, aufgetankt mit Wärme und mit dem Gefühl: was ich brauche, das kann ich mir hier holen – Nähe und Liebe.

Obwohl ich mit Kind im Bett häufig schlecht schlafe, mit Jakobs Beinen über den meinen oder Konstantins Fuß im Kreuz oder Julians Haaren in meiner Nase, freue ich mich, wenn die Kinder nachts in mein Bett kriechen.

Höre ich Jakob tief neben mir atmen, rieche ich den Duft von Julians Haut oder spüre ich, wie sich Konstantin im Schlaf neben mir zusammenkringelt, dann tanke ich ebenfalls auf. Ich freue mich daran, daß die Kinder gesund und munter bei uns liegen, streichle sie und fühle mich wohl, daß ich ihnen jetzt das gebe, was tagsüber im alltäglichen Getriebe manchmal zu kurz kommt: jede Menge Zärtlichkeit. Ich taste noch einmal nach den Kinderhänden und -füßen, die nicht mehr lange kleine Patschhände und -füße bleiben werden. Sie wachsen unheimlich schnell.

Plötzlich haben die nächtlichen Besuche ein Ende. Kein Bedarf mehr. Ein Schritt zur Selbständigkeit, *siehe auch Seite 237 ff.*

Meinetwegen könnten die Kinder noch lange Zeit nachts zu uns Eltern ins Bett krabbeln. Ich habe sie gerne in meiner Nähe. Vielleicht noch ein Jahr, dann hält auch Julian nichts mehr vom Kuscheln im Elternbett. Wie sein großer Bruder wird er dann sagen: »Ist doch kindisch, zu den Eltern ins Bett zu kriechen! Ich bin doch kein Muttersöhnchen!«

17
Vom Geldausgeben und vom Wünschen

Wer bestimmt, welche Klamotten gekauft werden?

Maximilian ist etwa elf Jahre alt. Er hat kupferrotes Haar und einen astreinen Haarschnitt, nach Aussage von Jasper. Maximilian trägt ein türkisfarbenes T-Shirt und ein dunkelblaues Satinblouson, dessen aufgenähte Wappen von der großen weiten Welt künden.

Maximilian dreht und wendet sich vor einem Spiegel in der Kinderabteilung eines Kaufhauses. Seine Mutter umkreist ihn rechts herum, die Verkäuferin links herum. Alle betrachten Maximilians Outfit. Die Mutter äußert Zweifel. Kupferrot, türkis, dunkelblau – das sei zwar keine schlechte Farbkombination, aber wohl doch einen Hauch zu edel. Nicht fetzig genug!

Kleiderzwänge unter Schulkindern? Und gute Ratschläge von Eltern dazu sind unerwünscht.

Daraufhin wird ein T-Shirt in Orange herbeigeschafft, dazu ein giftgrünes Satinblouson mit entsprechenden Wappen. Nach längerer Beratung einigt man sich auf kupferrot, orange und giftgrün. Diese Farbkombination ist peppig genug. Und – ganz wichtig für Maximilian und seine Mutter und extra nachgefragt – die Designer der Edelklamotten haben große Namen.

Jasper staunt über Maximilian und seine Mutter bei weitem weniger als ich. Die haben wenigstens Ahnung, wissen worauf's ankommt. Ich hingegen sei in Modefragen hinterm Mond. Während wir auf dem T-Shirt-Wühltisch wühlen, nehmen wir unser neues Lieblingsstreitgespräch wieder auf, angeregt durch das Erlebnis Maximilian. Auch bei uns geht's um die Klamotten.

Selbständig werden *siehe Seite 242 ff.*

Seit dem elften Geburtstag unseres Sohnes gibt's darum Diskussionen. Bis dahin war ihm wurscht und piepegal, was er am Leibe trug. Seit einiger Zeit jedoch wird wert auf Kleidung gelegt. Nichts gegen Sorgfalt beim Einkaufen und Anziehen, nur – was da eingekauft werden soll, darüber geraten wir uns nun doch manchmal in die Haare.

Unser Sohn erklärt mir, er wolle das tragen, was die Meinungsmacher in der Schule vorführten: »Erstens, weil ich's gut finde! Zweitens, weil mich die anderen sonst nicht für voll nehmen!«

Was »in« ist, kann er mir präzise sagen: nicht irgendwelche Hosen, sondern Jeans. Nicht irgendwelche Jeans, sondern ganz bestimmte Marken. Die Jeans dürfen nicht so bleiben wie sie sind, sie müssen sofort und auf der Stelle bearbeitet werden. Schlitze einschnipseln. Was aufmalen. Nicht irgendwelche T-Shirts und Sweat-Shirts sollen es sein, sondern weite, lange sind gefragt. Nicht Schuhe, sondern Turnschuhe müssen es sein. Was sage ich dazu? Daß es beknackt sei, exakt das zu tun, was irgendwelche Meinungsmacher vorgäben?

Nicht einfach, sich zu behaupten, wenn Mütter mit ihren vernünftigen Argumenten kommen.

Mit meinem Vortrag über Schäfchen, die hinter einem Leitbock hertraben, lande ich nicht. Daß er ein Schäfchen ist, läßt Jasper sich nicht sagen. »Mir gefällt, was meine Freunde tragen!« verteidigt er sich. Meine Meinung zum Thema Anziehen klingt in seinen Ohren alles andere als »fetzig«. Langweilig und vernünftig hören sich meine Argumente an: »Turnschuhe als Stiefel. Nichts dagegen. Aber für den Hochsommer? Ist das nicht zu warm in den Dingern? Und Jeansjacke im Winter. Das ist doch wirklich nicht warm genug!«

Was ich als lausige Fähnchen bezeichne, die nach zweimal Wäsche hin sind, sind für unseren Sohn klasse Supersachen, die er sich wünscht wie sonst nichts.

Was ich für praktisch und der Jahreszeit angemessen halte, beschreibt unser Sohn als bieder und einfach unmöglich.

Mehr über Familienfinanzen *auf Seite 242 ff.*

Am ehesten einigen wir uns, wenn es um teure Designerklamotten geht. Wenn wir das Preisschild betrachten, muß ich nicht lange erklären, warum dieser oder jener Fummel zu teuer ist. Es gibt nur selten Krach, wenn irgendein teures Stück nicht erstanden wird, da unsere Kinder sich selbst ausrechnen können, was das Kleiderbudget erlaubt. Sie sind informiert über unsere Finanzen. Sie wissen, wieviel wir verdienen und nehmen an Diskussionen über geplante Geldausgaben teil. Schwieriger wird die Sache, wenn es nicht um's Geld, sondern um den Geschmack beim Einkaufen geht. Ziemlich gequält schaue ich zu, wie unser Sohn ein preiswertes T-Shirt findet, das so gar nicht meinem Geschmack entspricht. Nun gerate ich in eine Zwickmühle. Einerseits freue ich mich über dieses selbständige Kind, das genau weiß, was es will, das auf seiner Meinung beharrt und überhaupt nicht einsieht, was ich mich hier einzumischen habe. »Geht doch um mich. Ich soll das T-Shirt anziehen und nicht du!« Andererseits denke ich, Geschmack ist auch eine Sache von Erziehung. Deshalb gebe ich meine Meinung doch zum besten: »Fünf Farben auf einem einzigen T-Shirt, ist das nicht zu bunt?« Dazu kommt eine Portion eigener Eitelkeit: Macht schon Spaß, wenn die Kinder im Aussehen dem eigenen Geschmack (in etwa) entsprechen.

Kinder werden informiert über die Familienfinanzen: Damit werden Diskussionen über Geldausgaben konkreter.

Sich selbst zurücknehmen als Mutter muß auch erst einmal gelernt werden.

Was können wir tun, damit wir entspannter, mit mehr Freude gemeinsam zum Einkaufen gehen?

- Ich übe das Nicht-Einmischen. Noch fällt es mir schwer, Jasper allein die Entscheidung darüber zu überlassen, was er kaufen, was er anziehen möchte. Je eher ich lerne, ihn selbst bestimmen zu lassen, desto mehr Ärger ersparen wir uns später. Dann haben wir schon hinter uns, was in der Pubertät kommt: Kämpfe ums Abnabeln.
- Wir bemühen uns, häufiger kompromißbereit zu sein. Manchmal gibt es ja auch einen Mittelweg zwischen bieder und fetzig, zwischen vernünftig und unvernünftig. Wir suchen nach Klamotten, die Jasper gerne anzieht und die ich nicht völlig ablehne. Ein Elfjähriger läßt sich noch auf solche Kompromisse ein.
- Über Geschmack läßt sich schon reden, vor allem, wenn dabei von der eigenen Person nicht die Rede ist. Rede ich über Geschmack und Geschmacklosigkeiten, die mir anderswo aufgefallen sind, hören Jasper und seine Brüder

ganz bereitwillig zu. Dann geht meiner wie eine Rakete in die Luft, wenn ich anderer Meinung bin.

Im Supermarkt: Von der Kunst des Nein-Sagens

Wir sind uns alles andere als einig beim Gang durch den Supermarkt. Mit dem Einkaufswagen in rasantem Tempo durch die Gänge zwischen den Regalen kurven ist für Konstantin ein Spaß, für mich nicht unbedingt ein Vergnügen. Konstantin will unbedingt Fertigpuddings in den Wagen packen. Ich bin mehr für ein paar Pötte Magerquark. Die weißen Nudeln haben es meinem Sohn angetan, ich hingegen ziehe die braunen vor, die Vollkornnudeln.

Ein Verbot immer begründen.

Schon etwas gereizt wegen unserer dauernden Meinungsverschiedenheiten kommen wir schließlich beim Schokoladenregal an. Ein Paradies in Konstantins Augen. Schokokringel. Schokotaler. Da müsse man einfach zugreifen, meint Konstantin. Ich meine ganz was anderes: »Wir sollten weitergehen.« Ich sage schlicht und ergreifend: »Nein, keine Schokolade!« Und dann will ich das »Nein« begründen: »Weil ...« Die Begründung mag Konstantin gar nicht hören. In seinem Kopf dröhnt das Nein und macht ihn wütend. Er macht mir eine der Szenen, die alle Eltern fürchten: Haut mich und streckt mir die Zunge raus. Sagt, ich sei eine ganz besonders blöde Mutter. Nölt herum wie ein Kleinkind im Trotzalter: »Schokolade sollst du mir kaufen!«

»Nein« heißt »Nein«. – Konsequent bleiben, auch wenn's schwerfällt.

Ich wiederhole das Nein und will es wieder begründen. Keine Chance gegen den mißgestimmten Konstantin. Er will nur noch wütend sein.

Während wir weiterziehen mit unserem Einkaufswagen liegt er mir in den Ohren. Schokolade und noch einmal Schokolade. Plötzlich kommt ihm eine bessere Idee. Man könnte ja mal versuchen, mich in einen Handel zu verwikkeln. Er probiert's:

»Wenn schon keine Schokolade, dann wenigstens einige Kekse?«

»Nein, auch keine Kekse!«

»Wenn schon keine Kekse, dann wenigstens ein paar Bonbons?«

»Nein, keine Bonbons!«

Eltern brauchen viel Durchhaltevermögen.

So zieht sich unser Palaver bis zur Kasse hin. Ich bleibe bei meinem Nein – allem Bitten und Betteln zum Trotz. Warum lege ich nicht einfach eine Stange Drops in den Wagen und hätte damit endlich Ruhe? Im Augenblick wäre das sicherlich für uns beide eine bequeme, angenehme Lösung. Auf Dauer gesehen jedoch ginge damit der Ärger erst los. Beim Besuch im Supermarkt würde Konstantin testen wollen, kauft sie mir heute etwas oder kauft sie mir heute nichts. Auch um diese Dauerdiskussion bei jeder Einkaufstour zu vermeiden, stelle ich ein- für allemal klar, daß es beim Einkaufen keine Extras in Form von Süßigkeiten gibt (Verkäufer oder Verkäuferinnen verwöhnen Kinder in der Regel beim Einkaufen ohnehin ausgiebig). Ich bleibe also stur, lasse in diesem Punkt nicht mit mir reden. Wissen die Kinder aus Erfahrung, daß ich konsequent beim Nein bleibe, geben sie das Nölen meist auf. Konstantin ist da allerdings eine Ausnahme. Er läßt immer wieder und mit Ausdauer seine Versuchsballons steigen.

Als wir den Supermarkt verlassen haben, hört er sich endlich die Begründung für das Nein an. Ich erzähle ihm etwas über Kinderfallen – Regale mit Süßigkeiten in Kleinkinderhöhe vor der Kasse, da, wo man warten muß –, und warum ich nicht hineintappen will.

Anschließend schlage ich Kuchenbacken zu Hause vor. Das ist, ich gebe es zu, Bestechung, damit ich mit meinem Nein nicht wie eine eiserne Lady dastehe.

Taschengeld: Jeden Sonntag ist Zahltag

Um den Schulanfang herum ist zum ersten Mal von Taschengeld die Rede. Nicht etwa Jasper bringt das Gespräch darauf, sondern wir Eltern schneiden das Thema an, überlegen, ob fünfzig Pfennig für einen Schulanfänger angemessen seien oder es doch lieber eine Mark sein sollte. Und warum überhaupt Taschengeld? Zum Verjubeln ist das Geld gedacht – einfach so zum Vergnügen, allerdings mit einem Hintergedanken. Wir verknüpfen die Zahlung des Taschengeldes mit einer pädagogischen Absicht. Wir wollen damit beginnen, einen bewußten, kritischen Konsumenten zu erziehen – ein Kind, das vernünftig und selbständig mit Geld umgehen kann, das eine Vorstellung gewinnt

Taschengeld als Erziehungsmittel – darauf lassen sich Kinder wohl selten ein.

- vom Wert des Geldes,
- von der Kaufkraft des Geldes,
- von der Notwendigkeit, Geld einzuteilen,
- von der Möglichkeit, Geld zu sparen.

Regelmäßig und pünktlich rücken wir also sonntags Woche für Woche das Taschengeld heraus, das der Siebenjährige zwar erfreut entgegennimmt, jedoch gleich darauf wieder vergißt. Das Taschengeld interessiert ihn herzlich wenig und unsere damit verbundene pädagogische Absicht läßt ihn erst recht kalt. Jasper verliert seine Moneten oder läßt sie im Kinderzimmer herumliegen oder benutzt sie als Spielzeug oder verbastelt sie einfach. Unser Appell: »Nun fang doch einmal was an mit deinem Geld. Nun kauf dir was Schönes!« verhallt ungehört. Der Junge will einfach kein Geld ausgeben, schon gar nicht, wenn er dabei vernünftig sein und selbständig handeln lernen soll. Das Experiment Taschengeld scheitert also erst einmal. Wir stellen die Zahlungen ein und spendieren lieber ab und zu ein Eis extra.

Noch nicht »reif« fürs Taschengeld?

Zwei Jahre später, inzwischen neun Jahre alt, fragt Jasper an, wie das denn sei mit dem Taschengeld. Inzwischen neunjährig hat er das Einkaufen und die Läden entdeckt. Den Spielzeugladen in der nahegelegenen Kleinstadt. Das Schreibwarengeschäft. Das Lebensmittelgeschäft gleich um die Ecke im Dorf. Er macht wundervolle Schätze dort ausfindig: grüngelbe Hupfbälle mit pinkfarbenen Glitzersternen, schwarze Plastikstretcharmbänder mit weißen Punkten. Und natürlich ganz toll, ganz besonders herrlich: Zuckerzeug der übelsten Art. Weiße Mäuse aus klebrigsüßem Chemieschaum. Kaugummikugeln mit Parfümgeschmack. Lila Brausepulverwürfel und dergleichen mehr.

Ein erwünschtes Erziehungsziel: selbständige Kinder. Handeln sie dann selbständig, haben Eltern oft ihre Schwierigkeiten damit.

Endlich übt sich das Kind im selbständigen Geldausgeben, im selbständigen Geldeinteilen. Der Vater sieht's mit Grausen. Die Mutter sieht's mit Grausen. So war das nun auch wieder nicht gemeint mit dem Taschengeld. »Zwar kannst du mit deinen Groschen machen, was du willst, aber solchen Schund muß man vielleicht doch nicht kaufen!«

Da soll sich nun ein Kind orientieren können. Erst wird es geschubst – »Hier haste, nun mach' mal...!« – und wenn das Tun nicht den Vorstellungen der Eltern entspricht, wird gebremst. Jetzt heißt es plötzlich: »Stop. So war das nicht gemeint!«

Gewähren lassen, auch wenn nur Mist vom Taschengeld gekauft wird? Kinder wollen selbst ihre Erfahrungen machen.

Jasper rebelliert gegen unser Verhalten: »Das ist mein Geld, damit kann ich machen, was ich will!« Und recht hat er. Mischen wir uns dauernd ein, kommentieren wir immer und ewig seine Kaufentscheidungen, verhindern wir, was wir fördern möchten: eigene Erfahrungen machen und eigene Entscheidungen treffen. Bevor wir Jasper die Freude am Taschengeld ganz verleiden, lenken wir ein: »Das Taschengeld ist wirklich dein Geld. Was damit geschieht, kannst du alleine bestimmen!« Das Taschengeld taugt nicht als Erziehungsmittel, beschließen wir. Zweck des Taschengeldes ist es, sich damit kleine Wünsche zu erfüllen – gerade auch die ganz unvernünftigen.

Über den Wert von Geld, über hohe Preise und niedrige, über Werbung und Verkaufsstrategien, über sinnvolles Verhalten im Umgang mit Geld reden wir bei anderer Gelegenheit – bei einer Gelegenheit, die die ganze Familie betrifft, etwa beim Planen von Einkäufen.

Beim Einkaufen werden konkrete Entscheidungen gefällt, zum Beispiel:

Mehr über den Drang nach Selbständigkeit *auf* *Seite 249 ff.*

- »Nehmen wir die billigeren Tomaten oder die teureren? Und warum entscheiden wir uns wofür?«
- »Lohnt es sich für uns, das Sonderangebot zu nehmen? Und wenn ja, warum lohnt es sich?«

Je häufiger die Kinder an diesen Alltags-Entscheidungen beteiligt sind, desto konkretere Vorstellungen gewinnen sie vom Wert des Geldes.

Immer häufiger überlegen wir gemeinsam mit den Kindern, wie wir unser Familienbudget einteilen, wo gespart werden kann.

Und wir genießen es alle zusammen, wenn Geld in Sicht ist: »Was fangen wir damit an?« Die Kinder wissen Bescheid über unsere Einkommensverhältnisse.

Jasper hat seinen Geschwistern in Gelddingen ein paar Erfahrungen voraus. Nun gibt er seine Erkenntnisse an sie weiter: »Wenn ihr das kauft (Fußballbilder, Wundertüten und dergleichen), dann habt ihr nichts davon, weil...«

Die Jüngeren aber lassen sich vom großen Bruder nicht belehren. Jetzt bestehen sie darauf, eigene Erfahrungen zu machen: »Das ist unser Geld. Das geht dich nichts an, was wir damit machen!«

Wunschzettel: Weihnachten im Schlaraffenland?

Wunschzettel machen – ein besonders wichtiges Weihnachtsritual für Kinder.

Es weihnachtet stark. Langsam werden die Wunschzettel fällig. Unsere Kinder sortieren ihre Wünsche erst einmal still für sich im Kämmerlein und stellen dann eine Rangordnung ihrer Wünsche auf:

1. Lieblingswunsch.
2. Lieblingswunsch. Usw.

Da kommt bei jedem einiges an Haupt- und Nebenwünschen zusammen.

Später sitzen die Geschwister äußerst friedfertig zusammen um den Tisch und sprechen über ihre diversen Anliegen. Da werden Wünsche aufeinander abgestimmt, ausgetauscht. Zum Beispiel: »Wenn du den Abschlepper auf deinen Zettel schreibst, schreib' ich den Autotransporter auf meinen!« Oder: »Wünscht du dir ein Asterixheft, wünsch' ich mir eins von Lucky Luke!«

Am Ende sämtlicher Beratungen werden mir vier sorgsam verzierte, mit Buntstiftkringeln umrahmte Wunschzettel in die Hand gedrückt, voller Zuversicht auf prompte Erfüllung. Weihnachtsmann, Christkind oder Eltern – einer wird sich der Wünsche schon wohlwollend annehmen. Erwartungsvoll schauen mich vier Kinder an: »Was hältst du von unseren Wunschzetteln?«

Wie mit den Wünschen von Kindern umgehen? Ich tue mich schwer mit einer Antwort.

Ich weiß nicht so recht, was ich davon halten soll. Jedes Jahr habe ich die gleichen Schwierigkeiten mit den Wunschzetteln. Ich bin mir da nicht sicher. Einerseits erfülle ich gerne Wünsche, die von Kindern schon allemal. Suche mit Begeisterung Geschenke aus – solange das Weihnachtsgeld reicht. Nicht nur unsere Kinder haben fürs Schenken an Weihnachten viel übrig, auch ich feiere das Fest gerne auf die barocke Art. Apfelnuß und Mandelkern, Gänsebraten und Kerzenschimmer und Kinder, die ihre Päckchen nicht schnell genug auspacken können. Ein Hauch von Schlaraffenland darf's schon sein an Weihnachten.

Mehr Spielzeug als genug – wo ist die Grenze?

Andererseits fürchte ich die Geschenkorgie. Noch mehr Playmobil, noch mehr Autos wünschen sich unsere Söhne. Und dazu noch die Päckchen von Großmüttern, Tanten, Onkeln und Patentanten – da kommt bei vier Kindern einiges zusammen. Ich habe also auch meine Zweifel an der barocken Art: »Müssen die Kinder nicht auch lernen, daß nicht sämtliche Haupt- und Nebenwünsche erfüllbar sind?« Haben sie Spielzeug in Hülle und Fülle, sehen sie die einzelnen Dinge nicht mehr. Verwöhnte, ansprüchige Kinder sind mir ein Graus.

Mit dem Wunschzettel in der Hand stehe ich etwas ratlos herum und weiß, was ich jetzt bestimmt nicht tun sollte: den Kindern eine Moralpredigt halten. Ihnen den Spaß an der Vorfreude damit verderben, indem ich ihre Wunschzettel mies mache: »Viel zu viele Wünsche, viel zu üppig. Bescheidener geht's auch!«

Angst vor Verwöhnung.

Die Moralpredigt verkneife ich mir auch noch aus einem zweiten Grund: Wenn die Kinder mit den Wunschzetteln und dem Anspruch dastehen: »Nun erfüllt uns das mal!«, dann hat das auch mit uns Eltern zu tun. Mein eigener Wunschzettel entspricht in Länge und Umfang dem der Kinder. Nicht nur die Kinder, sondern wir alle gemeinsam müssen über unsere Wunschzettel nachdenken. Wir überlegen alle gemeinsam, was zu tun ist, damit Wunschzettel nicht zu Einkaufslisten verkümmern. Wir reden über den Weihnachtsrummel in den Geschäften, das Geschiebe und Gedrängel in den Läden und sind uns einig: »Das geht uns mächtig auf den Geist!« Und trotzdem sind da die Wünsche und die Hoffnung, daß möglichst viele dieser Wünsche erfüllt werden. »Das wäre eine Superüberraschung!«

Aus Einsicht und Vernunft die Wunschzettel zusammenstreichen, das fällt nicht nur den Kindern, sondern auch mir verflixt schwer.

18
Wochenende und Ferien

Der Wochenendk(r)ampf

Ist die Hausarbeit am Samstagmorgen erledigt, denke ich, nun beginnt sie, die große Freiheit. Kein Kindergarten. Keine Schule. Kein Beruf – nichts, was uns ins Familienleben pfuscht. Zwei Tage lang haben wir jetzt Zeit in Massen. Wir können selbst bestimmen, was wir den lieben Tag lang tun. Wozu nutzen wir den Tag?

Erst einmal das übliche lange Samstagmorgenfrühstück. Darin sind sich noch sämtliche Familienmitglieder einig. Gleich nach dem Frühstück hat die Einigkeit jedoch ein Ende: Sechs Leute sitzen mit sechs verschiedenen Erwartungen an das Wochenende rund um den Tisch.

Große Erwartungen *ans Wochenende – bereits vorhanden beim Frühstück.*

Sohn Nummer 1 hat nur seine Freunde im Sinn. Will gleich telefonieren, sich verabreden, vielleicht ins Kino gehen. Mit uns möchte er auf jeden Fall möglichst wenig zu tun haben. »Ich will meinen eigenen Kram machen!«

Sohn Nummer 2 möchte zusammen mit seinem Vater endlich die Eisenbahnanlage auf Zack bringen. »Das haben wir seit Wochen vor!«

Sohn Nummer 3 ist nach Nichtstun zumute. Wenn überhaupt was tun, dann Comic-Hefte durchblättern – selbst bei schönstem Wetter auf dem Bett herumfletzen.

Sohn Nummer 4 wartet auf seine großen Brüder: »Sie wollen mit mir Verstecken spielen!«

Der Vater möchte alle Viere von sich strecken, dann Alltägliches erledigen, was sich während der Woche so angesammelt hat. Und mit den Kindern spielen möchte er auch.

Und ich würde gerne abschwirren, mit Kind und Kegel eine Wanderung machen. Am Wochenende kann ich den üblichen Alltagstrott nicht gebrauchen.

Wie bekommt man sechs verschiedene Meinungen unter einen Hut? Muß man sie überhaupt unter einen Hut bekommen? »Wieso kann nicht jeder machen, was er will?« meinen die Kinder.

Wie bringen sechs Familienmitglieder mit sechs verschiedenen Meinungen eine Einigung zustande?

Jeder machen, was er will? Die Familie rennt auch am Wochenende auseinander? Keine Gemeinschaftsaktionen? Mit dieser Vorstellung tue ich mich schwer. Ich habe idyllische Sonntagsbilder im Kopf: Fröhliche Familie wandert zuammen durch den Wald. Fröhliche Familie sitzt um den Tisch und spielt zusammen Karten usw.

Solche Gemeinschaftsaktionen gefallen mir nicht nur, ich beruhige damit auch mein schlechtes Gewissen – dieses Gefühl, das viele Eltern kennen: »Schon wieder eine Woche rum und ich habe mir in den vergangenen Tagen viel zu wenig Zeit für die Kinder genommen!« Auch deshalb vertrete ich mit Nachdruck die Meinung, am Wochenende könne nun wahrlich nicht jeder machen, was er wolle: »Schließlich sind wir eine Familie und keine Wohngemeinschaft!« Wieder so ein Moment, in dem ich Botschaften verkünde, die ich schon von meinen Eltern als Kind vernommen habe und die ich eigentlich nie von mir geben wollte.

Der Familie mit Sprüchen kommen, die man selbst nicht mag.

Ich habe einen wunderbaren Organisationsplan parat – ein Programm, das der Rest der Familie nicht ganz so freudig aufnimmt wie ich: »Wir radeln zusammen! Wir gehen zusammen schwimmen!«

»Hör auf mit deinen Aktionen. Pausenlos sollen wir zusammen dies und das unternehmen. Warum muß die Familie immer und ewig beieinander hocken?« Die Kinder maulen, wehren sich gegen meine beharrlichen Versuche, das Familienleben zu organisieren. Sie machen mir klar, daß sie von meinen Programmen nichts halten: »Immer dieser Druck. Immer sollen wir antanzen zum Wandern oder zu sonst was für einer Unternehmung!«

Auf Drängeln und Druck reagieren die Kinder superempfindlich.

Wütend werden die Türen geknallt. »Ihr könnt doch nicht einfach abrauschen?« Der übliche Wochenendknatsch ist fällig: Ich denke erbost: »Lahme Kinder!« Und die Kinder: »Blöde Mutter mit ihrer Drängelei!«

Weil uns dieser sich Woche für Woche wiederholende Zank auf die Nerven geht, gebe ich es auf, die Familie am Wochenende verplanen zu wollen. Soll doch jeder nach seiner Fasson selig werden. Als Freizeit-Gestalterin habe ich Null Erfolg.

Wie andere Mütter, die ich kenne, neige auch ich dazu, festzulegen, was für die gesamte Familie gut und richtig zu sein hat. Schließlich bin ich Expertin in Familienangelegenheiten und habe diese Rolle schon als Kind beim Puppenspielen geübt. Ich kenne den ganzen Betrieb am besten. Deshalb fällt es mir schwer, darauf zu verzichten, alles bestimmen und organisieren zu wollen. Häufiger muß ich mir klar machen: die Kinder stecken nicht mehr in den Babyschuhen. Sie brauchen niemanden, der sie von morgens bis abends ans Händchen nimmt und durch den Tag geleitet. Sie wissen selbst recht gut, wo's lang geht.

Den Willen der Kinder respektieren lernen – sie sind keine unselbständigen Kleinkinder mehr. *Siehe Seite 266 ff.*

Und wenn die Kinder bei herrlichstem Wetter den ganzen Tag lang nicht einmal vor die Tür gehen? Wenn sie stundenlang auf dem Sofa herumgammeln und Löcher in die Luft starren?

Mir macht es Schwierigkeiten, dabei einigermaßen gelassen zuzuschauen. Ich mache mir Mut: Nicht dazwischenfahren. Wenn sie den Tag vergammeln wollen, scheinen sie das Nichtstun zu brauchen. Vielleicht sammeln sie Kräfte für neue Taten. Nur Geduld, sie werden sich wieder aufrappeln.

Diese Geduld, dieses Zutrauen in die Kinder bringe ich nicht immer auf. Oft schaffe ich es nicht, sie in Ruhe zu lassen und mische mich doch wieder mit einem Vorschlag ein, von dem ich eigentlich vorher weiß, daß ich damit nicht bei ihnen ankomme: »Ich gehe mit dem Hund raus. Kommt ihr mit?« Immerhin setze ich schon häufiger ein Frage- und nicht ein Ausrufezeichen.

Ziehe ich dann doch alleine von dannen, so (meistens) ohne beleidigte Miene, die signalisiert: »Wie kann man nur zu Hause hocken wollen!«

Die Familie umkreisen und zusammenhalten – eine Lieblingsbeschäftigung vieler Mütter.

Das schlechte Gewissen, daß ich nicht genug auf die Bedürfnisse der Kinder eingehe, schminke ich mir auch langsam ab. Ich gehe ganz vergnügt wieder meine eigenen Wege.

Die Routine ist abgeschafft. Keine starren Rituale mehr am Wochenende vom gemeinsamen Frühstück bis zum gemeinsamen Abendbrot, keine Mutter mehr, die meint, ihre Schäfchen wie ein Hütehund dauernd umkreisen zu müssen.

Mit der Zeit entstehen am Wochenende neue Familienformationen. Wir treten seltener alle gemeinsam als Trupp in Erscheinung. Es bilden sich dagegen häufiger kleine Trüppchen.

Am Samstagmorgen sitze ich zum Beispiel plötzlich allein mit meinem ältesten Sohn im Café – mit einem Kind, das es offensichtlich genießt, heute einmal Einzelkind zu spielen. Und ich frage mich, warum komme ich nur so selten auf die Idee, mit einem Kind allein loszuziehen? Diese kleinen Ausflüge wirken Wunder. Endlich können wir mal in Ruhe, nicht unterbrochen von plappernden Geschwistern, miteinander reden. Wir sind bester Stimmung.

Am Sonntagmorgen wandere ich unerwartet nur mit Mann durch die Wiesen und die Auen. Obwohl ich vermisse, daß mir keiner vor den Füßen herumstolpert, keiner an meinem Arm herumturnt, macht uns dieser Spaziergang viel Freude. Mit der Zeit geben sich meine Bedenken, daß sich die Kinder zu Hause während unserer Abwesenheit die Köppe einschlagen könnten.

Manchmal bringen wir inzwischen zum Thema ›Wochenende‹ Diskussionen mit den Kindern zustande. Selbst der Vierjährige kann dabei oft mithalten und seine Meinung kundtun. Seit wir seltener über die Kinder verfügen, sondern im Gespräch mit ihnen bemüht sind, eine gemeinsame Basis zu finden, gelingt das sogar manchmal. Ganz »zwanglos« ergeben sich jetzt spontan die Erlebnisse, nach denen ich mich sehne. Die Kinder möchten mit uns Eltern zusammen sein. Sie fragen: »Können wir nicht zusammen radeln? Oder eine Wanderung machen?«

Höhepunkte für Eltern: Die Kinder möchten ihre freie Zeit mit ihnen verbringen.

Seitdem die von mir verordneten Pflichtveranstaltungen reduziert sind, gibt sich der K(r)ampf. Der Druck läßt nach. Alle atmen auf: »Nun ist die Stimmung ganz harmonisch.«

Familientreffen

Alles ist hier um Klassen besser. Der Käse. Der Honig. Und die Marmelade ist auch nicht mit der Marmelade zu Hause zu vergleichen. Bei weitem fruchtiger schmeckt sie hier. Überhaupt: Bei den Cousinen ist alles prima.

Mit Kind und Kegel sind wir bei Onkel und Tante und ihren Töchtern zu Besuch. Kaum angekommen, hocken alle Kinder zusammen auf der Treppe, witzeln und kichern und haben sich eine Menge zu erzählen. Selbst nach Stunden kein Streit zwischen Cousinen und Cousins, kein Ätschebätsch, kein Angeben voreinander oder was sonst die Harmonie trüben könnte.

Verwandte haben, Verwandte besuchen – für Kinder ein Erlebnis mit Erinnerungswert.

Das letzte Treffen zwischen den Kindern ist Monate her. Und trotzdem: kaum Anlaufschwierigkeiten, kein langsames Warmwerden. Sie sind vertraut miteinander, als sähen sie sich alle paar Tage. Obwohl sich die Kinder nicht häufiger als zwei-, dreimal im Jahr besuchen, haben sie eine enge Beziehung zueinander. Sie genießen es, Verwandte zu haben.

Unter dem Begriff Verwandtschaft können sich sicherlich die wenigsten Kinder etwas vorstellen. Ist doch egal, wer hier der Bruder von wem ist oder die Tante. Viel zu schwierig, viel zu langweilig, die näheren und weiteren Verwandtschaftsverhältnisse zu entwirren. Diese Ordnung aus Cousinen ersten Grades oder zweiten, aus Neffen einmal um die Ecke oder zweimal, aus Schwager und Schwägerin und was es da sonst noch gibt, interessiert kein

Kind. (Das taugt höchstens für ein Spiel, an dem unsere Kinder manchmal ihren Spaß haben. »Wer ist in unserer Familie die Tante vom Onkel?« Oder: »Wer ist deine Großnichte?«) Außerdem freut es sie, Ähnlichkeiten unter verschiedenen Familienmitgliedern zu entdecken. »Wer hat den gleichen Lockenkopf wie ich?« Oder: »Wer guckt aus den gleichen graublauen Augen?«

Wichtiger als die gemeinsamen Vorfahren, als die Blutsverwandtschaft, sind den Kindern die gemeinsamen Erlebnisse mit Großmüttern, mit Tanten und Onkeln, mit Cousins und Cousinen. Die Vertrautheit mit ihnen zählt. Und sie können genau sagen, was diese Vertrautheit ausmacht: »Das sind Ersatzeltern und Ersatzgeschwister!«

Geborgenheit in der Großfamilie.

Je älter unsere Kinder werden, desto bewußter nehmen sie wahr, neben dem kleinen Grüppchen aus Eltern und Geschwistern zu Hause existiert eine weitere große Gruppe aus Verwandten – eine Großfamilie. Zwar ist die Großfamilie auseinandergerissen – stundenlange Fahrten sind Voraussetzung, um einander zu sehen –, zwar pflegen wir den Kontakt zur Verwandtschaft nicht mehr so selbstverständlich, nicht mehr so intensiv wie frühere Generationen, aber trotzdem registrieren wir bei jedem Wiedersehen, daß wir uns einander kaum entfremden. Wir haben eine gemeinsame Basis. Worin besteht diese Basis?

Unsere Kinder wissen, daß sie nicht nur in der Klein- sondern auch in der Großfamilie ihren Stammplatz haben – einen Platz, der ihnen sicher ist. Sie sind und bleiben Enkel oder Neffen. Da kommt keiner, der ihnen diesen Platz streitig macht.

Tanten, Onkel, Verwandtschaft zu erleben, ist für Kinder eine wichtige soziale Erfahrung.

Die Großfamilie kann ein soziales Fundament sein, auf dem Kinder sicher stehen. Sie machen die Erfahrung, daß dieses Fundament in der Regel einiges an Belastungen aushält, etwa üble Kräche und unterschiedliche Lebensauffassungen verkraftet. Meistens sind alle gemeinsam darauf aus, die Spannungen auszuräumen.

Familienfeste und -rituale, Familientraditionen und

-strukturen spielen eine große Rolle für unsere Kinder – wehe, wenn da Spielregeln geändert werden: »Dies und das war immer so und hat gefälligst so zu bleiben!« In diesem Punkt sind sie erzkonservativ. Für unsere Kinder ist die ganze Familie, dieser Verband von fünfzehn, zwanzig Leuten eine Art Heimat, die ihnen die Sicherheit gibt: »Wir gehören dazu!«

Manchmal müssen sie sich dieses Rückhaltes vergewissern: »Wenn Euch etwas zustieße, wenn wir plötzlich keine Eltern mehr hätten, wer würde dann für uns sorgen?« Eigentlich muß ich die Frage nicht beantworten, denn die Kinder wissen genau, im Notfall sind Großmütter, Tanten und Onkel für sie da.

Aber nicht nur diese Rückversicherung brauchen sie – da ist ein Netz, das mich bei Bedarf auffängt – sondern auch das Gefühl, neben meinen Eltern, neben meinen Geschwistern haben mich noch andere Leute lieb.

Großmütter, Großväter haben meistens Zeit. Schon deshalb stehen sie bei vielen Kindern hoch im Kurs.

So sitzen sie zum Beispiel gerne auf dem Schoß der Großmutter, die geduldig – geduldiger als die Eltern – ihre Witze anhört, obwohl sie sämtliche Witze längst kennt.

Oder sie machen mit ihrem Onkel einen Sonntagsspaziergang – einen Spaziergang, den sie mit ihren Eltern nur ungern machen würden – und fragen ihn dabei nach Gott und der Welt. Das beste an diesen Erlebnissen: Großmütter, Onkel machen selten den Versuch, sie zu erziehen. Stattdessen werden sie hier nach Strich und Faden verwöhnt.

Weil sich Kinder gerne nach Strich und Faden verwöhnen lassen, stehen Verwandtenbesuche bei ihnen ganz hoch im Kurs. Die kleinste Stippvisite ist ihnen die Strapaze wert, am Freitagnachmittag 600 km nach Norden zu reisen und Sonntagnachmittag das ganze retour gen Heimat. »Das lohnt sich auf jeden Fall!«

Wir unterstützen diese Reiselust nach Kräften, weil wir uns freuen, daß die Kinder eine enge emotionale Bindung nicht nur an Großmütter, Onkel und Tanten haben, sondern vor allem auch an Cousins und Cousinen. Ein paar Ersatzgeschwister im Hintergrund zu wissen, tut den Kindern gut, wenn es zu Hause mit den Brüdern oder auch den Freunden nicht klappt und die Streitereien sich häufen. Dann kann man sich damit trösten, daß die Cousins und Cousinen, die manchmal viel netter sind, auch noch da sind.

Ferientage zu Hause

Ranzen und Turnbeutel fliegen in die Ecke. Endlich Ferien. Endlich keine Schule mehr in Sicht, keine Schulaufgaben und – ganz wichtig – kein frühes Aufstehen mehr. »Wir haben frei. Wir können machen, was wir wollen!« Bester Laune sind unsere Kinder. Die gute Stimmung hält leider nicht lange an.

Erste Ferienphase: Dampf ablassen.

Den Frust loswerden, der sich während der Schulzeit angesammelt hat.

Dauernd geraten sich die Kinder in die Haare. Statt miteinander zu spielen, ärgern sie sich gegenseitig mit Fleiß: »Wenn du auf meinem Schreibtisch herumturnst, schmeiß ich dein Bettzeug durch die Gegend!« Oder: »Weil du dir wieder meinen besten Filzstift genommen hast, verstecke ich deinen Tuschkasten!« Aus dem Geplänkel entwickelt sich eine Rangelei – zuerst noch ganz spielerisch.

Die Rangelei artet fix zu einer Prügelei aus. Die Fetzen fliegen. Nicht zum Aushalten. Wütend rausche ich ins Kinderzimmer: »Immer dieses Kabbeln. Warum geht ihr nicht friedlich miteinander um?«

Ich jammere, die Kinder heulen. Türen knallen. Jeder ist auf jeden sauer. Wenn bloß wieder Schule wäre.

Warum bloß geraten die Kinder in den ersten Ferientagen aneinander – gerade jetzt, da wir es uns miteinander gemütlich machen könnten?

Ferien haben heißt, die Regeln, die in der Schulzeit gelten, vergessen – diese lästigen, unbequemen Angelegenheiten wie Stillsitzen, Konzentrieren, Aufgaben machen.

In der ersten Begeisterung über die Befreiung, hauen unsere Kinder erst einmal auf den Putz: Sie toben sich aus. Beim Toben lassen sie Dampf ab. Was sie in den vergangenen Wochen in der Schule einstecken mußten, teilen sie jetzt aus. Die Brüder bekommen einen Teil der Wut ab, die sich während der Schulzeit angesammelt hat. Die Kinder fetzen durch die Zimmer, daß die Wände wackeln.

Weil ich diesen Tumult kaum aushalte, treibe ich sie nach draußen – egal ob es regnet oder schneit: »Draußen könnt ihr Baumstämme verkloppen und eure Kräfte am Klettergerüst auf dem Spielplatz messen!«

Schlage ich Spiele vor, die helfen, angesammelte Spannung zu entladen, nehmen die Kinder meine Vorschläge in der Regel einigermaßen bereitwillig auf: »Na gut – spielen wir eben Fußball!« Nach etlichen Wettläufen, Fangspielrunden und ähnlichen Spielen haben sich die Jungens abreagiert und traben verhältnismäßig friedlich und müde nach Hause.

Zweite Ferienphase: Spielen ohne Ende.

Auf diese ersten, angespannten Ferientage folgen in der Regel fröhlichere Zeiten. Die Kinder entdecken ihre Geschwister wieder als Spielgefährten. Am liebsten gleich nach dem Frühstück und noch im Schlafanzug verziehen sie sich ins Kinderzimmer und bauen Landschaften aus Holzklötzen, Holzbrettchen und Pappschachteln und laufen nach Spielregeln, die sie allein kennen, mit Plastikmännchen und Plastikgetier zwischen den Aufbauten herum. Ein Bild der Eintracht, ein Bild, das Vätern und Müttern Freude macht. Friede und Harmonie. Herrliche Zeiten.

Schöne Zeiten, wenn aus Geschwistern Freunde werden. *Mehr dazu auf Seite 266 ff.*

Nach einer Weile bröckelt die Eintracht schon wieder. Dem Ältesten wird plötzlich klar, daß seine Brüder noch die reinsten Babys sind und daß man als Elfjähriger nun wirklich anderes zu tun hat, als mit Babys auf dem Teppich

An Ferientagen zu Hause wird die Rangfolge unter den Geschwistern neu ausgehandelt.

zu spielen. Daß da einer mitten im Spiel aussteigt, paßt den Jüngeren natürlich überhaupt nicht. »Was sollen wir nun machen mit dem begonnenen Spiel?« Es knistert im Gebälk. Alle Überredungskunst hilft nicht: »Wenn du bleibst, dann bekommst du auch die besten Männchen zum Spielen!« »Du kannst die ganze Zeit der Chef sein!« Der Chef zieht sich mit einem Buch auf sein Bett zurück. Das Gemeinschaftsspiel hat ein Ende. Durch gutes Zureden läßt es sich nicht verlängern. Die Geschwister haben genug voneinander – vorerst jedenfalls. Jeder zieht sich in eine Ecke zurück.

Dritte Ferienphase: Ausflüge machen.

Was könnten wir unternehmen, damit sich die Stimmung unter den Kindern wieder verbessert. Gemeinschaftsausflüge stehen an. Alle gemeinsam fahren wir in den Zoo, machen eine Wanderung, usw. Kaum unterwegs, nehmen die Kinder ihre Sticheleien wieder auf. Man kämpft um die besten Plätze: »Gestern hast du im Auto am Fenster gesessen, heute bin ich an der Reihe!« Oder: »Du hast die ganze Zeit gequasselt, jetzt bin ich mit Reden dran!«

Wenn die Familie zu lange unter sich ist, wird das Thema Eifersucht *aktuell unter den Geschwistern.*

Die Diskussionen enden meistens mit Knuffen und Puffen. Besonders dann, wenn ich allein mit den vieren unterwegs bin, entdecken sie plötzlich, wie eifersüchtig sie doch eigentlich aufeinander sind. Ist man den ganzen langen Ferientag mit der Mutter (oder dem Vater) zusammen, kommt einem plötzlich der Gedanke, ob da nicht doch ein Bruder dem anderen vorgezogen wird. Mit Argusaugen beobachten und belauern sich die Brüder. Daß sich hier bloß keiner zu breit macht.

Alle naselang bekomme ich zu hören, ich sei wahnsinnig ungerecht und überhaupt hätte ich die Kleinen lieber als die Großen (oder auch umgekehrt). Weil die vier um jede Kleinigkeit miteinander rivalisieren, entsteht ein Knatsch nach dem anderen. Von Ferienharmonie keine Spur.

Das einzige Mittel, das gegen die Krankheit Eifersucht hilft, heißt: Freunde ins Haus holen, Freunde auf Ausflüge mitnehmen. Freunde sind gut fürs Familienleben. Sie wirken entspannend. Kaum taucht ein Freund auf, vergessen die Geschwister ihre Rivalitäten. Jetzt ist ganz unwichtig, wer hier auf welchem Platz sitzt oder ein Fitzelchen mehr Beachtung findet als der andere.

Leider sind Freunde in den Ferien oft verreist. Sehnsüchtig werden sie nicht nur von den Kindern zurückerwartet, sondern auch von mir: Egal ob ein, zwei oder mehr Freunde bei Radeltouren, Wanderungen und anderen Exkursionen mitkommen, es ist ein Vergnügen für die gesamte Familie. Dann gibt's weniger Krach unter den Kindern.

Für einen Moment die Stille genießen

Die Wahrnehmungsfähigkeit von Kindern schärfen.

Noch hundert Meter an der stark befahrenen Bundesstraße entlang, dann rechts abbiegen. Wir radeln durch ein Stück Wald und erreichen eine Wiese. Niemand da außer uns.

Die Kinder nehmen die Wiese lautstark in Besitz. Rennen, schlagen Purzelbäume. Streiten sich. Kreischen vor Vergnügen. Mit knallroten Köpfen, aus der Puste vor Anstrengung stehen sie schließlich vor mir: »Und was nun?«

Das Gegenteil machen. »Stillsitzen. Die Stille hören!« Ich genieße die Stille auf der Wiese, nehme sie ganz bewußt wahr und mache die Kinder darauf aufmerksam: »Kein unangenehmes Getöse. Nur ein paar angenehme zarte Laute im Hintergrund: Vögel, die zwitschern. Horcht mal. Oder hört ihr noch etwas anderes?«

Plötzlich mucksmäuschenstill hocken die Kinder auf der Wiese und lauschen. Wirklich nichts zu hören. Nichts außer dem Vogelkonzert. Verblüfft und konzentriert neh-

Den Wald genießen. Die Stille genießen. Einen Kontrapunkt setzen zur Reizüberflutung *im Alltag.*

men die Kinder die Stille in sich auf, atmen nur vorsichtig und leise, als könnte ein Luftzug die Ruhe stören. Schließlich wispert Konstantin, der die Stille kaum noch aushalten kann: »Unheimlich ruhig!«

Das intensive Wahrnehmen von Stille hat die Kinder beeindruckt. Tage später kommen sie auf dieses Erlebnis zurück: »Mal hören, was für Geräusche sich zu Hause vernehmen lassen, wenn wir intensiv horchen!« Sie sitzen im Garten, schließen die Augen und lauschen, was sich um sie herum tut:

- Ein Auto rauscht vorüber. Einfach zu erkennen, selbst mit geschlossenen Augen.
- Ziemlich weit entfernt, gerade noch in Hörweite kreischt eine Kreissäge und tuckert ein Trecker – die alltägliche Klangkulisse im Dorf.
- Dann ein paar Töne, die sie kennen: Nachbarskinder, die lachen. Ein paar Gärten weiter.
- Zwischendurch Ruhe im Garten. Aber nie ist es so still wie auf der Wiese hinter dem Wald. Auch hier zwitschern Vögel. Dazu kommen jedoch einige undefinierbare Geräusche: Ein Brummen. Die Heizung im Keller? Ein Fiepen. Ein Küchengerät in der benachbarten Wohnung? Ein Zirpen. Keiner weiß, was das sein könnte. Weil die Kinder Spaß an solchen »Lauschaktionen« haben, weil sie das Spiel wiederholen und genau hinhören, was sich in ihrer Umgebung tut, nehmen sie Klänge und Geräusche immer sensibler wahr. Schließlich entwickeln sie den Fimmel – veranlaßt vor allem durch unser Vorbild – der bei uns Eltern bereits ausgeprägt vorhanden ist:
- Sie reagieren empfindlich auf unangenehme Geräusche, wie zum Beispiel Mopedgeknatter oder Autos, die mit laufendem Motor parken.
- Sie freuen sich über Stille und können sie genießen. Bisher sind wir uns noch einig darin, welche Laute als angenehm und welche als unangenehm einzustufen sind.

Sommerferien auf getrennten Wegen

Die Planung der Sommerferien steht an. Wohin in diesem Jahr?

Familienferien planen – manchmal ein Kunststück: Jeder hat andere Vorstellungen.

▪ Alle ins Auto und über verstopfte Autobahnen ab nach Süden in Richtung Sonne, Sand und Meer? Wie sauber oder dreckig ist das Mittelmeer nun eigentlich?
▪ Oder doch besser zu sechst hoch gen Nordsee? Ist dieses Meer wirklich sauberer? Bleiben die Dünen und der Sand.
▪ Oder Kaiserschmarren in Österreich essen, über die Berge wandern und sich über die gute Luft freuen.

Wir kurven mit dem Finger auf der Landkarte durch Europa und erreichen kein Ziel. Ans Ziel kommen wir nicht, weil sich unsere diversen Wünsche in puncto Urlaub nicht unter einen Hut bringen lassen. Jeder in dieser Familie hat seine eigenen Vorstellungen von Sommer und von Sommerferien.

Was sie unter kindergerechten Ferien verstehen, wissen Kinder meist ganz genau.

Die Kinder sind sich allerdings beim Thema Verreisen erstaunlich einig, wissen genau, was sie wollen.
▪ Piepegal ob im Norden oder Süden, ein Ferienhaus soll's sein mit viel Platz drumherum, am besten ein Stück Wiese vorm Haus zum Fußballspielen und ein Wald hinterm Haus zum Budenbauen.
▪ Ein paar Kinder sollten in der entfernteren Nachbarschaft wohnen. Wäre nicht übel, wenn die mal zum Spielen kommen könnten.
▪ Beim Spielen soll es laut zugehen dürfen – keine Erwachsenen, die plötzlich auftauchen und das Johlen und Kreischen verbieten.
▪ Ein See könnte in der Nähe sein, wo man beim Tauchen Fische beobachten könnte. Meer wär' auch gut zum Baden und Muscheln sammeln.
▪ Ein paar Besichtigungstouren dürfen wir einplanen – aber bitte nicht zu oft in Kirchen oder Schlösser rennen.
▪ Von uns Eltern erwarten sie, daß wir uns Zeit für sie

nehmen. Auf gemeinsames Kartenspielen wird hingewiesen und aufs Vorlesen.

Und welche Wünsche hat der Vater dieser Kinder, was fällt ihm in Zusammenhang mit Urlaub ein?

- Er möchte sich in die Einsamkeit verkriechen, weit ab von jedem Touristenrummel seine Ferien verleben.
- Mit der Familie will er sich viel beschäftigen, weil er jetzt endlich Zeit für alle hat.
- Viel laufen möchte er mit uns – durch Wälder streifen, Hölzchen und Stöckchen sammeln und gucken, was sich im Wald tut.
- Im Liegestuhl vor dem Haus mag er im Schatten sitzen und die Tage verbummeln mit ein bißchen Lesen, ein bißchen Essen – was zu tun ist, ergibt sich von selbst.
- Wenn sich's anbietet, würde er seinen großen Zeh kurz mal in einen See oder auch ins Meer tauchen.

Nun bin ich an der Reihe. Meine Wünsche passen nicht so recht zu denen der anderen.

Viele Mütter haben den gleichen Ferienwunsch: Mal nicht organisieren, funktionieren müssen in Familienangelegenheiten.

- Ich möchte ausschlafen und nicht in aller Frühe von einem Kind geweckt werden, das auf meinen Bauch krabbelt.
- Nach südlicher Sonne sehne ich mich, nach lauen Sommerabenden und kleinen Städten, wo man noch spät in Cafés auf der Straße sitzen kann.
- Dann möchte ich während der Ferien niemanden zum Zähneputzen und zum Hände waschen schicken müssen.
- Da ich die Kinder alltags viel um mich habe, müßten sie sich in den Ferien nicht zu häufig bei mir sehen lassen.
- Und ganz wichtig: ich hab' keine Lust zu kochen, zu wischen, aufzuräumen.

Wie ordnen wir diesen Wust unterschiedlicher Wünsche? In diesem Jahr kommen wir damit nicht zurande. »Das paßt alles nicht zusammen!« Die Lösung heißt schließlich: »Wir trennen uns in den Ferien!«

Vater und vier Söhne reisen nach Schweden in ein einsames Ferienhaus mitten im Wald nahe der Ostsee.

Kein Mensch weit und breit außer ihnen. Auch keine Mutter, die hinter ihnen herräumt, auf vernünftige Ernährung dringt und den Nieselregen nicht komisch findet.

Das Ferienhaus hat drei Haustüren und deshalb ist es aus Sicht der Kinder besonders attraktiv und nützlich: Man flitzt zur einen Tür rein, zur anderen raus, zur dritten wieder rein und das immer wieder. Nirgends kann man so gut Indianer spielen.

Mal Abstand gewinnen voneinander.

Ich bin zu Hause geblieben, genieße einen gepflegten Frühstückstisch – keine umgekippten Kakaobecher, keine Marmeladenkleckse – lese viel und kümmere mich ausschließlich um mich selbst. Nach einer Woche Ferien von der Familie beginne ich, abends die Fotos zu sortieren, die jahrelang liegen geblieben sind. Bekomme ich Sehnsucht nach Mann und Kindern?

Nach zwei Wochen fahre ich der Familie nach Kopenhagen entgegen. Wir haben uns alle gut erholt – auch erholt voneinander. Im nächsten Jahr verreisen wir wieder zusammen.

Im Auto: Auf dem Rücksitz ist der Teufel los

Mit Spielen die Kinder bei Laune halten. Das klappt immer nur eine Weile.

Bisher geht alles glatt bei der Fahrt über den Brenner: blauer Himmel, keine Baustellen auf der Autobahn, keine Staus. Nur noch ein paar Stunden und wir sind wieder zu Hause.

Die Kinder sitzen verhältnismäßig gesittet auf dem Rücksitz und sind mit Strichlisten beschäftigt. Einer zählt Mercedeslaster, Autobusse und Fahrzeuge mit Blinklicht. Ein anderer hakt Motorräder ab, Rangerover und Tanklaster. Und auch die beiden Ältesten machen Strichlisten. Reisen mit vier Kindern ist anstrengend? »Nein – nicht besonders«, würde ich in diesem Moment noch ganz lässig sagen.

Lange Autoreisen sind eine Zumutung für Kinder. Sie sind überfordert mit stundenlangem Stillsitzen (selbst mit Pausen).

Zu früh gejubelt. Plötzlich hat sich's mit dem Frieden auf der Rückbank, mit dem verhältnismäßig gesitteten Sitzen. Das Strichemachen ist langweilig geworden. Und wenn's langweilig ist, muß etwas geschehen. Stillsitzen ist nicht mehr drin. Jetzt ist zappeln angesagt und andere piesacken und auf dem Sitz herumturnen. Seit Stunden eingepfercht im Auto – mal abgesehen von kurzen und auch etwas längeren Pausen – die Kinder sind nun am Ende ihrer Kräfte.

Aus dem Herumturnen entwickelt sich eine Keilerei. Der Erste rempelt wütend seinen Nachbarn an und der hat darauf geradezu gewartet. Sofort wird kräftigst zurückgeknufft. Bevor die Klopperei ausufert, versuche ich die Stimmung mit Hilfe von Keksen zu besänftigen: »Eine Runde Kekse. Zwei Stück für jeden!« Aber auch Kekse taugen nicht länger als Beruhigungmittel, da wir sie schon seit Stunden futtern. Langsam haben wir für Kekse nichts mehr übrig. Die Kinder krümeln auf dem Rücksitz herum, beschweren sich, daß die Krümel piksen und wärmen einen Uraltstreit wieder auf: Wem steht wieviel Platz zu im Auto? Da wird um jeden Zentimeter gerungen: »Du machst dich zu breit. Rutsch rüber!« »Du bist in meinem Gebiet. Hier ist die Grenze!« Wieder gibt's hier einen kleinen Fußtritt – ganz aus Versehen – und dort einen Ellenbogen in die Seite.

Wenn die Kekse nicht helfen, muß ein anderes Heilmittel her. Kassette hören. Schon wieder Kassette hören? Aber bitte nicht noch einmal die Räuberpistole von diesen drei ungemein altklugen Jungen, die Detektiv spielen. Oder das Märchen vom Däumling? »Möchtet ihr euch das wirklich anhören?« Ich kann aufatmen, die Abstimmung ergibt: keine Kassette hören, sondern spielen. Und ich soll mitmachen.

Wir spielen Wörter suchen.

▪ Ein Spieler sagt zum Beispiel »Laufen – wer weiß einen anderen Ausdruck für Laufen?«

- Ein anderer sagt daraufhin: »Rennen – wer weiß einen anderen Ausdruck für Klettern?«
- Der nächste sagt: »Kraxeln«. Usw.

Zäh zieht sich das Spiel und zäh ziehen sich die Kilometer dahin. Niemand hat Freude am Spielen. Die Kinder mögen nur noch eins: endlich zu Hause sein.

Besser, wir machen noch einmal Pause. Fußballspielen mit einem Tennisball hinter der Raststätte. Aber auch das hilft nicht mehr.

Eingepfercht sein, stillsitzen müssen macht aggressiv.

Kaum wieder im Auto, setzen die Kinder ihr Gehampel fort. Aus dem Triezen wird Treten. Aus Versehen haut nun keiner mehr zu, sondern nur noch aus Wut. Zuerst noch einigermaßen freundlich bitte ich die jungen Herren, ihre Streitereien einzustellen. Meine Worte zeigen keine Wirkung. Im Gegenteil. Die Kinder beschimpfen sich nun mit Wörtern, die ich mir – ohne Erfolg – verbete: »Du Saudepp, du Arschgeige!« »Du Idiot, du Scheißkerl!«

Je aggressiver die Stimmung hinten im Wagen, desto aufgeregter versuche ich, Ruhe zu schaffen:

Statt Ermahnungen aneinanderzureihen, hilft es manchmal, die Kinder in ein Gespräch zu verwickeln.

»Nicht diese Schimpfwörter! Reißt euch zusammen! Bald haben wir's geschafft!«

Ich rede und rede gegen eine Wand. Die Bagage – sie hört mir nicht zu. Zum einen Ohr rein und zum anderen Ohr raus. »Ja Mami! Machen wir Mami!« Und weiter geht's mit dem Gerangel. Völlig unbeeindruckt tragen sie ihre Händel miteinander aus.

Ebenso unbeeindruckt schaut der Vater dieser zänkischen Brut stur geradeaus auf die Straße und raunt mir das zu, was er in vergleichbaren Situationen immer sagt: »Verpulvre deine Kräfte nicht damit, daß du auf sie einredest. Kümmere dich jetzt nicht um ihr Gezanke. Sie wollen sich Luft machen. Rede später mit ihnen!«

Weil ich eine Woche Ferien hinter mir habe, gelingt es mir endlich einmal, die Kinder lärmen zu lassen. Ich schalte ab, ich konzentriere mich eisern auf den Blick aus dem Fenster, gebe mir alle Mühe, das zu überhören und zu übersehen, was sich hinten tut. Je länger ich aus dem Fenster schaue, desto mehr freue ich mich über die Landschaft, die vorüberzieht. Die Geräuschkulisse hinter mir nehme ich kaum noch wahr. Und weil es mir gelingt, mich aus dem Streit der Kinder rauszuhalten, eskaliert das Gezanke auch nicht. Mit der Zeit gibt sich der Streit, sie schlafen ein.

Weg von zu Hause: Reisen ohne Eltern

Eine brauchbare Einrichtung für uns: ein D-Zug von München gen Norden mit riesigem Extra-Abteil für Kinder. Betreuung inbegriffen. Könnten wir nicht drei unserer Kinder per Extra-Abteil zur Großmutter in die Ferien reisen lassen? »Könnt ihr!« Jasper, Julian und Jakob sind einverstanden. Der erste große Schritt zur Selbständigkeit wird geplant. Wir kaufen drei Fahrkarten.

Gemeinsam fühlen sich die Geschwister stark: Was soll schon passieren?

Zwanzig Minuten vor Abfahrt des Zuges sitzen unsere Kinder putzmunter und ohne einen Hauch von Trennungsschmerz in dem riesigen Extra-Abteil für Kinder, die Rucksäcke neben sich auf der Bank, Schokolade und Kekse vor sich auf dem Tisch und wünschen sich, daß es endlich losgeht. Nur der Betreuer ist noch nicht in Sicht.

Der Betreuer wurde gerade von der Bundesbahn abgeschafft. »Kein Bedarf«, informiert uns der Schaffner. Damit haben wir natürlich nicht gerechnet. Und was nun? Wer sorgt während der Fahrt für die Kinder?

»Die drei sorgen für sich selbst. Der Schaffner sagt ihnen, wann sie aussteigen müssen!« Der Vater der drei Kinder hat nicht die geringsten Schwierigkeiten mit der veränderten Situation.

Und seine Kinder auch nicht: »Fahren wir eben ohne Betreuer. Einen Aufpasser brauchen wir sowieso nicht!«

Die Kinder loslassen *tut manchmal weh.*

Aber ich gerate in Panik: »Wir müssen sofort wieder aussteigen! So geht das nicht!«

Hundeelend fühle ich mich, weine und bin fürchterlich aufgeregt. Daß ich mich unter diesen veränderten Umständen von den Kindern trennen soll, erscheint mir undenkbar. Warum tue ich mich eigentlich so schwer?

■ Zum einen macht mir die Trennung von den dreien Angst. In meiner Vorstellung wird die Strecke München – Hannover lang und länger. Plötzlich sehe ich nur noch Gefahren, nur noch Verletzungen, wenn die Kinder über Tisch und Bänke toben, Weinen und Unglücklichsein, wenn sie sich in die Haare geraten.

In meiner Phantasie sehe ich Zugtüren, die sich während der Fahrt öffnen. Kinderräuber und andere Horrorbilder. Und niemand da, der sich für sie verantwortlich fühlt.

■ Zum zweiten wird mir bewußt, daß ich mir in einem heimlichen Winkel meines Herzens so tüchtige, selbständige Kinder vielleicht gar nicht wünsche. Hieße das doch: Sie brauchen mich als Behüterin, die sie umsorgt, nicht mehr in dem Maße wie in den vergangenen Jahren. Wie Hänschen Kleins Mutter fühle ich mich: »Aber Mutter weinet sehr, hat ja nun kein Hänschen mehr.« Trotz aller Bereitschaft, Kinder als eigenständige Personen zu sehen, scheine ich meine Kinder noch als Teil meiner selbst zu empfinden. Mir fällt es schwer, sie mit dem Zug wegfahren zu lassen, denn mit jedem Stück Selbständigkeit verringert sich mein Anteil an ihrem Leben.

Die Kinder lassen sich nicht von meinem Kummer, meinen Tränen anstecken. Sie versichern mir immer wieder, wie gut sie ohne Aufpasser zurecht kämen. Und so sehen sie im Augenblick auch aus: drei kleine Musketiere, die ihre Eltern schleunigst loswerden möchten, damit die Abenteuerreise endlich beginnen kann. Sie scheuchen mich aus dem Zug: »Dich muß man schubsen, sonst läßt du uns nie allein!«

Die Lust auf große Freiheit.

Strahlend vor Freude und gespannt auf die große Freiheit, verabschieden sich die drei von uns. Trotz meines Kummers kann ich mich mitfreuen. Ganz schön selbstbewußte Reisende winken mir zu. Um Zentimeter werden sie bei diesem Unternehmen vor Stolz auf die eigene Courage wachsen – da bin ich mir sicher. Und vielleicht wachse auch ich innerlich um Zentimeter, weil ich es schaffe, sie laufen zu lassen.

Einen Schritt vor, einen zurück – er macht oft Mühe, der Weg in die Selbständigkeit.

Monate später ergibt sich eine ähnliche Situation wie die gerade beschriebene – jedoch mit umgekehrten Vorzeichen. Wieder geht es um eine Reise. Weil wir Eltern keinen Urlaub machen können, wenn unsere Kinder Ferien haben, schlagen wir unseren neun- und elfjährigen Söhnen vor, sich einer Kindergruppe anzuschließen, die für ein paar Tage ins Allgäu reist. Lange Gesichter bei den Kindern. Sie geraten in helle Aufregung: »Kommt nicht in Frage.« Nun geraten sie in Panik bei dem Gedanken, sich von ihrem Zuhause trennen zu müssen. Und sie nennen uns auch ihre Gründe.

- Zunächst einmal haben sie Angst. Angst vor den fremden Kindern, vor der fremden Umgebung. Und überhaupt: was unterwegs nicht alles passieren kann. Was ist zum Beispiel, wenn sie verloren gehen, den Anschluß an die Kindergruppe verlieren? Was – wenn sie mit den anderen Kindern nicht zurechtkommen? Sie phantasieren sich die reinsten Krimis und Gespenstergeschichten zusammen.

Angst vor dem Heimweh.

- Außerdem mögen sie sich von ihren Eltern, von ihren Geschwistern nicht trennen. Zur Großmutter reisen, das ist etwas ganz anderes. Die Großmutter, die ist ihnen vertraut. »Tagelang ohne bekannte Gesichter, das halten wir vor Heimweh nicht aus!«

Sie wollen nicht verreisen. Null Bock. Am liebsten würde ich sie diesmal sanft anstoßen, damit sie den nächsten Schritt aus dem Nest wagen: »Nur Mut. Traut euch was zu!«

Wir versuchen es mit sanftem, behutsamen (Zu-)Reden. Wir bauen Brücken: »Wir kennen Kinder, die mitfahren. Ihr könntet sie jetzt schon mal kennenlernen!« Oder: »Wenn ihr mitfahrt und das Heimweh wird zu stark, dann ruft ihr an, und wir holen euch früher wieder ab!«

Alles Reden hilft nicht. Die Kinder wollen unseren Plan nicht aufgreifen. Sie mögen den nächsten Schritt in die große Freiheit (noch?) nicht wagen. Von Riesenschritten in die Selbständigkeit scheinen sie weniger zu halten als von vielen kleinen, die behutsam aus dem Nest führen. Sie ins kalte Wasser werfen? Sie einfach anmelden nach dem Motto: Die Sache wird erst einmal ausprobiert, bevor ihr sie ablehnt? Zwinge ich die Kinder zu dieser Reise, verstärke ich damit ihre Ängste? Die Kinder setzen sich durch: Also keine Ferien fern von zu Hause, keine Kindergruppe. »Wenn ihr einfach nicht glauben wollt, daß solch eine Reise viel Spaß machen könnte, dann verschwinden die Reisepläne in der Schublade!« Bis zum nächsten Jahr? Wenn sie ein Jahr älter sind, können sich unsere Kinder vielleicht auf das freuen, was ihnen jetzt noch Angst macht: fremde Kinder, eine fremde Umgebung. Irgendwann werden wir wieder darüber sprechen.

Kinder erziehen heißt: oft unsicher sein, herumexperimentieren.

Gerade am Beispiel Reisen ohne Eltern läßt sich zeigen, wie kurvenreich der Weg in die Selbständigkeit ist, wie zahlreich die Hindernisse sind, die es zu überwinden gilt, nicht nur für Kinder, sondern auch für Eltern.

Ich habe meine besonderen Schwierigkeiten damit: Mir fällt es nicht nur schwer, unsere Kinder laufen zu lassen, wenn sie mögen, sondern auch, sie im Nest hocken zu lassen, wenn sie mögen. Mal ein Schrittchen zu langsam, mal ein Schrittchen zu schnell, mache ich zuviel Theater um sie, weil ich einfach unsicher bin: Wann muß ich die Kinder zurückpfeifen? Wann soll ich sie scheuchen?

Im Gespräch bleiben, miteinander diskutieren.

Verbindliche Regeln dafür lassen sich nicht finden. Von Fall zu Fall müssen wir ausprobieren, wie wir am besten vorwärtskommen und gemeinsam sicherer werden.

Register